월북하는 심리학

남과 북을 가르는 7가지 심리분계선

초판 1쇄 발행 2020년 3월 10일
초판 2쇄 발행 2020년 11월 1일

지은이 김태형
펴낸이 이영선
책임편집 이민재

편집 이일규 김선정 김문정 김종훈 김영아 이민재 김연수 이현정 차소영
디자인 김회량 이보아
독자본부 김일신 김진규 정혜영 박정래 손미경 김동욱

펴낸곳 서해문집 | 출판등록 1989년 3월 16일(제406-2005-000047호)
주소 경기도 파주시 광인사길 217(파주출판도시)
전화 (031)955-7470 | 팩스 (031)955-7469
홈페이지 www.booksea.co.kr | 이메일 shmj21@hanmail.net

ISBN 978-89-7483-010-6 03340

이 도서의 국립중앙도서관 출판예정도서목록(CIP)은 서지정보유통지원시스템 홈페이지(http://seoji.nl.go.kr)와 국가자료공동목록시스템(http://www.nl.go.kr/kolisnet)에서 이용하실 수 있습니다.(CIP제어번호: CIP2020006530)

남과 북을 가르는
7가지 심리분계선

김태형 지음

월북하는 심리학

서해문집

2018년 남북정상회담 이후 한반도는 기나긴 분단 시대를 넘어서서 화해와 통일의 시대로 나아가고 있다. 앞으로도 숱한 우여곡절을 겪겠지만, 거대한 역사의 흐름은 되돌릴 수 없을 것이다.

북을 타도하고 절멸시켜야 할 적이 아니라 화해와 공존, 나아가 통일의 대상으로 바라보기 시작한 오늘날 한국 사회의 최우선 과제는 북에 대한 무지에서 벗어나는 것이다. 최근에 북맹 탈출, 북 바로알기 등의 주장이 나오고, 관련 서적들이 출간되는 것은 그런 필요에 따른 것이다.

국가보안법 문제를 제외한다면, 북과 관련된 연구의 가장 큰 걸림돌은 북에 대한 객관적인 정보가 절대적으로 부족하며, 기존의 연구나 정보들조차 부정확하다는 것이다. 한국학자 브루스 커밍스 교수는 이와 관련해 “북한은 마치 백지수표 같다”고 말하기도 했다. 백지수표에는 얼마를 써넣어도 괜찮듯이, 북에 대해서는 어떤 터무니없는 이야기를 해도 되는 현실을 풍자한 것이다. 물론 그 내용은 부정적인 것이어야 한다는 단서가 붙는다.

한국은 물론이고 미국을 위시한 서방세계는 한국전쟁 이후부터 지금까지 줄곧 북을 악마화해왔다. 이것은 '종전 선언'이라는 말이 나오는 데서도 알 수 있듯이, 북-미가 여전히 전쟁 상황이며, 미국이 세계를 쥐락펴락하는 최강대국이라는 사정과 관련이 있다. 북에 관한 개별 연구만이 아니라 각종 국제기구의 보고나 통계 등도 신뢰하기 어려운 것은 미국이 이들 대부분을 지배하고 있어서다. 미국이 주도하는 북에 대한 악마화는, 북-미가 평화협정을 체결해 전쟁 상황을 종결짓고 국교를 수립하는 식으로 관계가 크게 호전되거나 정상화되기 전까지 계속될 것이다. 사정이 이렇다 보니 최근에는 미국 언론이 북에 악의적인 뉴스를 내보내면, 북과의 협상을 원하는 미국 대통령 트럼프가 그것을 가짜뉴스라며 부정하는 일까지 벌어지고 있다.

정확한 정보가 턱없이 부족할뿐더러 신뢰하기도 어려운 조건에서 어떻게 진실에 접근할 수 있을까? 나는 이 문제를 해결하는 데 심리학적 추론이 상당한 도움이 될 수 있다고 생각한다. 어떤 고아원이 아이들을 학대한다는 의혹을 받고 있다고 가정해보자. 그것이 사실이라면, 아이들은 불안이나 우울 등의 피학대 심리를 가지고 있을 수밖에 없다. 따라서 아이들의 심리를 분석했을 때 피학대 심리가 광범하게 발견된다면 고아원 원장이 제아무리 발뺌하더라도 학대가 사실이라고 결론지을 수 있다는 것이다. 프로이트가 실언이나 실수 행위 등을 분석해 당사자조차 자각하지 못하는 무의식을 들여다볼 수 있다고 주장했듯이, 심리학 이론을 활용한 분석이나 추론은 표면적 현상을 넘어서서 진실에 다가서게 해주는 유용한 도구가 될 수 있다.

독자들은 이 책에 소개되는 북에 관한 심리학적 연구 결과가 그간 한국 사회에 통용되어온 상식과는 다르다는 사실에 당혹해할지도 모른다. 거짓말일지언정 70년간 퇴적된 관념과 이에 따른 확증편향은 때때로 진리에까지 짙은 그늘을 드리우기 때문이다. 그럼에도 시간은 진리의 편이다. 남북관계와 북미관계가 진전되어감에 따라 후술할 논지의 적실성은 명약관화하게 드러날 것이다.

이 책이 한국 사회가 북을 있는 그대로의 모습으로 바라보는 데 도움이 되기를 바란다. 나아가 남과 북의 화해와 통일에 조금이라도 기여할 수 있기를 간절히 바란다.

남북을 자유롭게 오가며 풍부한 자료로 북을 연구할 수 있는 날이 어서 오기를 꿈꾸며….

2020년 3월

심리학자 김태형

차례

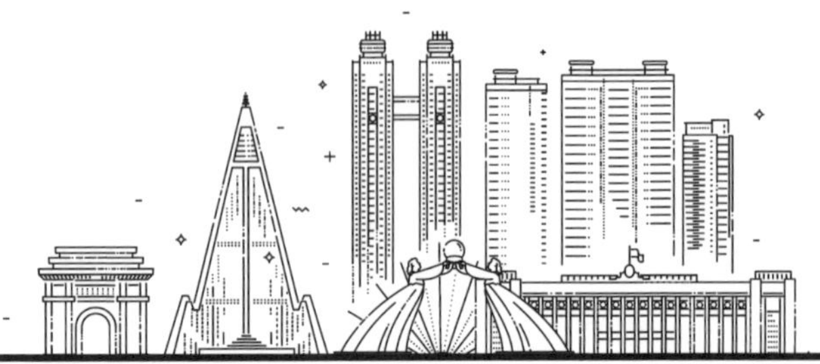

돈 행복의 조건, 불행의 복선

관계 학대와 혐오는 자본주의적 병리

개인과 집단 전체주의는 개인주의를 먹고 자란다

일 돈벌이냐 소명이냐

마음 남과 북, 어디가 더 불안할까?

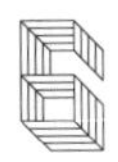

권력 모든 폭정은 심리적 흔적을 남긴다

국가 북한 붕괴론, 30년 묵은 인디언 기우제

프롤로그

심리학으로 푸는 대북인식장애

이명박·박근혜 정부 시기만 하더라도 절대다수의 한국인들은 북을 부정적으로, 적대적으로 바라보며 불신했다. 북을 화해와 협력의 대상이 아니라 타도하고 멸망시켜야 할 대상으로 인식했다고 해도 과언이 아니다. 그런데 2018년 4·27남북정상회담 이후 북에 대한 한국인들의 태도는 큰 폭으로 변화하기 시작한다. 《KBS》 여론조사에서는 김정은 국무위원장과 북의 지도부에 대한 태도가 긍정적인 쪽으로 변화했다는 대답이 80%에 달했다(매우 긍정적으로 바뀌었다-22.3%, 긍정적으로 바뀌었다-57.7%). 《MBC》 여론조사에서는 77.6%가 김정은 국무위원장을 신뢰한다(매우 신뢰-17.1%, 신뢰-60.5%)고 답했고, 여론조사기관 리얼미터의 설문에서는 '북의 비핵화와 평화 의지'에 대해 64.7%가 신뢰한다고 대답했다(불신은 28.3%).

대북 신뢰도만 놓고 보더라도, 같은 기관 조사에서 정상회담 전에는 신뢰가 14.7%, 불신이 78.3%였으나 회담 후에는 완전히 역전되어 한국인들의 심리변화가 대단히 크다는 것을 확인할 수 있다. 같은 해 9월 평양에서의 남북정상회담 이후 실시된《KBS》여론조사에 따르면 김정은의 서울 방문에 무려 87%가 찬성하고 있다. 이후로도 북미정상회담과 남북미정상회동까지 이어진 정세 흐름의 면면을 들여다보면, 남북 관계와 북에 대한 한국인들의 감정과 태도가 우호적으로 변할뿐더러 그 변화의 속도가 매우 빠름을 알 수 있다.

왜 이런 극적인 심리변화가 나타난 것일까? 북이 급격하게 변했기 때문일까? 아니면 한국인들이 그동안 끼고 있던 색안경을 벗기 시작했기 때문일까? 아무래도 정답은 후자일 것이다. 즉 북은 예나 지금이나 크게 달라지지 않았으나, 2018년 이후 한국인들의 인식이 크게 달라지면서 대북 심리가 가파르게 변화했다는 것이다. 그렇다면 지금까지 한국인들이 북을 바라볼 때 착용하던 색안경은 무엇이었고, 어째서 그것을 벗어던지게 되었을까?

거짓말 위에 지어진 집

북에 대한 한국인들의 견해나 감정이 빠르게 변화한 이유 중 하나는 그런 입장-심리가 대부분 거짓에 기초했다는 데 있다. 아이러니하게도 북을 향한 적대감이나 편견이 세계 최고 수준인 한국인들은 세계에서 첫손에 꼽을 만큼 북에 무지하다. 한국의 지배층이 70년 넘게 북쪽과의 접촉을 막은 것은 물론이고, 관련 정보를 일체 접할 수 없도록 통제하는 동시에, 북에 관한 온갖 거짓말을 퍼부어댔기 때문이다.

그 결과 북에 대한 한국인들의 생각과 정서는 거짓말 위에 지어진 집이 되어버렸다.

허위의식에 기초한 견해나 감정은, 얼핏 견고해 보이지만 진실이 드러나는 순간 와르르 무너질 수밖에 없다. 누군가가 자기 연인이 다른 이성과 즐겁게 문자 대화를 주고받는 장면을 반복해 목격한다면 연인이 바람을 피운다고 의심할 수 있다. 아마도 그는 대화 상대방을 이가 갈릴 만큼 증오할 것이다. 그러나 어느 날 그 상대방이 실은 연인의 동생이었음을 알게 된다면? 그 순간 증오는 눈 녹듯 사라질 것이다. 한국인들의 대북 견해, 특히 감정이 급격하게 변화한 까닭 또한 이와 마찬가지다. 한국인들은 남북정상회담을 생방송으로 지켜보면서, 그동안 언론이 전달해온 가짜 뉴스가 아니라 북에 대한 생생한 1차 정보를 직접 접할 수 있게 되었다. 이런 경험은 북에 관한 기존 정보들을 의심하게 만들었고, 그 결과 허위의식에 기초한 감정들이 눈 녹듯 허물어지기 시작한 것이다.

한국의 언론, 특히 조중동을 위시한 극우언론이 북에 관한 허위·왜곡 보도를 남발해왔다는 것은 이미 널리 알려진 사실이다. 대표적인 사례가 모란봉악단 단장 현송월과 관련된 오보 사건이다. 2013년 한국 언론들은 일제히 현송월 단장이 처형됐다고 보도했다. 매스컴은 처형장이 어디였고, 누가 지켜봤으며, 어떤 방식으로 죽었는지 따위를 옆에서 보기라도 한 듯 자세하게 보도했다. 그런데 2018년 평창 동계올림픽을 앞두고 무려 5년 전 처형당했다던 현송월이 예술단을 이끌고 방남한 것이다. 결과적으로 엄청난 오보를 낸 셈이지만, 해당 언론사들은 처벌을 받기는커녕 정정보도조차 하지 않았다. 이뿐만 아니라 그간 한국에선 북 고위급 인사의 동정이 뜸하다 싶을 때면 '최고지도자 앞에서 졸았다는 이유로 총살당했다'와 같은 뉴스가 나돌다가, 훗날 그 인사가 멀쩡하게 활동하는 모습이 확인되는 경우가 비일비재했다. 그때마다 사람들은 '북은 부활의 나라냐?' '북이 좀비의 왕국이냐?'라는 우스개를 던지며 언론을 조롱하기도 했다.

만일 한국에서 어느 언론사가 서울시장이 총살당했다는 소식을 전했다가 그것이 오보로 밝혀진다면 어떻게 될까? 엄한 처벌과 배상은 물론이고, 언론으로서 신뢰도에 큰 타격을 감수해야 하며, 최악의 경우엔 퇴출당할 수도 있다. 그러나 그간 한국 언론들은 최소한 북과 관련해서는 온갖 허위보도를 일삼아도 무사할 뿐만 아니라 심지어 칭찬받는 경우도 있었다. 일본의 한반도 전문기자 시게무라 도시미쓰重村智計는 이런 한국 언론의 문제점을 다음과 같이 지적한다.

> 오랜 기간 한반도 문제를 취재해온 내 경험에서 보면 북조선 관련 신문기사의 대부분이 오보 또는 미확인 정보이다. 특히 한국 매스컴이 전달하는 북조선 관련 미확인 정보의 대부분은 오보라고 봐도 틀림이 없을 것이다. 앞에서 언급한 것처럼 한국에서는 북조선에 대해 아무리 나쁘게 써도 전혀 문제가 되지 않는다.[1]

정신이 건강한 사람은 사실을 믿는다. 그러나 정신에 문제가 있으면 사실과 무관하게 자신이 믿고 싶은 바를 믿는다. 북에 관한 한 한국 언론은 사실이 아니라 단지 그들이 믿고 싶었던 것을 믿었고, 자신들의 보도를 접할 대중들도 그러기를 원했다. 북에 대한 악의적 헐뜯기와 허위·왜곡 보도는 여기서 비롯된 것이다. 이것은 지금까지의 한국 언론이 적어도 북과 관련해서만큼은 정신이상 상태에 놓여 있었음을 의미한다.

70년 넘게 이어진 허위·왜곡 보도의 영향으로 북에 대한 한국인들의 견해와 감정은 크게 뒤틀렸다. 사실이 잊히더라도 감정은 남는다. 북의 최고권력자가 누군가를 전투기 기관포로 처형했다는 식의 허위 보도 자체는 시간이 갈수록 희미해지지만, 그런 보도를 접할 때 느끼는 강렬한 적개나 혐오 등의 감정은 남아서 쌓이기 마련이라는 것이다. 이런 점에서 한국인들이 품어온 북에 대한 적대적 감정은 무엇보다 한국 언론의 산물이며, 그것이 2018년을 기점으로 무너지기 시작했다고 말할 수 있다.

오이디푸스 이론과 레드 콤플렉스

한국인들의 강렬한 대북 증오를 모두 언론의 행태만으로 설명할 수는 없다. 체질적으로 북을 싫어할 수밖에 없는 지배층이야 그렇다 치더라도 민중, 특히 진보적 지식인들은 그런 허위와 왜곡을 걸러내고 거부할 만한 능력이 있지 않은가. 1980년대 전두환 정권의 앞잡이 노릇을 했던 언론들은 광주민중항쟁을 북이 배후조종한 폭도들의 난동이라고 떠들어댔다. 하지만 학생과 시민들은 끈질기게 광주의 진실을 파헤치고 알리기 위해 노력함으로써 어용 언론의 거짓 보도를 깨트렸다. 그렇다면 왜 진보적 지식인을 포함한 민중은 그간 북에 관한 거짓에 대항해 싸우지 못했을까? 그 답은 바로 '공포'다. 일찍이 프로이트는 오이디푸스 이론을 통해 아버지를 미워하는 아들이 아버지의 가치관을 받아들이게 되는 원인을 공포[2]라고 주장했다. 에리히 프롬 역시 "인류 역사에서 인간이 허구를 실제로, 환상을 진리로 잘못 인식한 것은 바로 공포를 불러일으키는 폭력 때문이었으며 지금도 여전히 그러하기 때문이다. 폭력이야말로 인간이 자주성을 지킬 수 없게 만들며, 그로써 인간의 이성과 감성은 왜곡된다"[3]며 공포가 지식이나 정보의 수용에 결정적인 영향을 미친다고 강조한 바 있다.

대한민국은 다른 것은 다 허용하더라도 빨갱이나 종북(또는 친북)만큼은 절대 용인하지 않는 철두철미한 반공·반북 사회다. 그런 사회의 구성원들에게 최대 공포는 빨갱이·종북으로 낙인찍히는 것이다. 이 주홍글씨는 당사자에게는 사형 예고장과 다름없다. 한국 현대사에서 빨갱이로 몰린 이들은 대부분 권력의 손에 죽음을 맞거나, 용케 목숨을 건지더라도 사회에서 매장당하기 일쑤였고, 이는 한국인들의 내면에 색깔 공포증[4]을 안겼기 때문이다. 빨갱이·종북이라는 낙인은 죽음의 공포, 또는 사회에서 완전히 추방되는 공포와 결부된다. 이런 역사를 경험한 절대다수의 한국인들은, 다른 공격에는 눈 하나 꿈쩍하지 않는 강심장의 소유자일지라도, 빨갱이나 종북 딱지만큼은 피하려는 조건반사적 방어심리를 갖게 되었다.

대부분의 한국인들이 북을 헐뜯고 왜곡하며, 적대하고 증오하는 까닭은 그편이 안전해서다. 반대로 말하면 그렇게 하지 않을 경우 공포에 압도당해 질식하기 때문이다. 앞서 인용한 프로이트와 프롬에 따르면 공포가 강력할수록 진리가 아니라 '안전한 허위'를 수용하는 경향이 커진다. 한국인들의 왜곡된 대북 관념이 만들어진 과정은 그러한 진단과 일치한다.

건강하고 합리적인—공포가 없는—사회에서 사람들은 이성적 사고를 통해 진리는 받아들이고 허위는 거부한다. 그렇지만 병들고 광적인 —공포가 심한—사회에서 사람들은 공포를 방어하기 위해 허위일지라도 안전한 견해는 받아들이고 진리일지라도 위험한 견해는 거부한다. 가령 북유럽 국가들의 노동조합 조직률은 대부분 70%를 넘어선다. 반면 한국은 10%를 약간 웃도는 데 머무르고 있다. 이 차이는 어디서 오는 걸까? 북유럽 노동자들은 노조가 자신들의 이익을 대변하는 조직이라는 것을 아는데, 한국의 노동자들만 그걸 모르는 것일까? 북유럽 노동자 대부분이 노동조합원으로서 노조에 긍정적인 태도를 가지는 것은 노동조합에 가입한다고 해서 그 어떤 탄압이나 불이익을 받지 않기 때문이다. 즉 노동조합 가입과 공포가 무관해서다. 반면 한국의 노동자들이 노조에 가입하지 않는 것, 노조를 불온하게 여기는 것은 무지해서가 아니라 노조원이 되면 감수해야 할 탄압과 불이익을 알아서다. 즉 노동조합 가입이 공포로 이어지기 때문이다.

적어도 2000년의 6·15남북공동선언 이전까지, 한국인들 대부분은 북에 대한 진실을 알고 싶어 하지 않았다. 진실을 접하더라도 그것을 믿으려 들지 않거나, 믿더라도 입 밖으로 꺼내려 하지 않았다. 본능이 위험을 감지하고 있었기 때문이다. 한국인들은 한국에서 사는 한 북에 대해서만큼은 극우와 발을 맞춰야만 안전하다는 것을 잘 안다. 그 결과 한국 사회는 극우든 극좌든, 일반인이든 전문가든, 나이가 많든 적든 '북은 악마다!'라는 명제에 100% 의견 일치를 이뤄왔다. 심지어 북한 전문가들마저도 극우언론을 뺨칠 만큼 진실을 외면한 채 거짓을 발설한다. 그래야 안전하다는 것을 그들도 잘 알기 때문이다. 개성공업지구지원재단 김진향 이사장은 이른바 북한 전문가들의 이러한 행태를 다음과 같이 비판했다.

> 북한 문제는 제멋대로 소설처럼 이야기해도 누구도 문제를 제기하지 않는, 오히려 권장받는 영역이다. 세련되게 비난만 잘하면 된다. 아무도 책임을 묻지 않는다.
>
> 객관적으로 북한을 정확히 보고자 하는 전문가들조차 사회적 분위기에 편승하여 종북이니 좌빨이니 하는 레드 콤플렉스와 매카시즘의 사회 분위기로부터 자유롭지 못하다. 항상 눈치를 보고 자기검열을 한다. 적당히 타협한다.[5]

한국인들의 북에 대한 몰이해, 적대감은 기본적으로 공포의 산물이다. 이는 한국인들이 올바른 대북 견해를 가지기 위해서는 단순히 진실이 널리 알려지는 것만으로는 부족하고 공포가 사라져야만 한다는 것을 의미한다. 나는 6·15공동선언이 채택되던 해 대구에 사는 친척 어른을 만난 적이 있다. 평소 대단히 보수적이며 반북적이던 그 어른은 김일성종합대학을 소개하는 방송을 봤다며, 놀랍게도 북의 대학에는 등록금이 없다느니 시설이 엄청 좋다느니 하며 칭찬을 아끼지 않았다. 그런데 수년 뒤 이명박 정권이 들어선 뒤에 다시 만난 그분은 그런 말을 전혀 꺼내지 않으셨다. 2018년 남북정상회담이 열리던 무렵에도 이와 비슷한 경험을 했다. 또 다른 친척 어른을 뵙게 되었는데, 이분은 '나는 북에서 살 때 잘 먹고 잘 지냈다' '당시에 북쪽 사람들은 다들 풍족하게 먹었다' '나는 북에서 사는 게 좋았다. 남쪽에 오고 싶어서 온 게 아니다'와 같은, 예전이라면 당장에 잡혀갈 수 있는 얘기들을 꺼내며 드러내놓고 북을 칭찬했다. 어려서부터 자주 만나왔던 사이인데도 그분이 청소년기에 월남했다는 사실은 그때 처음으로 알게 됐다. 그런 얘기를 일절 꺼내지 않았기 때문이다. 그렇다면 이분들은 왜 갑자기 예전과는 다른 태도를 보인 걸까? 남북화해 분위기가 조성되면서 공포가 잠깐이나마 완화되었기 때문이다. 쉽게 말해 북을 칭찬해도 안전하리라는 느낌 때문이었을 것이다. 이명박·박근혜 정권기에는 공공장소에서 '북의 김정은 위원장이 똑똑하더라'는 식의 말을 입 밖에 내기 힘들었다. 그러나 최근 들어서는 그런 얘기를 해도 괜찮을뿐더러 동의하는 사람도 쉽게 만날 수 있다. 이런 극적인 변화는 사회 분위기상 공포가 줄어들었기에 가능한 것이다.

2018년 이후 한반도를 뒤덮기 시작한 남북 간, 나아가 북미 간 화해 분위기는 한국 사회에서 공포를 빠르게 밀어내고 있다. 김진향 이사장은 2012년 무렵부터 한국인들의 '북맹 탈출'을 돕기 위해 '행복한 평화, 너무 쉬운 통일'이라는 주제로 강연을 많이 다녔는데, 그때마다 항상 "교수님 괜찮으세요? 이렇게 강의하고 다니셔도 괜찮으세요? 정부가 가만두지 않을 것 같은데요"와 같은 질문을 받았다.[6] 그런데 최근에는 그렇게 묻는 이가 하나도 없다고 한다. 나 역시 2013년부터 전국을 돌며 '분단 트라우마'라는 주제로 강의를 했는데, 초기에만 해도 "선생님, 괜찮으시겠습니까?"라는 식으로 안전을 염려하는 인사를 곧잘 듣곤 했다. 그러나 박근혜 정권이 탄핵되고부터는 그런 인사가 사라졌다. 이런 사례는 한국인들이 공포에 짓눌려 있다는 것, 따라서 공포가 사라져야만 한국 사회에 객관적인 대북 견해와 감정이 자리 잡을 수 있다는 것을 잘 보여준다. 결론적으로 지금까지 한국 사회에서 북에 대한 악의적 왜곡과 거짓이 난무하고, 그것을 진보 지식인을 포함하는 전 국민이 별다른 비판 없이 받아들인 것은 바로 공포 때문이다. 다행히 2018년 이후의 극적인 정세변화에 힘입어 한국을 뒤덮어온 공포는 빠르게 물러나고 있다. 따라서 북에 대해 올바로 아는 것은 지금부터가 시작이다.

열등감이 만들어낸 대북 우월주의

자본주의 진영의 대장 국가인 미국이 반공을 내세우던 냉전 시기에는 한국 역시 공산주의 국가인 북을 적대하고 증오했다. 즉 당시 한국은 사회주의·공산주의라는 체제를 명분으로 북과 반목한 것이다. 그러나 미소 냉전이 끝나고 미국이 반공의 깃발을 내리면서 한국이 북을 적대하는 이유 또한 바뀌었다. 오늘날의 한국인들, 특히 과거의 관성에서 상대적으로 자유로운 젊은 세대가 북을 혐오하거나 경멸하는 까닭은 북이 사회주의 국가여서가 아니라 가난한 나라여서다. 다시 말해 과거 한국인들은 북의 사회주의를 혐오했지만, 오늘날 한국인들은 북의 가난을 혐오한다.

한국인들은 돈 많은 사람은 부러워하고 숭배하는 반면, 돈 없는 사람은 깔보고 혐오하는 병적인 심리에 물들어 있다. 승자는 찬양하면서 패자는 루저로 낙인찍고 경멸한다는 것이다. 이런 심리는 국가 단위에까지 스며들어 상당수 한국인들은 부자 나라는 우러러보는 반면 가난한 나라는 내려다보는 심리를 갖게 되었다. 한국인들이 미국인이나 유럽인을 선망하면서 가난한 동남아시아나 아프리카 사람들은 낮춰 보고 함부로 구는 경향이 있는 것은 이 때문이다. 언론의 오랜 왜곡이 빚어낸 북이 가난한 나라라는 인상은 1990년대 이른바 '고난의 행군' 시기부터 완전히 고착되었다. 고난의 행군에서 벗어난 북의 경제는 늦잡아도 2012년부터는 가파르게 성장하고 있다. 그러나 한국인들에게 북은 여전히 굶주림에 시달리는 가난한 나라다. 한국인 대부분이 패자를 혐오하고 가난한 이웃을 깔보는 것을 당연시하듯이, 가난한 북 혹은 패자인 북을 혐오하고 깔본다. '저, 거지새끼들'이라고 욕하면서.

'남이 북보다 잘 산다, 따라서 남이 우월하고 북은 열등하다'는 편견은 남북 간의 차이나 다름을 잘못됨 혹은 틀림으로 단정하게 만드는 주범이다. 한국인들은 미국이나 유럽을 여행하면서 낯선 모습을 접할 때, 한국과 차이가 있다고 생각하지 미국이나 유럽이 틀렸다고 여기지는 않는다. 그런데 유독 북의 다른 모습 앞에서는 '북이 잘못되었다, 틀렸다'고 단정하는 경향이 있다. 남과 북은 기본적으로 같은 민족으로서의 공통성을 더 많이 가지고 있지만 차이 또한 적잖다. 예컨대 남북은 '노동' '고용' '경제'에 대한 개념이 서로 다르다. 북에는 '임금'이라는 개념이 아예 없고 다만 '생활비'라는 개념만 있다.[7] 뒤에서 살피겠지만, 이는 본질적으로 자본주의와 사회주의의 다름에서 비롯된다. 그러나 한국인들은 '북은 사회주의니까 자유라는 개념을 저렇게 이해하는구나'라고 생각하기보다는 '북측 사람들은 자유가 무엇인지조차 모른다'며 틀림을 단정한다. 이렇듯 모든 걸 돈 중심으로 바라보면서 우월주의적 시각으로 대하는 것은 북에 대한 객관적이고 정확한 인식을 방해할 뿐이다.

북에 대한 우월감의 뿌리는 얄궂게도 한국 지배층의 열등감에서 찾을 수 있다. 해방 전후 역사를 짚어보면, 한국의 극우 지배층은 여러모로 북에 열등감을 느낄 수밖에 없다. 무엇보다 북에서는 항일무장투쟁을 전개했던 김일성·김책·최현 등의 독립운동가들이 주축이 되어 정권을 수립했지만, 남쪽에서는 반민특위의 좌절이 상징하듯 친일파가 권력과 부를 장악한 채 기득권층으로 남았으니 그들로서는 정통성에서부터 열등감을 피하기 힘들었다. 그뿐만 아니라 북은 미국은 물론이고 중국이나 소련 같은 사회주의 강대국들과의 관계에서도 자주적 입장을 견지한 데 견줘, 한국은 자발적으로 미국과 종속 관계를 맺었다. 이 때문에 북은 제3세계 나라들의 국제기구였던 비동맹운동Non-

Aligned Movement에서 상당한 지도력을 발휘할 수 있었지만, 한국은 이들 국가에게 거의 미국의 식민지로 취급당했다. 이에 대해 미 국방부 아태지역 부국장을 역임했던 척 다운스Chuck Downs는 다음과 같이 말했다.

> 1975년, 신생독립한 대다수의 제3세계는 대한민국 대신 북한과 외교관계를 수립하였다. 북한의 비동맹운동 가입은 만장일치로 가결된 반면, 남한 정부의 가입 신청은 기각되었다. 페루의 리마에서 개최된 회담에서 비동맹국 외무장관들은 주한미군 철수와 휴전협정을 평화협정으로 대체할 것을 요구하는 선언문을 채택하였다.[8]

이후 1980년대까지 제3세계에 대한 북의 영향력은, 1975년 11월의 유엔총회에서 "당사자들(북과 미국-인용자)이 휴전협정을 평화협정으로 대체하고 유엔사를 해체하며 유엔의 깃발 아래 남한에 주둔하고 있는 모든 외국군대가 철수할 것을 촉구"하는, 북의 주장을 전적으로 지지하는 결의안이 채택된 것을 통해서도 확인할 수 있다.[9] 그뿐만 아니라 북은 경제적으로 넉넉지 않은 상황에서도 제3세계의 민족해방과 사회주의혁명을 적극 지원했다. 건국 직후에는 중국혁명을 돕기 위해 상당한 인적·물적 지원을 했고, 1959년 혁명에 성공한 쿠바에도 지원을 아끼지 않았다. 베트남전쟁이 한창이던 1970년대에는 호찌민의 민족해방세력을 적극적으로 지원했다. 당시 북은 공장에서 생산한 물품 가운데 절반을 베트남으로 보내며 각종 군수물자를 지원한 것은 물론, 조종사들까지 파견해 미국과 공중전을 벌였으며, 부상당한 베트남 군인들을 북의 병원까지 데려와 치료한 뒤 전선으로 돌려보내기도 했다.[10] 1970년대에 여러 비동맹국 수뇌들이 한 달에 두 사람 꼴로 북을 방문하고 니카라과혁명의 지도자들을 비롯한 제3세계 혁명가들 역시 빈번하게 북을 찾은 것[11]이 말해주듯, 1980년대까지만 해도 평양은 세계 민족해방투쟁과 사회주의혁명의 거점 중 하나였다. 또한 이 당시 북은 제3세계만이 아니라 자본주의 세계 지식인들 사이에서도 인기가 높았다. 자본주의 국가인 일본의 지식인들조차 북을 높이 평가하고 한국은 폄훼하는 편이었다.

정치·외교적 열등감 외에도, 한국 지배층을 자극했던 것은 북이 남보다 경제적으로 우월하다는 사실이었다. 북에 적대적이었던 박정희 정권의 국토통일원(통일부의 전신)이 1978-1979년에 걸쳐 실시한 '남북한총력추세 비교연구'에 의하면, 1960년 남북의 1인당 국민소득은 87달러와 148달러다. 단순 셈법으로 북이 남보다 1.6배 더 잘살았던 것이다.[12] 한국 기준에 입각한 국민소득 비교치가 이러했으니 실제 격차는 더 벌어졌을 가능성도 있다. 여러 자료들을 검토해보면 적어도 1970년대까지는 북이 남보다 경제적으로 앞서나갔음을 확인할 수 있는데, 이와 관련해 러시아 출신의 한국학 연구자 박노자는 다음과 같이 말했다.

> 지금은 도저히 믿어지지 않지만 1950-1970년대만 해도 한국의 당국자들에게 북한이란 두려운 존재인 동시에 일종의 모방 대상이기도

> 했다. (…) 군수기업 등 중공업까지 포함한 공업화를 남한보다 먼저 실행한 북한의 군사력도 두려웠지만, 무엇보다 이미 '제3세계형 복지국가'로서의 모습을 갖춘 북한의 매력적 면모가 남한에 알려질까 봐 두려웠던 것이다. 이미 1950년대 말에 북한은 무상의료와 교육, 그리고 주거배분제 등을 자랑할 수 있었는데, 당시 한국은 돈이 없으면 병원 근처에도 가지 못하고, 아이를 대학은커녕 고등학교에도 보낼 엄두를 내지 못하는 일이 다반사였다.[13]

중앙정보부장 이후락의 방북 보고에 충격받은 박정희가 북의 학생소년궁전을 모방해 어린이회관을 지었다는 이야기는 잘 알려져 있다. 중요한 것은 과거엔 북이 경제적으로도 남을 압도했고, 이 또한 한국의 지배 세력에게 열등감을 안겼다는 사실이다. 1980년대부터는 한국이 경제 분야에서 북을 추월했다고 할 수 있지만, 당시에도 남과 북의 경제적 격차는 그다지 크지 않았다.

이렇듯 한국은 정부 수립 이후 수십 년간 북에 정치적으로도, 외교적으로도, 경제적으로도 열세였다. 그러나 1980년대 사회주의 진영이 몰락하면서부터 북은 정치적·경제적으로 커다란 어려움을 겪게 되었고, 남북의 위상은 극적으로 역전된다. 소련이 이끌던 동구 사회주의 진영을 무너뜨리고 세계 유일 초강대국으로 부상한 미국은 전 세계를 자기 발아래에 둠과 동시에, 사회주의 원칙을 견지하고 있던 북을 붕괴시키기 위해 가혹한 정치적·경제적 봉쇄를 실시했다. 이에 북은 국제사회에서 철저히 고립된 것은 물론 경제 위기에 빠져들게 되었다.

그러자 긴 세월 동안 열등감에 시달려온 한국의 지배층은 북에 대한 우월감을 거칠게 표출하기 시작했다. 마치 부유한 이웃에 열등감을 느껴온 가난한 사람이, 제 형편이 좀 나아졌다고 때마침 곤경에 처한 이웃집을 깔보는 것처럼. 박노자는 계속해서 이렇게 덧붙인다.

> 1989-1992년 사이에 일어난 일련의 사태들이 남북한의 관계 구도와 남한의 대북의식을 완전히 바꾸어놓았다. (…) 관계가 이처럼 역전되는 순간, 남한 지배자들이 품었던 과거의 열등감은 바로 우월의식으로 바뀌고 말았다.[14]

우월감과 열등감은 동전의 양면이다. 개인 대 개인의 관계에서 누군가가 우월주의적 쾌감을 추구하는 것은 그가 열등감의 화신이라는 증거다. 자신이 타인보다 열등하다고 믿는 사람—자존감이 낮은 사람—은 그런 감정에 대한 방어·보상 수단으로 자신이 남보다 우월하다는 사실을 계속 확인하고 싶어 하며, 이를 확인하는 순간 안도와 쾌감을 느낀다. 반면에 열등감을 느끼지 않고 자존감이 높은 사람—따라서 타인도 존중하는 사람—은 스스로 타인보다 우월하다는 사실을 확인할 필요가 없고, 확인한다고 쾌감을 느끼지도 않는다. 사실 타인에게 우월감을 느끼는 행위는 타인을 열등한 존재로 간주하며 깔보고 무시한다는 것인데, 이는 명백한 인간 학대다. 누군가가 우월주의적 쾌감을 원한다는 것은 그가 가학적 행위에서 쾌감을 느끼는 일종의 정신병자임을 의미한다. 이는 인권의 차원에서도 정당화될 수 없다. 같은 맥락에서 한국인들의 열등감에 기초한 우월주의는, 북에 대한 객관적이고 정확한 인식과 이해를 방해하는 주요한 원인임을 다시 한 번 강조하고 싶다.

'북맹'을 넘는 법

개성공단의 한 중견기업에서 관리자로 근무했던 이는 한국인들이 북에 무지하다면서 "컴맹이나 문맹처럼 우리나라 사람의 99.9%가 북한에 대해 거의 모르는 '북맹'이라고 생각합니다. 정작 북한의 사람들에 대해선 아무것도 모르고 있습니다"[15]라고 말했다. 북을 오랫동안 연구해왔거나, 북을 자주 방문했거나, 북쪽 사람들과 자주 접촉했던 이들 중 상당수는 한국인들이 '북맹'이라는 의견에 동의한다. 북쪽 사람들을 가장 오랫동안 접촉했던 한국인 가운데 하나인 김진향 이사장은 다음과 같이 말했다.

> "우리는 북한 체제와 제도, 사회, 경제, 문화, 사회운영의 작동원리와 구조 등 그 진짜 모습의 10%라도 제대로 알고 있을까?" 만약 누군가가 "우리는 북한에 대해 '총체적 무지'에 빠져 있다"고 이야기하면 우리 국민들은 어떻게 받아들일까?
>
> 유감스럽게도 우리 사회의 북한에 대한 '총체적 무지'는 '실재'고 '현실'이다. 남북관계가 대립적이고 적대적인 관계로 전환된 이후에는

> 총체적 무지와 왜곡, 오도가 일반화되어 진실을 이야기하려면 돌을 맞을 각오를 해야 한다.[16]

한국인들은 미국에 대한 견해를 어떻게 만들어나갈까? 한국 언론들이 전하는 뉴스만으로 미국관觀을 정립하는 경우는 드물 것이다. 물론 참고는 하겠지만, 직접 방문하는 경우를 논외로 한다면, 대부분은 미국의 대중매체·문학·영화·드라마 등을 두루 접하면서 자기 견해를 만들어나갈 것이다. 이런 점에서 한국인들은 원천적으로 북에 대한 견해를 만들 수 없는 악조건에서 살고 있다. 한국은 북에 관해서만큼은 지구상에서 가장 폐쇄적인 사회, 즉 어떤 정보를 접하는 것조차 거의 불가능한 사회다. 미국과 유럽을 비롯한 전 세계 사람들은 북을 여행할 수 있고, 방북 인증사진이나 동영상을 찍어 자신들의 SNS에 올리기도 한다. 오직 한국인들만 북에 가보지도, 북쪽 사람들과 접촉하지도 못하는데, 이는 북이 방문을 막아서가 아니라 한국 정부가 국가보안법을 휘두르면서 일체의 대북 접촉을 가로막고 있어서다.[17]

어떤 지역을 직접 가보거나 그곳 사람들과 접촉할 수 없다면, 차선으로 그곳의 현실과 심리와 생활이 반영될 문학·영화·드라마 같은 것들이라도 볼 수 있어야 감을 잡을 수 있다. 그러나 한국인들은 북의 대중예술 작품을 감상하기 힘들다. 덧붙여 한국인들은 북의 신문이나 방송은 물론이고 북과 관련된 웹사이트에도 접속할 수가 없다. 북이 운영하는 '우리민족끼리'나 '메아리' 같은 웹사이트의 주소를 입력하면 위협적인 문구의 경고창이 뜨면서 접속이 차단된다. 한국 정부가 북

관련 웹사이트 접속을 차단하고 있다는 사실에, 외국인들은 민주국가에서 어떻게 그런 야만적인 인터넷 검열을 할 수 있느냐며 혀를 내두른다. 이와 관련해 박노자는 "일반인에게 북한은 방문은커녕 통신과 서신왕래마저 두절되어 있다. (…) 미소 냉전이나 동·서독 분단 같은 최악의 시절에도 남북한처럼 양측 민간인들 사이의 통신과 서신왕래를 엄금한 일은 없었다"[18]고 지적하기도 했다.

이렇듯 상황은 너무도 비정상이지만, 한국인들은 이러한 통제에 길들여진 탓에 자각은커녕 북을 지도에 없는 나라인 양 머릿속에서 지워버렸다. 예를 들면—2018년 이후에는 조금 다를 수 있지만—한국 아이들에게 가고 싶은 여행지를 물었을 때, 북이 언급되는 경우는 거의 없다.

> 우리 아이들은 농담이라도 평양 여행을 계획하고 있다는 얘기는 하지 않는다. 서울-대전보다 가까운 평양에 가는 것이 달나라에 간다고 하는 것만큼 현실감이 떨어지는 얘기가 되었다. 우리 아이들에게 평양은 지도에 없는 나라처럼 상상도 막혀버린 곳이 되고 있는 것이 아닐까?[19]

오늘날은 정보가 부족하거나 없어서 걱정하는 시대가 아니다. 오히려 정보가 너무 넘쳐나서 좋은 것을 가려내는 게 문제인 시대다. 하지만 여기서도 북은 완벽한 예외다. 시게무라 도시미쓰는 이미 1990년대에 다음과 같이 개탄한 바 있다.

> 오늘날 우리는 정보화시대에 살고 있다. (…) 따라서 문제는 정보의 부족이 아니라 정보의 홍수 속에서 어떻게 필요한 정보를 선별하고 관리하는가이다. 그런데 이 같은 정보화시대의 흐름과 전혀 무관한 영역이 있다. 바로 북조선이다. 요컨대 지금 한국인들은 21세기를 눈앞에 둔 정보화시대에 민족의 가장 중요한 문제에 있어 정보조작을 통한 혹세무민이 가능한 사회에 살고 있는 것이다. (…) 지금 북조선 문제를 둘러싼 한국 사회의 가장 커다란 문제는 (…) 가치지향의 영역에 있지 않다. 문제는 어떤 것이 사실인가 아닌가 하는 '사실 파악'의 영역에 있다. 이는 해를 보고 달이라 할 수 없는 것과 같은, 그 어떤 가치판단이나 지향과도 무관한 것이다.[20]

지금까지 언급한 것 외에도, 한국 사회가 북을 객관적으로 이해하려면 미국 중심주의를 극복해야 한다는 걸 강조하고 싶다. 다수의 한국인들, 특히 한국의 지배층은 미국 것이라면 다 좋고, 북쪽 것은 다 나쁘다는 입장에서 세상을 바라본다. 과거 중국 중심주의에 사로잡혀 있던 조선의 지배층은 중국을 하늘로 섬기면서 조선이 중국의 첫째 동생이라는 데서 존재의 정당성을 찾으려 했다. 그런 까닭에 중국과 비슷한 나라는 우호적으로 대한 반면, 그렇지 않은 나라는 적대시하거나 경멸했다.

오늘날 한국의 지배층 역시 섬기는 대상만 바꾼 채 조선 시대와 동일한 과오를 범하고 있다. 해방 이후부터 한국의 지배층은 미국을 하늘같이 여기면서 미국과의 유사성-친밀도를 기준으로 우의를 드러내거나 적대시해왔다. 공교롭게도 북은 1950년대에는 미국과 전쟁까지 했고, 그 후에도 70년 가까이 미국과 대결을 이어왔다. 미국의 착한 아우 혹은 아시아에서의 첫째 동생이라는 괴상한 자부심으로 똘똘 뭉친 한국의 지배층 입장에서 보면, 북은 절대로 이해할 수도 없고 이해해서도 안 되는 순도 100%의 오랑캐다. 그러나 조선 지배층의 중화주의와 중국 중심주의가 객관적 세계 인식을 방해함으로써 나라를 위기에 빠뜨렸던 것처럼, 오늘날 한국 지배층의 숭미주의와 미국 중심주의 역시 한국을 위기로 몰아넣게 될 것이다. 이와 관련해 박노자는 다음과 같이 말하면서, 타자인 북의 눈으로 우리를 바라볼 필요가 있다고 강조했다.

> 대부분의 한국인은 홍대용이 비판했던 18세기의 고루한 선비들과 다르지 않게, 세계에 고정된 중심이 있다고 의식적·무의식적으로 믿고 있다. 물론 중국이 아닌 미국이 바로 그 중심이고, 미국의 문물제도를 대체로 복제해놓은 한국은 그 중심에 꽤나 가까운 것으로 의식하기도 한다. 동시에 수많은 한국인들에게 북한은 '비록 같은 민족이지만' 이 중심으로부터 한참 벗어난, 18세기로 치면 '이적'에 가까운 것으로 보인다. 한데 이와 같은 중심과 주변의 구상은 어디까지나 주관적인 생각일 뿐 그 어떤 객관적인 실체도 아니라는 걸, 타자의 시각을 의식하면서 깨닫는 것이 중요하다.[21]

제도가 심리를 규정한다

2018년부터 급변한 정세에 힘입어 한국인들 다수는 북을 멸망시켜야 할 적이 아닌 화해와 통일의 대상으로 인식하기 시작했다. 긴 세월 동안 미워하고 갈등한 누군가와 화해하고 협력하려면 무엇보다 상대를 정확하게 알고 존중해야 한다. 즉 '나는 옳고 너는 틀리다'라는 아집을 버리고 '나와 상대방이 얼마나 어떻게 다른가, 그 다름은 어디에서 비롯되는가'를 정확히 인식하고 다름과 차이를 존중하는 데서부터 출발해야 한다. 남과 북은 같은 민족이면서도 다른 점이 적잖다. 특히 남쪽 사람들과 북쪽 사람들의 심리에는 간과할 수 없는 커다란 차이가 존재한다. 그리고 이 간극은 대부분 사회제도의 다름에서 비롯된 것이다.

객관적 조건이나 환경이 인간 심리에 미치는 영향력은 대단하다. 중고등학교에서 교사들은 지각한 학생들에게 운동장을 달리는 벌을 주곤 한다. 단순한 달리기라면 학생들은 옆 친구들에게 동병상련을 느끼면서, 때론 농담을 주고받으며, 사이좋게 운동장을 달릴 수도 있다. 그런데 지각생이 좀처럼 줄지 않는 것을 걱정한 한 교사가 아이디어를 낸다. 지각자 전원이 운동장을 몇 바퀴 도는 것이 아니라 농구 골대까지 선착순 달리기를 해서 1등부터 3등까지만 교실에 들여보내고, 이 경쟁에서 탈락해 최후까지 남은 3명은 담임교사에게 인도하는 것으로 벌칙을 바꾼 것이다. 규칙이 바뀜으로써 지각한 학생들은 친구들을 경쟁자로 인식하고 죽기 살기로 달리게 되고, 심지어 이기기 위해 반칙을 할 수도 있다. 이렇듯 어떤 제도의 규칙이나 방식을 조금 바꾸는 것만으로도 제도 안 사람들의 심리는 즉각 영향을 받는다.

한국인들은 70년 넘게 자본주의 사회, 1990년대부터는 신자유주의적 자본주의 사회에서 살아왔다. 반면에 북쪽 사람들은 같은 시간을 사회주의 사회에서 살아왔다. 한 사람의 평생과 맞먹는 세월을 판이한 사회제도와 환경에서 살아온 셈이다. 이 책에서 우리가 발견하게 될 남쪽과 북쪽 사람들의 심리 간극은 대부분 여기에서 비롯되었다.

나는 지금부터, 가능하면 가치판단을 배제하고, 남과 북 사람들의 심리 차이, 그리고 그것을 초래한 사회제도와 환경의 차이를 살펴보려고 한다. 이런 심리학적 탐구는 단지 다름을 인식하는 것을 넘어서서, 그런 차이가 어디에서 비롯되었고, 극복하려면 어떻게 해야 하는가와 같은 질문들에 해답을 찾는 데도 도움이 될 것이다.

돈

행복의 조건,
불행의 복선

남과 북이 화해와 통일로
나아가려면 무엇보다 돈과 관련된
심리적 차이를 좁혀나가야 한다.
그리고 그 방향은, 북쪽 사람들을
돈에 집착하게 만들기보다는,
한국이 북유럽 수준의 복지국가가
됨으로써 돈과 생존, 돈과
사회적 존중이 분리된 사회로
탈바꿈해나가는 쪽이어야 할
것이다.

한국인들과 북쪽 사람들의 가장 큰 심리적 차이는 '돈'과 관련이 있다. 북쪽 사람들을 자주 접했던 한국인들은 이구동성으로 그들이 '돈에 대한 개념이 없다'거나 '돈의 가치를 모른다'는 말을 한다. 탈북자들이 한국에 와서 혼란을 겪는 이유 중 하나는 그들의 돈 개념이 한국과는 다르다는 데 있다. 한 탈북자는 한국에서 생활하면서 자본주의 사회가 돈 중심의 사회라는 것을 배우기 시작했다면서 다음과 같이 말했다.

> 톨게이트를 지나갈 때 모르는 사람에게 돈을 주더라고요. 그래서 물어봤죠. 국가 길을 지나가는데 왜 돈을 주냐고. 또 이해가 안 되는 것은 '의사하고 말한 값'을 낸다는 것이었어요. 피부과에서 상담을 받았을 뿐인데, 치료도 안 했는데 돈을 내라고 하더라고요. 그때 자본주의 시스템을 조금 이해할 수 있었어요. 모든 것이 돈이고, 순간순간이 돈이고, 결국 돈 중심인 사회구나.[1]

북의 과학기술대학에서 영어를 가르쳤던 재미교포 수키 김은 북의 학생들이 돈에 관심이나 욕망이 없다고 말한다. 그녀는 북의 학생들을 변화시키려고 노력했지만 실패했다면서 "저커버그가 대학 기숙사에서 꿈꾸었던 그 무엇으로 1000억 달러를 벌었다는 문장조차도 그들의 관심을 끌지 못한 것 같았다"[2]고 말하고 있다. 한마디로 북의 학생들은 '대박' 얘기에는 별 관심이 없더라는 것이다. 이런 사례는 여타 자본주의 국가 사람들을 통해서도 확인할 수 있다. 다소 극단적인 경우일지 모르지만, 북과 합작 사업을 진행했던 독일 한스자이델 재단의 대표 베른하르트 젤리거Bernhard Seliger는 2017년《자유아시아방송》인터뷰에서 다음과 같은 경험담을 전하기도 했다.

> 평스제약(북과 스위스가 합작한 제약회사)이 처음 생겼을 때 북한 보건성에서 아스피린 종류인 평스피린을 다량 주문하겠다고 했습니다. 그래서 저희가 얼마에 살 것이냐고 했죠. 북한 측에서 무슨 뜻인지 알아듣지 못했습니다. 물건 값을 치른다는 개념이 없었던 것이죠.[3]

단순하게 비교하면, 남쪽 사람들은 돈에 과할 정도로 민감하고 집착하는 반면, 북쪽 사람들은 돈에 민감하지 않을뿐더러 관심도 적다고 말할 수 있다. 돈을 둘러싼 양측의 차이는 개성공단의 관리기관에서 자동차 기술정비 업무를 담당했던 이의 경험담에서 직관적으로 드러난다.

> 자본주의와 돈에 대한 생각이 너무 다르죠. 언젠가 (북쪽 노동자가) "왜 악착같이 돈을 벌려고 합네까?" 물어보더라고요. 그래서 "돈을 벌어야 먹고살 것 아닙니까?" 그랬더니 "우리는 그렇게 안 해도 먹고 삽네다" 이러는 거예요. 그래서 "우리는 더 잘살기 위해서 돈을 벌려고 하는 겁니다" 했더니 "이해가 안 됩네다"라고 하더군요. 그래서 저도 "나도 그쪽이 이해가 안 됩니다"라고 했어요. 저는 그쪽 사회주의 개념이 정말 이해가 안 돼요. 그런데 한편으로는, 남한에서는 이렇게 열심히 일하는데도 내 집 한 채 없는데, 북쪽 사람들은 적어도 그런 걱정은 안 하고 살겠구나 싶기도 하죠.[4]

이렇듯 북쪽은 돈벌이에 악착같은 남쪽 사람들을 이해하지 못하고, 남쪽은 열심히 벌지 않아도 괜찮다고 생각하는 북쪽 사람들을 이해하지 못한다. 양측의 생각이 이렇게까지 판이한 까닭은 무엇일까? 남쪽 사람들이 악착같이 돈을 벌려고 하는 이유는 위의 대화에 드러나 있다. 그것은 첫째로 '먹고살기 위해서'이고, 둘째로는 '더 잘살기 위해서'다.

돈과 생존의 연결고리

한국인들이 돈을 못 벌까 봐 불안해하고, 돈에 과도할 정도로 집착하는 것은 돈 귀신이 씌어서가 아니다. 그럴 만하니까 그러는 것일 뿐이다. 한국처럼 사회안전망이 부실한 자본주의 사회에서 돈은 곧 '생존'이다. 돈이 없으면 먹거리를 살 수 없어서 굶어야 하고, 옷을 사지 못해 추위에 떨어야 하며, 집이 없어서 길거리를 떠돌아야만 한다. 한마디로 돈을 벌지 못하면, 누군가에게 빌붙지 않는 한, 의식주를 해결할 수가 없으므로 노숙자가 되기 십상이라는 것이다. 익히 알려진 대로, 한국 사회가 신자유주의 체제로 전환된 1990년대부터 한국인들의 생존 불안은 극심해졌고, 그에 비례해 돈에 대한 집착도 강렬해졌다. 청년들의 처지는 특히 심각한데, 이것은 청년 세대에서 '헬조선'이라는 유행어가 등장한 것만 봐도 알 수 있다. 한 청년은 한국에서 살아가는 자기 세대의 심정을 이렇게 토로한다.

> 한국이라는 나라에서 삶을 이어가는 것 자체가 짜증 나고 피곤하다 못해 아프기까지 하여, 차라리 죽음을 생각하는 청년이 점점 늘어난다는 생각이 들었습니다.
> 희망 없음, 탈출구 없음, 어쩔 줄 모름.
> 이런 상황에서 우리를 계속 살게 하는 건 위로와 재미와 혐오 말고 또 뭐가 있을까요?[5]

돈을 못 벌면 굶어 죽는 사회에서 돈에 무심할 수 있는 사람이 얼마나 될까? 결국 한국인들이 돈에 집착하는 첫째 이유는 한국에서는 돈과 생존이 직결된다는 데 있다. 그렇다면 북쪽 사람들이 돈에 집착하지 않는 까닭은 돈과 생존 간에 연결고리가 없거나 약해서라고 추측해볼 수 있을 것이다.

북쪽 사람들은 돈이 없어도 생존이 가능할까? 답부터 말하자면 '그렇다'고 할 수 있다. 북은 배급제 사회다. 좀 더 정확하게는 생존에 필수적인 것들을 국가가 책임지고 배급해주는 사회다. 통상 북 정부는 주민들에게 물건·서비스와 교환할 수 있는 여러 종류의 배급표를 제공하며, 특별한 경우에는 정부가 직접 재화를 공급한다. 북쪽 사람들은 지급받은 배급표를 가지고 상점에 가서 물건과 교환하고, 식당에서 음식을 먹고, 유원지에 입장한다. 여러 자료들을 종합해볼 때, 북의 배급 현황은 다음과 같이 요약할 수 있다.

① 먹거리

쌀을 비롯한 식량이 배급된다. 식량은 북에서 태어나 살고 있는 모든 사람, 즉 일을 하지 않는 사람에게도 배급된다. 물론 일을 하지 않는 경우 노동자보다는 배급량이 적다. 한 탈북자에 의하면, 2010년대 초반에 직장에 다니는 사람은 하루에 쌀 700*g*, 집에서 노는 사람들은 하루에 쌀 300*g*을 배급받았다.[6] 식량만이 아니라 식생활에 필수적인 된장, 간장, 소금, 식용유 등 조미료도 배급된다. 1990년대에는 집집마다 매달 간장과 된장이 1*kg*씩 배급되었다고 한다.[7] 이 외에도 채소·과일·사탕·과자·생선 등이 정기적으로 배급되고,[8] 국가적 명절에는 고기류 등이 특별 배급되며,[9] 김장철에는 김장용 배추가 배급된다.[10] 직접적인 먹거리는 아니지만 옥류관 같은 식당에서 사용할 수 있는 식권도 직장·지역 단위로 배급된다.[11] 성인에게는 맥주를 비롯한 술과 담배도 배급되는데, 예컨대 한창 더울 때는 1인당 하루 1*l*씩 마실 수 있는 맥주 배

급표가 지급된다.[12]

② 입을 거리

유치원에서부터 대학교까지 학생들에게는 교복, 솜옷(교복에 덧입는 겨울옷) 등이 배급된다. 교원을 비롯한 직장인들에게도 해마다 양복지를 비롯한 옷감이 배급되는데, 이것으로 자기 취향에 맞게 의상점에서 옷을 만들어 입을 수 있다.[13]

③ 기타 배급

학생들에게는 가방, 신발, 교재, 학습장, 필기구와 같은 학용품이 배급된다.[14] 또한 출퇴근하는 성인과 학생에게는 차비가 지급된다. 2018년에 북을 방문했던 진천규 기자에 따르면 지하철이나 버스 요금은 북쪽 돈으로 5원인데, 그 비용은 직장이나 학교에서 매달 지급해준다.[15] 직장 단위로 놀이공원 등의 이용권[16]도 정기적으로 배급된다.

확인되는 현황은 이 정도인데, 이 밖에도 배급되는 물품이 더 있을 것이다. 물론 북쪽 사람들도 배급품 외에 더 많은 것을 누리자면 월급에서 지출해야 하지만 그 비용은 별로 크지 않다.[17]

제3세계형 복지국가

앞에서 살폈듯 북쪽 사람들은 국가에서 배급받는 것만으로도 굶어 죽을 위험은 없다고 추측할 수 있다. 여기에 더해 북은 1950년대부터 무상의료·무상교육·무상주택 제도를 확립했고, 현재까지 일관되게 실시해오고 있다.

① 무상의료제 혹은 무상치료제

북 정부는 1950년대에 무상의료를 법제화했고, 1970년대에는 인구 대비 의사·간호사·의료시설·침상 수에서 세계 최선진국의 대열에 들어섰다.[18] 즉 북쪽 사람들은 병이 나면 돈 걱정 없이 치료받을 수 있는데, 그것은 법이 보장하는 권리다. 한국의 국민건강보험제도도 괜찮은 편이지만, 여전히 보험이 적용되지 않는 '비급여 대상'이 많다. 이에 비해 북의 무상의료제에는 '본인 부담금'이라는 게 없다. 장기간 입원하든, 아이를 출산하든, 값비싼 장비로 검사를 받든, 일체의 의료서비스가 무료로 제공된다. 최근에는 여성들의 쌍꺼풀 수술도 무료로 실시한다는 보고도 있다.

북은 예방의학을 표방하고 있는데, 이와 관련해 16년간 남북 의료협력 사업을 진행하면서 북의 의료 실태를 직접 관찰한 보건복지부 공무원 김진숙은 다음과 같이 말했다.

> 우리는 북한이 1980년 채택한 인민보건법에서 인민보건의 기본원칙으로 완전하고 전반적인 무상치료제(제9조), 예방의학적 방침에 의한 건강보호(제17조), 의사담당구역제(제27조)—1996년 호담당의사제로 개칭—를 규정하고 있다는 것을 알았다.[19]

이처럼 북은 병이 든 다음에 치료하기보다 병이 나지 않도록 예방하는 데 주력한다. 효과적인 예방의학을 위해 북은 일종의 개인 주치의 제도인 '호담당의사제'를 확립했다. 환자를 찾아가는 작은 병원이라고도 할 수 있는 호담당의사는 주민들을 찾아다니며 건강검진과 위생선전 사업을 실시하는데, 이에 대해 북의 한 관료는 다음과 같이 설명한다.

> 한 명의 호담당의사는 보통 130-150가구를 책임지고 한 사람이 태어나서부터 죽을 때까지 병력 관리, 일상적 건강교육, 예방접종을 포함한 건강에 대한 모든 것을 관리해주고 있어요. (…) 호담당의사 1명이 500-600명을 맡게 되는 겁니다. (…) 호담당의사는 오전에는 동진료소에서 외래를 보고 오후에 왕진을 다녀요.[20]

② 무료교육 혹은 무상교육

2019년에 방송된 드라마 〈스카이 캐슬〉 열풍이 시사하듯, 한국에서 교육은 현대판 신분제의 주요 도구다. 즉 부모의 신분과 재력이 자식 교육의 질을 좌우하고, 그 결과로 부의 대물림이 고착되는 것이다. 한국에서는 대학 간판이 인생을 좌우하는 관건으로 취급된다. 부자든 빈자든, 자식이 있는 한국인의 최대 고민거리는 교육이다. 그러나 한국에서 아이를 제대로 교육하려면 막대한 돈이, 특히 엄청난 사교육비가 든다. 대학등록금 역시 세계 최고 수준인 데다가, 유학 열풍이 불면서 학부모들의 부담은 더욱 가중되고 있다.

한국에 신자유주의를 강요하고 수출했던 미국의 사정 또한 엇비슷하다. 미국에서도 자식의 학교 성적은 적성이나 노력이 아니라 집안 배경, 즉 부모의 교육 수준과 경제력으로 점쳐진다.[21] 미국 부모들도 교육 이야기를 주야장천 떠드는데, 이는 교육이 '불안'의 실질적·만성적 원천이기 때문이다.[22] 핀란드 출신의 저널리스트로 결혼 후 미국으로 이주한 아누 파르타넨Anu Partanen은 "핀란드의 부모들은 사립학교를 살펴보거나 학비 댈 방법을 알아보는 데 시간을 쓰지 않는다. 좋은 학군에 집을 마련하느라 생돈을 쓸 필요도 없다"[23]면서 미국의 교육환경을 비판한다. 그에 따르면 핀란드 부모들은 교육 스트레스에서 자유롭다. 그 나라에는 사교육이 없고 대학을 포함한 교육 과정이 무료이며, 무엇보다 대학 간판이 인생을 좌우하지 않아서다.

북은 1950년대부터 공교육 전반에 걸쳐 무료교육제를 실시하고 있고, 12년간의 의무교육제도를 법으로 규정하고 있다. 북유럽 나라들처럼 북에도 사교육이 없으며, 대학 간판이 인생에 별다른 영향을 미치지 않는다. 그렇기 때문에 부모들이 교육 문제로 골머리를 앓는 일도 없다. 홍콩의 유력 시사주간지 《아주주간亞洲週刊》의 부편집장 장쉰江迅은 북한에서 가장 좋은 건축물 중의 하나가 학교라고 언급하면서 "북한에는 학비를 납부하기 위해 매혈을 하거나 탄광에 가서 아르바이트를 하는 현상이 존재하지 않는다. 아이들을 학교에 다니지 못하게 하는 부모와 후견인은 법에 의해 처벌을 받는다"며,[24] 북과 자본주의 나라의 교육환경을 대비하기도 했다. 북에는 대학 등록금과 학위 취득에 드는 별도의 비용이 없을 뿐만 아니라, 장학금을 비롯한 각종 혜택이 제공된다. 한마디로 공부하면서 돈 걱정을 전혀 할 필요가 없게끔 국가적 지원이 이뤄지는 것이다.

③ 무상주택

주거문제는 한국인들, 특히 대다수 젊은이들에게 절망감을 안긴다. 이제는 평생을 벌어도 서울에 집 한 채 마련할 수 없다는 것을 누구나 알고 있다. 이는 극소수 부자들의 사유지 독점이 낳은 필연이다. 반면에 토지나 주택을 개인이 소유할 수 없는 국유제 혹은 공유제 사회인 북은 오래전부터 무상주택 제도를 실시해오고 있다. 북의 무상주택 제도에 대해 장쉰은 다음과 같이 말한다.

> 농촌이든 도시든 관계없이 주택은 국가가 일괄적으로 짓고 무상으로 거주할 수 있게끔 국민에게 분배한다. (…) 정부는 옷장, 탁자와 의자 등의 가정용품도 분배한다. 수도와 전기, 심지어 겨울철의 난방까지 모두 일괄해 공급한다. 일반적으로 한 가정은 수도, 전기, 난방비 모두 합쳐 2원을 내는데, 상징적인 요금일 뿐이다. 예전에 어떤 중국 기업이 북한에 전력계를 판매할 생각을 했다가 접은 적이 있다. 북한 가정의 대부분은 전력계를 설치하지 않는다. 전기 역시 복지의 영역이기 때문이다.[25]

요컨대 북에서는 국가가 살림집(주택)을 일괄적으로 지어서 주민들에게 나눠주는데, 그 집에는 생활에 필요한 가구나 집기들이 갖추어져 있으며, 전기나 난방 요금 등도 거의 공짜라는 것이다. 무상주택제 덕분에 북쪽 사람들은 성인이 되면 누구나 자기 집—물론 소유권이 아닌 사용권—을 배정받고, 매우 저렴한 주택 사용료만 내면서 거주할 수 있다.

북쪽 사람들은 국가가 발급하는 '입사증'에 배정된 주택에 입주한다. 정식 명칭은 '살림집이용허가증'으로, 한국의 등기부등본에 해당하는 이 입사증에는 세대주 이름과 방의 개수 등이 기록되어 있다.[26] 혼인신고를 하면 입사증이 발급되는 식으로 주택이 필요한 성인들에게 우선적으로 배정되는데, 가족 수에 따라 주택의 크기가 달라진다. 예를 들어 부모를 직접 부양하는 경우엔 방 세 칸 이상의 큰 집을 배정받는다.

한국 언론들은 북에서도 주택의 매매가 가능하다는 기사를 내보내고는 한다. 이는 토지·주택을 개인이 소유할 수 없는 사회주의 제도를 전혀 모르거나, 알고도 악의적으로 왜곡하는 거짓말이다. 언론은 1990년 제정된 북의 민법 가운데 "공민은 살림집을 소유할 수 있다"는 규정을 기사의 근거로 삼곤 하는데, 이것은 제한적으로 남아 있는 극소수 사유 주택과 관련된 규정이다. 북이 사회주의 체제로 이행해가던 1950년대에 국가에 귀속되지 않았던 일부 개인 주택의 소유권을 인정하는 규정을 가져와 곡해하는 것이다.[27]

북에는 부동산 시장이나 부동산 업자가 존재할 수 없다. 토지와 집은 기본적으로 국가 소유로, 주택 배정을 정부가 전담하기 때문에 개인이 집을 사고파는 게 원천적으로 불가능하다. 따라서 북의 주민은, 돈이 많든 적든 정부가 발급하는 입사증 없이는 주택에 입주할 수 없다.[28]

북에서 주택은 기본적으로 국가 소유이며, 개인은 평생 '이용권'만 갖습니다. 집의 교환은 법적 신고로 가능하며, 교환시 경우에 따라 일정 금액을 사례비로 주고받기도 한답니다. 그러나 개인이 주택(살림집)의 소유권을 매매 이전하는 건 불법입니다. 또 북의 건설법에 건설 주체는 '건설 주관기관, 기업소'로만 규정하고 있어 개인이 주택을 신축하는 건 불가능합니다.[29]

이처럼 입사증은 주택 소유권이 아니라 이용 자격을 증명하는 문서다. A주택에 거주할 권리가 홍길동에게 있음을 증명하는 문서라는 것이다. 따라서 홍길동이 자신의 입사증을 김철수에게 판다고 해서 집에 대한 소유권까지 넘어가지는 않는다. 결론적으로 북에도 극소수의 개인 소유 주택이 있기는 하겠지만, 자본주의 국가처럼 개인들이 주택을 사고파는 것, 나아가 주택 시장이 형성되는 것은 불가능하다고 말할 수 있다.

북의 복지제도는 이뿐만이 아니다. 사회주의 국가인 북에서는 모든 국민의 취업을 국가에서 책임지고 보장해주기 때문에 실업자, 거지, 노숙자가 존재할 수 없다. 게다가 직장에서 해고될 가능성이 극히 낮고 혹시 해고되더라도 금세 다른 직장에 배치된다. 1970년대부터 20년간 북에 거주한 일본인 타미야 다카마로田宮高麿는 다음과 같이 말했다.

북한에서는 실업 걱정이 없습니다. 누구나 자신의 희망과 재능에 따라 직장을 얻습니다. 일단 직장에 배치되면 그 사람이 아무리 게으른 사람일지라도 쫓겨나는 일은 거의 없습니다. 언제나 같이 의논하고 교양하여 함께 나아갈 수 있도록 합니다. 설사 직장에서 쫓겨난다 하더라도 당장 생활이 어렵지도 않습니다. 기본적인 생활에 대해서는 공산주의적 시책이 확실히 실시되고 있기 때문입니다.[30]

북은 고아들도 국가가 책임지고 돌본다. 북의 고아들은 육아원·애육원·초등학원·중등학원을 거치면서 국가로부터 보살핌과 교육을 받고, 성인이 된 후에는 일자리를 제공받는다. 교육학자이자 북한 어린이 지원단체 '어린이어깨동무'의 이사장으로 마흔아홉 번이나 북을 방문했던 이기범 교수는 이에 관해 다음과 같이 말한다.

육아원은 부모가 없거나 돌볼 사람이 없는 아이들, 그리고 세쌍둥이 이상을 맡아 기르는 국가 시설이다. 남녘의 보육원에 해당한다. 유치원에 들어가기 전 다섯 살까지 아이들을 맡는다. 그 뒤는 애육원, 초등학원, 중등학원 같은 상급 시설에서 어린이들을 돌보며 교육까지 책임진다.[31]

북은 1950년대부터 국가가 고아들을 책임지는 제도를 확립해왔다. 1951년에 세워진 평안남도 평성육아원에서는 현재 70명의 교사, 5명의 의사가 120명의 고아를 돌보고 있다. 평성육아원은 조선로동당 평안남도 도당사 바로 옆에 자리하고 있는데,[32] 이것은 조선로동당 나아가 국가가 고아 돌봄 정책을 중시하고 있음을 시사한다.

살펴보았듯 북은 건국 초기부터 주민의 생존을 국가 혹은 공동체가 보장하는 복지국가로 자리 잡았다. 박노자는 그런 북을 북유럽 복지국가에 빗대어 '제3세계형 복지국가'로 규정하기도 한다. 이런 평가에 상당수 한국인들은 '그런 복지제도가 있으면 뭐해? 사람들이 굶어 죽고, 약이 없어서 치료를 못 받고, 학교와 주택은 난방이 안 되는데, 무상이면 뭐 하냐고?'라고 되물을지도 모른다. 실제로 북의 복지제도는 1990년대 중반 고난의 행군 시기부터 무너지기 시작해, 2000년대 초반까지 그 여파가 계속됐다. 그러나 고난의 행군이 끝나고 경제가 회복세에 접어들면서 복지제도 역시 재건된다. 요컨대 북의 70년 역사에서 복지제도는, 약 10여 년을 제외하고는 그대로 유지되었다는 것이다. 어쨌든 많은 한국인들이 가진 북에 대한 이미지는 고난의 행군기에 고착되어 있으므로 이 문제를 간단히 다루고 넘어가기로 한다.

'고난의 행군'에 관한 오해들

1980년대 이전만 해도 중국이나 한국보다 훨씬 잘살았던 북이 고난의 행군에 처한 데는 복합적인 원인이 작용했다.

첫째, 1990년 전후로 국제 환경이 북에 크게 불리해졌다. 동유럽 사회주의 진영은 1980년대 후반부터 흔들리기 시작하다가 1991년 소련 해체를 기점으로 완전히 붕괴되었다. 여기에 세계 유일 초강대국 미국의 위세가 커지자 이런저런 문제를 노출하고 있던 중국과 베트남마저 자본주의로 방향을 틀어 사회주의 국가 대열에서 이탈했다. 그 결과 1990년대 들어 사회주의 체제는 북과 북의 맹방인 쿠바 정도만 남고 말았다. 기세등등해진 미국은 사회주의 원칙과 반미주의를 고수하는 북을 멸망시키기 위해 사상 최대의 정치·군사적 압박을 가하며, 철저한 경제 봉쇄를 시작한다.

이 당시 러시아와 중국은 한국과 수교한 반면 미국과 일본은 여전히 북과 미수교 상태였다. 북은 정치·외교적으로 철저히 고립된 것이다. 이런 상황에서 러시아와 중국은 북을 도와주기는커녕 음으로 양으로 미국을 편들뿐더러, 예전과는 판이한 태도로 북을 대하기 시작했다. 과거에는 사회주의 진영 내 국가끼리 교역할 때 '우호가격'이라고 해서 시장보다 저렴하게 물건 값을 매겼고, 그 대금 또한 상대방 국가의 물건으로 받는 게 일반적이었다. 즉 자본주의 시장가격보다 싼값으로 물물교환을 한 것이다. 그러나 사회주의권이 붕괴되고부터는 러시아와 동유럽은 물론이고, 그나마 사회주의 간판은 유지하고 있던 중국과 베트남까지도 미국의 눈치를 보면서 북의 사정을 봐주지 않았다. 식량과 각종 원자재를 우호가격으로 제공해오던 중국은 1990년대부터 제값을 부를 뿐만 아니라 달러화 결제까지 요구하기 시작했다.[33] 물물교환을 해오던 북에 달러화가 있을 리 없었다. 여기에 더해 전 세계를 동원한 미국의 강력한 경제봉쇄가 계속되면서 북은 원자재 부족에 시달리기 시작했다. 북은 건국 이후부터 자립경제 노선을 추구해왔지만 석유, 고무, 코크스탄 등은 북에서 생산되지 않았기에 수입에 의존할 수밖에 없었다. 가령 제철 과정에 반드시 필요한 코크스탄의 수입이 막히자 철강 생산이 중단되었고, 이런 상황이 경제 전반을 주저앉힌 것이다.

비유하자면 당시 북이 처한 상황은, 전 세계가 사회주의화되면서 홀로 자본주의를 고수하던 한국을 정치·군사·경제적으로 봉쇄하는 상황과 같다. 이렇게 북은 고립무원에 직면했다.

둘째, 극심한 자연재해가 북을 강타했다. 특히 1995-1996년에 연이은 대홍수와 산사태로 농토와 탄광이 물에 잠겼다. 석탄 채굴이 중단되자 발전소도 가동을 멈췄다. 당시 북은 전체 전력생산의 70-80% 이상을 석탄 화력발전이 담당하고 있었기 때문이다. 전기가 끊어지자 전철은 물론 철도, 철강, 광산 등도 제대로 돌아가지 않았다.[34] 설상가상으로 1997년에는 비 한 방울 내리지 않는 가뭄이 들이닥쳤다. 이렇게 3년 연속으로 전 국토가 초토화되자 농업은 말할 것도 없고 전체 산업 기반이 무너져갔다.[35] 경제의 총체적 붕괴로 아사자가 속출하고, 북중 접경지대의 주민들이 굶주림을 견디지 못해 국경을 넘기 시작하는 상황에서 북의 정부는 국제사회에 지원을 요청했다.

> 미국 뉴욕에 있던 북 유엔대표부는 1995년 8월 23일 유엔인도주의사무국에 긴급 구호를 요청하면서 전 국토의 75%가 재해를 입었고 피해 인구는 520만 명, 피해 총액은 150억 달러에 달한다고 밝혔다.(《한겨레신문》, 1995년 9월 14일)[36]

국제사회에 인도적 지원을 요청하는 동시에 북의 정부는 1995년에 '고난의 행군'을 선포하고 주민들을 독려하면서 위기 극복에 진력했다. 이때만 해도 미국은 북이 스스로 붕괴하거나 조만간 백기투항하리라

확신했고, 세계인들 역시 북이 망하는 건 시간문제라고 생각했다. 물론 오늘의 시점에서 돌아볼 때, 그것은 명백한 오판이었다. 다른 건 제쳐두고라도, 북이 백기투항은커녕 연속적인 핵실험과 미사일 시험발사를 통해 미국과 정상회담장에서 마주하게 되었기 때문이다.

사실 북의 역사를 조금이라도 아는 이라면, '고난의 행군'이 선포된 것만으로도 북이 사회주의 깃발을 결코 내리지 않으리라는 걸 충분히 짐작할 수 있었다. 장쉰은 당시 상황을 압축적으로 요약한다.

> 김일성이 사망하자 북한 인민은 망극지통에 빠졌다. 이때 서방세계는 이 기회를 틈타 북한 정권을 전복하려고 북한 정치에 대한 억압, 경제봉쇄, 군사위협을 가했다. 게다가 연이은 자연재해로 북한 경제는 1995년부터 매우 어려운 상황에 직면해서 무엇이든 부족한 상황이었다. 이 시기를 '고난의 행군'이라고 부른다. 당시에 북한은 "다시 고난의 길을 간다 해도 웃으면서 걸어갈 것이다"라는 구호를 내세웠다.[37]

북쪽 사람들에게 '고난의 행군'이란 무엇을 의미할까? 1930년부터 만주에서 항일무장투쟁을 전개한 김일성 부대를 궤멸시키기 위해 일본 관동군은 맹렬한 포위 공격전을 벌였다. 항일부대들은 장렬하게 전사하느냐, 일본군의 포위망을 뚫고 추격을 물리침으로써 해방으로 계속 나아가느냐 하는 엄중한 기로에 섰다. 이들은 혹한과 기아 속에서 일본군과 격전을 치르며, 100일이 넘는 행군을 이어간 끝에 전투를 승리로 결속지었다. 그리고 이때의 대장정을 북에서는 '고난의 행군'으로 일컫는다.

따라서 북쪽 사람들은 고난의 행군을 '고난'으로만 여기지 않는다. 도리어 해방으로 이어지는 승리의 행군으로 간주한다. 즉 북에서 고난의 행군은 고난이 아닌 '승리와 희망의 대명사'인 것이다. 따라서 북이 절체절명의 위기에서 다시 '고난의 행군'을 선포했다는 것은, 죽으면 죽었지 사회주의의 깃발을 포기하지 않겠다는 의지와 더불어 반드시 위기를 극복하여 승리하고 말겠다는 굳은 결심을 의미한다. 이를 뒷받침하듯 1998년에 북은, 미국을 향해 보란 듯이 인공위성을 발사하면서, 고난의 행군이 끝났음을 선언했고 곧이어 강성대국 건설을 국가 목표로 제시했다.

과연 고난의 행군은 완전히 끝났을까? 국제적 경제 봉쇄가 여전한데, 북의 경제는 과연 발전하고 있는 것일까? 여러 정보를 종합해볼 때, 거의 전 세계가 동참한 사상 최대의 경제봉쇄에도 불구하고 북의 경제는 나날이 발전하고 있는 것으로 판단된다. 주민들을 괴롭혔던 식량난 또한 서서히 완화되었다. 2005년 북의 식량 생산량은 500만 톤에 근접해 2400만 주민들의 기초적인 식량 문제 해결을 기대할 수 있게 되었다. 그해 8월 북의 정부는 2006년부터 세계식량계획WFP 등 국제원조기구의 식량 지원을 받지 않겠다고 선언했다. 10월에는 식량배급제도를 전면적으로 회복하는 동시에 새롭게 곡물의 일괄수매와 일괄판매를 시행하기 시작했고, 농민을 지원하기 위해 곡물 수매가를 대폭 인상했다.[38] 이 밖에도 자연재해가 발생했던 일부 연도를 제외하면, 북의 식문화가 다변화되고 있으며 식량이 과잉생산된다는 연구결과[39]도 발표되는 등 사정은 지속적으로 호전되고 있는 것으로 보인다. 더욱이 중국·러시아 등과의 대외 관계가 정상화되거나 개선됨에 따라 식량 부족분이 발생하더라도 그것이 곧바로 식량난으로 이어질 가능성은 크게 줄어들었다고 볼 수 있다. 최근에 북을 방문하는 사람들 또한 북의 경제가 크게 나아짐을 피부로 느낀다고 증언하고 있다. 2000년 남북정상회담 이후 17년 만에 평양을 방문한 진천규 기자의 말을 들어보자.

> 평양 시민이라 할지라도 조금은 궁색하고, 어느 정도는 움츠린 모습일 거라고 생각했다. (…) 북녘은 내가 생각한 것보다 훨씬 더 많이 변했고, 평양 거리의 사람들은 자유롭고 활기차 보였다. 특히 놀란 것은 손전화(휴대폰)와 택시, 마트의 일상화였다. (…) 지난 10여 년 동안 닫혀 있던 북녘에 대한 내 인식이 평양에 발을 디딘 지 불과 몇 시간 만에 완전히 깨지고 말았다. 그리고 지금 이 순간도 북녘은 우리가 상상하는 이상의 엄청난 속도로 변화하고 있다.[40]

2012년 이후 6년 만에 다시 방북한 최재영 목사 역시 이와 비슷한 소감을 밝히고 있다.

> 2012년의 평양과 2018년의 평양은 불과 5, 6년 만에 전혀 다른 도시가 되었다. 무엇보다 자동차와 택시가 급격히 늘어났다.[41] (…) 최근에는 평양에서 운행하는 택시만 1500대가 넘는다. 뿐만 아니라 시민들

의 자가용 차량이 급격히 늘고 있다.[42]

이처럼 상전벽해의 풍경은 평양뿐 아니라 주요 도시들에서 동시적으로 나타나고 있다.[43] 최근 몇 년 사이 상점에 즐비하게 진열되어 있던 중국 상품이 하나둘 사라진 자리에 북의 상품들이 들어서고 있다고도 한다.[44]

주지하다시피 21세기에 들어와 북은 연속적인 핵실험과 미사일 발사를 빌미로 미국을 위시한 전 세계로부터 강력한 정치적 압박과 경제봉쇄를 당해왔다. 북은 어떻게 국제적 포위망을 돌파해 경제를 발전시키고, 북미 정상회담까지 성사시킬 수 있었을까?

우선 북은 굶주림을 감내하면서까지 '국가 핵무력 건설'을 추진했다. 구체적으로, 미국 본토를 타격할 수 있는 핵무기 역량을 확보하기 위해 심혈을 기울였다. 물론 이 때문에 많은 이들로부터 주민들이 굶어 죽어가는 판국에 핵무기와 미사일 개발에 돈을 퍼붓는 미친 정권이라는 비난을 들어야만 했다. 그러나 북이 건국 당시부터 밥이나 돈보다는 자주와 자립을 더 중시하는 이념형 국가였음을 감안하면, 이런 선택은 오히려 합리적이라고 봐야 할 것이다. 어쨌든 북이 '국가 핵무력 완성'을 선포하고, 김정은 국무위원장이 자신의 책상 위에 언제라도 미국을 향해 핵무기를 발사할 수 있는 핵단추가 놓여 있다고 선언한 이후, 미국은 핵문제를 북과의 직접 대화로 해결하는 방향으로 선회했다. 미국이 주도하던 대북 포위망이 풀리기 시작한 것이다.

북의 경제가 강력한 봉쇄를 극복하고 성장의 길로 들어서게 된 또 다른 이유는 건국 이후부터 일관되게 추구해온 '자립적 경제 건설' 노선과 관련이 있다. 1970년대 박정희 정권의 중앙정보부장 이후락은 김일성 주석을 만난 자리에서, 북처럼 석회석에서 섬유를 뽑아내는 것보다는 한국처럼 석유에서 뽑아내는 게 훨씬 더 경제적이라고 말했다. 그러자 김일성 주석은 손으로 자신의 멱살을 잡는 시늉을 하면서 "그러면 이렇게 된다"고 말했다고 한다. 즉 석유에서 섬유를 뽑는 것이 더 경제적일는지 몰라도, 그럴 경우 다른 나라에 의존하게 된다는 뜻이었다. 그런 북조차 일부 자원은 수입에 의존해야 했고, 결국 여기서 터진 문제가 경제위기의 주요한 원인으로 작용하게 된다.

그렇다면 북은 고난의 행군을 거치면서 자립경제 노선을 포기했을까? 아니다. 오히려 북은 자립경제를 더욱 튼튼히 하고 완성하는 쪽으로 방향을 잡았다. 예를 들면, 북은 수입에 의존하는 코크스탄으로 제철을 해왔으나 경제 봉쇄로 무역이 막히면서 큰 어려움에 빠지게 됐다. 이에 북은 한반도에 풍부하게 매장된 무연탄을 사용한 독창적 제철법을 개발했는데, 이렇게 만든 철강을 '주체철'이라고 부른다. 2009년에 성진제강연합기업소가 주체철 생산체계를 도입한 이후 주요한 철강기업소들이 그 뒤를 따랐다. 대표적으로 김책제철연합기업소에서는 2017년 9월, 코크스탄에 대한 의존을 근원적으로 없애겠다며 기존 용광로를 폭파한 뒤 220일 만에 자체적으로 산소열법 용광로를 새로 건설해 주체철을 생산하고 있다.[45] 현재 북에서는 무연탄 가스화에 기반한 비료 생산, 석회석을 원료로 만든 합성섬유 비날론과 함께, 주체철을 민족경제·자립경제의 토대로 평가하고 있다. 최근에 북의 매체들은 자국 과학기술진의 국산화 업적을 잇달아 보도하고 있는데, 이 또한 북이 자립경제를 강화하는 방법으로 위기 극복과 경제 발전에 성공하고 있음을 보여준다.

머지않아 북미 관계가 정상화하면서 각종 대북 제재와 봉쇄가 풀릴 경우, 북의 경제는 더욱 가파르게 발전할 것으로 예측된다. 2018년 9월 평양을 방문해 북의 발전상을 목격한 문재인 대통령은 15만 평양 시민이 운집한 5·1경기장에서 다음과 같이 말했다.

> 평양시민 여러분, 동포 여러분, 이번 방문에서 나는 평양의 놀라운 발전상을 보았습니다. 김정은 위원장과 북녘 동포들이 어떤 나라를 만들어나가고자 하는지 가슴 뜨겁게 보았습니다. 얼마나 민족의 화해와 평화를 갈망하고 있는지 절실하게 확인했습니다. 어려운 시절에도 민족의 자존심을 지키며 끝끝내 스스로 일어서고자 하는 불굴의 용기를 보았습니다.[46]

문재인 대통령이 "어려운 시절에도 민족의 자존심을 지키며 끝끝내 스스로 일어서고자 하는 불굴의 용기"라는 최량의 표현을 사용한 것은, 사상 최악의 위기에서도 자주와 자립의 원칙을 지키면서 용감하게 싸워 마침내 고난의 행군을 승리로 장식하고 발전의 길에 들어선 북의 동포들을 높이 평가했기 때문일 것이다.

북이 이미 확립해놓은 무상의료, 무상교육, 무상주택, 배급제 등은 경제 발전에 따라 그 질이 부단히 높아질 것이다. 북쪽 사람들이 국가로부터 배정받는 주택만 해도 그렇다. 2010년대에 들어서면서 북은 창전거리(2012년 6월 완공), 은하과학자거리(2013년 9월), 위성과학자주택지구(2014년 10월), 미래과학자거리(2015년 11월), 려명거리(2017년 4월) 등으로 명명된 주택·상가 지구를 빠른 속도로 건설함으로써 무상주택의 질을 크게 높이고 있다. 이렇게 새롭게 건설되는 아파트가 배정되는 순서는 철거민이 1순위이고,[47] 아파트 건설에 참여한 노동자들이 2순위, 아파트 주변에 근무하는 주민들[48]과 아파트의 특성에 부합하는 주민(가령 과학자거리와 과학자들)이 3순위이다. 그러고도 집이 남으면 각 직장 등으로 배분한다.

2017년에 건설된 려명거리는 총 4804세대의 대단지로 최고 73층짜리 아파트를 비롯해서 주로 30-50층대 아파트로 구성되어 있다. 려명거리는 에너지 절약형 친환경 녹색거리로 조성되었고,[49] 봉사건물(편의시설)을 포함한다. 즉 이 거리에는 각종 상점과 식당, 영화관, 호텔, 우체국, 세탁소, 구두수리소 등 주민들의 생활편의를 돕는 갖가지 시설이 마련되어 있다. 또한 어린이들이 뛰어놀 수 있는 아동공원과 배구장, 배드민턴장, 롤러스케이트장도 갖춰져 있는데, 이런 시설의 면적만 해도 총 5만7000㎡에 달한다.[50] 각 아파트의 거실에는 텔레비전·가스레인지·냉장고·전기밥솥·정수기가, 방에는 침대·스탠드·티테이블·장롱이, 베란다에는 장독·에어컨 실외기 등이 설치되어 있다.[51] 려명거리에는 이 거리를 건설한 노동자들과 근처에 자리한 김일성종합대학 교원들이 주로 입주해 있고, 주택 월 사용료는 240원인데, 이를 남쪽 원화로 환산하면 2700원 정도로 거의 무료라고 봐도 좋다.[52]

북쪽 사람들은 최신형 아파트의 입주민들을 어떻게 바라볼까? 그들은 철거민을 1순위로 하는 정부의 주택배정 기준을 공정하다고 여기며, 언젠가는 자신도 그런 아파트에 입주하리라고 믿고 있다. 한마디로 별다른 불만이 없다는 것이다. 이런 분위기는 17-18평쯤 되는 구식 아파트에 사는 북의 주민에게, "아이가 태어나게 되니까 더 큰 곳으로 이사를 가는 것이 어떻겠느냐"고 권유하자 그 주민이 "새로 짓는 아파트들은 주로 네 칸인데 현재 이 아파트에 살고 있는 세대에 제일 먼저 배정해줍니다. 그러니 조금 기다리면 우리한테도 큰 새 아파트가 생기는 겁니다"[53]라고 대답한 것을 통해서도 확인할 수 있다.

탈북자와 탈남자

한국 사회에서 북의 실상을 흐리는 데 한몫한 주역 중 하나는 탈북자, 정확히 말하자면 북 이탈주민이다. 한국을 비롯한 자본주의 세계는 탈북자 발생을 근거로 북이 곧 붕괴할 것이라고 주장하거나, 탈북자들의 믿기 어려운 증언에 기초해 북을 맹비난해왔다. 그러나 대부분의 탈북자는 북 체제가 싫어서 탈출한 게 아니라 생존을 위해 어쩔 수 없이 국경을 넘은 생계형 이탈 주민이다. 이는 1993년까지는 연간 10명도 되지 않았던 탈북자가 고난의 행군이 시작될 무렵인 1994년에는 52명, 1995년에는 41명으로 늘었다가 1999년에는 148명, 2000년대 들어서면서 연 1000여 명을 넘어선 사실에서도 짐작할 수 있다. 더

군다나 2000년대에 한국으로 오는 탈북자는 그 시점에 북을 빠져나온 게 아니라 고난의 행군기에 북중 접경을 넘어갔다가 5-6년, 길게는 10년 가까이 중국에서 보낸 사람들이다.[54] 김진향 이사장은 탈북이 기본적으로 생계형 행위이기에 북의 정부도 탈북자를 엄격하게 처벌하지 않는다고 말한다.

> 북측 체제에 불만을 품고 넘어온 경우는 아주 드뭅니다. (…) 2010년 이후 북측의 경제상황이 나아지면서 탈북자 수가 급격히 감소하고 있습니다.
> 이러한 배경 때문에 북은 탈북자들에게 가혹한 처벌을 하지 않습니다. (…) 김정일 국방위원장이 탈북자는 국가가 어려울 때 책임지지 못한 사람들이니까 엄격하게 죄를 묻지 말라고 공식 석상에서 얘기한 적도 있습니다.[55]

현재까지 한국에 정착한 탈북자들은 총 3만여 명으로 북의 전체 인구 2500만여 명의 0.1% 수준이다.[56] 정리해보면, 탈북자는 1993년 이전까지는 극히 드물었으나 고난의 행군을 거치면서 급증했고, 위기가 끝나면서 다시 급감하고 있다고 말할 수 있다. 탈북의 주요 원인이 체제 반대가 아니라 생계문제라는 사실은, 탈북자 발생을 근거로 북이 붕괴하리라는 전망이 오판임을 보여준다.

사실 고난의 행군 시기를 포함하더라도, 탈북자의 수가 절대적으로 많다고 말하기도 어렵다. 법무부가 2018년 10월에 발간한 〈출입국외국인정책 통계월보〉에 의하면, 당해 1월부터 10월까지 한국 국적 포기자는 3만284명이다. 2016년에도 한국인 3만6000여 명이 국적을 포기했다.[57] 이렇게 한 해 동안의 한국 국적 포기자만 해도 지난 30년간 북에서 남으로 온 탈북자를 모두 더한 3만 명을 넘어선다. 그렇지만 한국인들은 한국 국적 포기자를 '탈남자'라고 부르지도, 탈남자가 속출한다고 해서 한국이 붕괴할 것이라고 여기지도 않는다.

참고로 상당수 한국인들은 기회만 된다면 한국을 떠나고 싶어 한다. 2016년 온라인 취업포털 '사람인'이 전국의 성인 남녀 1655명을 대상으로 조사한 결과에 따르면, 응답자의 78.6%가 '가능하면 이민을 가고 싶다'고 대답했다.[58] 사실 한국이라는 나라가, 북쪽으로는 철책이 있고 나머지 삼면이 바다로 막혀서 그렇지, 북처럼 개울 하나만 넘으면 다른 나라로 건너갈 수 있는 상황에서라면 한국을 이탈하는 숫자는 대단했을 것이다. 한편 끔찍한 굶주림을 면하게 된 탈북자들은 한국에서의 생활이 행복할까? 그렇지도 않은 것 같다. 2016년 한국에 거주 중인 탈북자 1만2000명을 대상으로 실시한 통일부 설문에 의하면, 약 20%가 차별과 가난 속에서 살기가 너무 힘들어 죽고 싶다고 답했다.[59]

대부분의 탈북자들은 한국에서 살아남기 위해 한국 사회가 원하는 말, 한국 사회가 듣고 싶어 하는 말을 하는 경향이 있다. 그래야만 안전하고 돈이 되기 때문이다. 따라서 탈북자의 증언은 최대한 신중하게 검토한 후에 받아들여야 하고, 그들의 엉터리 증언을 악용하는 행위 또한 하루빨리 근절되어야 할 것이다.

돈과 존중의 연결고리

북쪽 사람들이 남쪽에 견줘 상대적으로 돈에 무관심하고 집착이 덜한 이유 중 하나는 앞에서 살폈듯 북에서는 돈 없이도 기본적인 생존이 가능해서다. 한 탈북자의 말처럼 북은 '돈이 없어도 살아지는 세상'[60]이어서 북쪽 사람들은 돈이 없다 하더라도 굶어 죽을 수 있다는 공포, 길거리에 나앉으리라는 공포를 경험하지 않으므로 돈에 대한 집착이 약할 수밖에 없다. 하지만 돈과 생존의 결부만으로는 한국인들의 돈에 대한 끝 모를 집착을 온전히 설명할 수 없다. 벌이가 아주 좋은 한국인들조차 돈에 집착하기는 마찬가지 아닌가.

한국인들이 돈에 집착하는 또 하나의 이유는 한국 사회에서는 돈이 '존중'과도 관련이 있기 때문이다. 한국은 사람의 가치를 돈을 기준으로 평가해, 돈 없는 사람을 깔보고 차별하는 풍조가 깔린 병적인 사회다. 한국인들에게 얼마만큼의 돈이 필요하냐고 물어보면, 대부분은 '남들한테 무시당하지 않을 정도의 생활'이 가능한 돈을 벌고 싶다고 답한다. 이는 한국인들이 무시당하는 고통, 존중받지 못하는 고통으로부터 자기를 방어하기 위해 돈을 욕망한다는 것을 보여준다. 돈과 직결되는 직업에 한국인들이 대단히 민감한 것 또한 바로 이 때문이다. 부모는 자식에게 어려서부터 공부를 강요하고, 학생들은 명문대학에 가기 위해 공부 기계가 되며, 성인들은 조금이라도 더 좋은 직업과 조금이라도 더 많은 돈을 위해 악전고투한다.

만일 북에서도 돈이 사회적 존중과 관련이 있다면, 제아무리 국가가 사람들의 생존을 책임져준다 하더라도 돈에 무심하기는 어려울 것이다. 따라서 북쪽 사람들이 돈에 집착하지 않는 것은 북쪽 사회에서는 돈과 존중이 별 관련이 없어서라고 추측해도 무방하다. 정말 그럴까? 확인할 수 있는 아주 간단하고도 확실한 방법이 존재한다. 바로 아이들을 관찰하는 것이다. 한국인들이 돈과 직업을 기준으로 사람을 차별한다는 것은 아이들을 통해서 여과 없이 드러난다. 한국의 아이들은 "아빠 직업이 뭐야?" "너 몇 평 살아?"라고 물어보고 나서 수준이 맞는 친구들끼리 어울리면서 그보다 못한—부모의 직업이 변변찮거나 작은 평수의 집에 사는—아이들을 차별하고 무시하는 풍조가 만연하다. 물론 아이들은 괜히 그러는 것이 아니다. 어른들을 보고 배워서 그대로 따라하는 것이다. 십 수년 전까지만 해도 교사가 이른바 '가정환경' 파악을 근거로 부모의 직업을 조사하거나 집에 무엇이 있는지를 조사하곤 했다. 선생님이 "집에 자가용 있는 사람?" "집에 TV 있는 사람?" 하면 그때마다 손을 드는 식이다. 이런 조사가 아이들 마음에 상처를 준다는 비판이 일자, 눈을 감게 하고 질문하기도 했다. 그래도 아이들은 다 알기 마련이다. 부모의 직업이 변변찮은 아이들, 가재도구의 소유 여부를 물었을 때 손을 들지 못했던 아이들은 친구들 앞에서 창피해하고 부끄러워했다.

북도 한국처럼 돈이나 직업에 따라 사회적 존중이 좌우된다면, 북의 아이들 역시 변변찮은 부모의 직업을 매우 부끄러워할 것이다. 《나는 대구에 사는 평양시민입니다》의 저자 김련희 씨는 브로커에게 속아서 한국에 왔다며 북송을 요구하고 있는 사람이다. 나는 김련희 씨와의 인터뷰에서 "아이들이 부모의 직업 중 부끄러워하는 것이 있을까요?"라고 물은 바 있다. 아이들을 통해서 파악하는 것이 가장 확실하다고 믿었기 때문이다. 김련희 씨의 답은 이랬다.

> "그런 개념 자체가 없어요. (…) 직업은 그냥 직업일 뿐이에요. 다른 거 하나도 없어요. 그 사람이 자기 직업에서 얼마나 능력이 있는 사람이냐, 이런 것이 중요하죠. 우리 아버지는 고급 기능공이야, 우리 아버지는 기술자야. 이런 것이 긍지스러운 거죠. 우리가 애들한테, 지나가다가 '너희 엄마 어디 다녀' 하게 되면, 엄마가 길바닥에서 길을 쓰는 아줌마라도 아이들은 '우리 엄마, 미화사업소 다녀요'라고 자랑스럽게 말을 해요. 그런데 자기 엄마가 집에서 논다고 하게 되면, '엄마 뭐해?'라고 물을 때 머리 숙여요. 부끄러워합니다. (…) 사회 자체가 내가 사회적 존재라는 긍지감으로 살거든요."[61]

북유럽 나라들에 관한 책을 보면, 그곳에서는 직업으로 사람을 평가하지도, 차별하거나 무시하지도 않는다는 걸 확인할 수 있다. 가장 큰 이유는 북유럽 사회의 직업 간 소득격차가 크지 않아서다. 역으로 생각하면, 한국인들이 사람을 평가할 때 직업을 기준 삼는 것은 직업별 소득격차가 크기 때문임을 알 수 있다. 그런데 북은 북유럽보다 격차가 더 적은 나라다. 무엇보다 북에서는 직업에 따라 소득이 결정되지 않는다. 북에서 소득이 가장 높은 직업군은 탄광 노동자처럼 육체적으로 힘든 직종이다. 이들의 월급은 정부 관리보다도 많고 외국인을 응대하는 안내원에 비하면 세 배 이상 높다.[62] 반면 교사, 의사 등의 직업은 소득이 낮은 편에 속한다.[63] 북쪽 사람들의 수입은 직종 자체보다 직종 내 급수에 따라서 변화한다. 가령 요리사의 월급이 요리사 내 급수가 오르는 것에 비례해 인상되는 식이다.

북은 또한 노동계급을 중시하는 사회주의 국가로, 북쪽 사회에는 육체노동자를 높이 평가하며 존중하는 문화가 널리 퍼져 있다. 북을 여행하던 한 재미교포가 안내원과 대화하던 중 '막노동'이라는 단어를 사용했다. 그 말이 낯설었던 안내원은 "그런데 막노동이란 무슨 일을 하는 겁네까?"라고 물었다. 재미교포가 "말 그대로 고생은 있는 대로 하고 돈은 적게 받는 일을 막노동이라고 불러. 예를 들어 청소 일, 공사장이나 공장에서 하는 힘든 일, 고기잡이 배 타고 하는 일…"이라고 설명하자 그 안내원은 의아해하면서 다음과 같이 말했다.

> 저는 리해가 잘 되지 않습니다. 여기서는 무슨 일이든 보상도 다 비슷하고, 또 힘들고 위험한 로동을 하는 인민들은 오히려 존경을 받으니까 말입네다. 많은 영화나 노래들이 그들을 위해 만든 것들입네다. 물론 여기도 가능하면 편한 일을 하려는 경향은 있습네다. 무슨 일을 하든 보상에 차이가 없으니까. 치과의사였던 우리 어머니와 제가 조선려행사에서 처음 받았던 월급이 거의 차이가 없었습네다. (…) 게다가 광부들이나 어부, 공장의 로동자들, 이런 일꾼들을 위해 만든 노래나 영화는 수도 없이 많지만 우리 외국 관광객 안내원들을 위해 만든 예술작품은 거의 없습네다. 우리도 나름대로 조국을 세계에 알리기 위

해 열심히 일하고 있는데 말입네다.[64]

이 대화에서 북의 안내원은 자기 직업에 대한 사회적 평가가 박한 것을 서운해할 뿐, 임금 차이에는 별 관심을 두지 않는다. 북에서 직업 간 소득격차가 크지 않음을 짐작게 하는 대목이다. 지금까지 논의를 종합해보면, 북은 북유럽보다도 소득격차가 작으며, 북에서는 육체적으로 고된 직업일수록 소득과 사회적 평가가 높아지는 것을 알 수 있다. 따라서 북도 북유럽 나라들과 마찬가지로, 혹은 그보다 더 철저하게 직업에 따라 사람을 차별하는 문화가 없을 것이다. 나아가 아이들이 부모의 직업을 가지고 따돌리거나 끼리끼리 어울리는 문화도 없다고 볼 수 있다.

돈이나 직업이 아니라면, 무엇이 사회적 존중의 척도가 될 수 있을까? 북에서의 사회적 존중은 사회적 평가에 따라 좌우된다. 가령 일반 예술가보다는 국가가 그 공적을 인정한 공훈예술가와 인민예술인이, 일반인보다는 조선로동당원이 더 큰 사회적 존중을 받는 식이다. 그래서 북쪽 아이들은 부모의 직업을 부끄러워하는 경우는 없어도, 부모가 당원이냐 아니냐를 두고서는 부끄러워한다. 아이들은 부모가 당원이 아닐 때 가장 부끄러워하고, 자라서 제일 되고 싶은 것 역시 당원이라고 한다.[65] 성인들 역시 당원을 희망하며, 직업인들은 '공훈'이나 '인민' 칭호를 받고 싶어 한다. 이 주제에 대해서는 뒤에서 더 살펴보기로 한다.

돈 없이도 생존이 가능하고 존중도 받을 수 있다면 돈에 연연할 이유도, 돈을 과도하게 욕망할 필요도 없다. 북은 사람이 돈에 집착하게 만드는 객관적 기초, 사회적 근원이 없는 사회라고 할 수 있다. 돈에 대한 북쪽 사람들의 생각이 한국인들과 판이한 까닭이다.

욕구 이론과 이중가격제

돈이 생존이나 사회적 존중과 무관하다면, 북쪽 사람들한테 돈은 쓸모없는 것일까? 그럴 수는 없다. 사람은 일단 생존이 담보된 다음에는 존중받기를 원하고, 존중 문제가 해결되면 더 인간다운 삶, 더 풍요로운 삶을 추구하기 마련이다. 한마디로 더 나은 삶을 원하는 것이 사람이다. 심리학자 매슬로Abraham Maslow의 욕구 이론에 따르면, 사람은 안전에 대한 욕구가 해결되면 자존을 욕구하고, 자존이 해결되면 자아실현을 욕구하는 길로 나아간다고 말할 수 있다.

현존하는 어떤 사회에서든 더 나은 삶을 위해서는 돈이 필요하다. 예컨대 배급제만으로 충족시킬 수 없는 소유욕은 돈을 벌어서 해결해야 한다. 2016년 방북한 한 해외동포의 '가장 가지고 싶은 물건들이 무엇인지'에 대한 질문에, 북의 청년들은 손전화기·판형 컴퓨터(태블릿 PC)·전자수첩·탁구채·농구공·배구공·축구화·운동복·육체단련기재·피아노·아코디언·기타·가야금·피리·촬영기·사진기·가방 등을 들었다.[66] 이런 물건들은 배급되지 않는다. 하지만 더 나은 삶을 위해서는 필요한 것들이므로 백화점이나 시장에서 돈을 주고 사야 한다. 또 친구나 친지에게 줄 특별한 선물을 사는 데도 돈이 든다. 북에서도 이래저래 돈은 필요하다는 것이다.

고난의 행군기에는 기본적인 생존조차 어려운 상황이었고, 경제가 총체적 파산 상태였으므로 북쪽 사람들이 돈을 만지기란 대단히 어려웠다. 그러나 2005년 무렵부터는 배급제가 정상화된 것은 물론 경제가 호전되면서 월급이 제대로 지급되기 시작했고, 이후에도 월급은 꾸준히 인상되고 있다. 중국에 나가 일하고 있는 북 노동자들의 경우, 2014년 이후로는 임금 인상 폭이 더 커졌다고 한다.[67] 사람들의 벌이가 커져간다는 사실은 북에 대형 시장들이 들어서고 서비스업이 폭발적으로 증가하는 경향에서 확인할 수 있다. 돈이 없으면 시장이 열려도 물건을 사는 사람이 없을 것이고, 서비스업 역시 파리만 날릴 것이기 때문이다. 한국 언론은 북쪽 사람들의 수중에 돈이 늘고 있다는 견해에, 특권층만 그렇고 나머지는 그대로라는 상투적인 악선전을 늘어놓는다. 예를 들면 2010년대부터 평양에 택시가 크게 늘어나자 언론은 특권층만 이용할 뿐, 일반인들은 돈이 없어서 엄두를 못 낸다는 보도를 일삼았다. 2018년 4월 평양을 방문한 진천규 기자는 택시를 타면서 운전사에게 주 이용층이 누구인지 물었다. 운전사는 "지하철이나 버스 정류장이 없는 뒷골목까지 가려고 하는 사람들이 주로 이용합니다"라고 대답했다. 진 기자는 이를 "허무할 정도로 당연한 답변"이라고 평하면서, 자신조차 한국 언론이 유포하는 편견과 선입견에 물들어 있었음을 개탄한다.[68] 북에 대한 한국인들, 나아가 서방세계의 이러한 오해를 홍콩 언론인 장쉰은 다음과 같이 비판했다.

> 평양에 가보지 못한 사람들은 대부분 언론 보도에 의지해 만들어진 이미지를 근거로 북한 사람은 모두 가난하며 무엇이든 부족할 거라고 여긴다. 그러나 평양에서 택시를 타는 사람들은 주로 현지 북한 사람들이다.[69]

한국 언론은 북에 스마트폰이 보급돼도 특권층만 살 수 있다, 택시가 늘어나도 특권층만 탈 수 있다, 이탈리아 식당이 개장해도 특권층만 이용할 수 있다, 승마장이 열려도 특권층만 갈 수 있다는 식으로 험담을 늘어놓는다. 한마디로 수입이 형편없는 북의 보통 주민들에겐 모두가 그림의 떡이라는 것이다. 물론 언론은 나름대로 근거를 제시하기도 한다. 북 노동자의 한 달 월급이 얼마인데, 어떤 상품의 가격이나 서비스 비용은 얼마니까 노동자들은 그런 걸 이용할 수 없다는 식이다. 기본적으로는 악의가 섞인 왜곡이지만, 이런 주장을 하는 데는 북이 운용하는 '이중가격제'를 몰라서 생긴 오해도 작용한다고 볼 수 있다.

북은 국정가격과 시장가격이라는 이중가격제를 운용한다. 국정가격은 시장가보다 대단히 저렴하게 책정된다.[70] 가령 생활에 필수적인 소비품에 대해서는 국가가 국정가격으로 공급하는 식이다.[71] 따라서 시장가격을 근거로 북의 보통 사람들은 월급으로 살 수 있는 게 없다고 말하는 것은 잘못이다. 김진향 이사장은 국정가격에 대해 다음과 같이 설명한다.

> 상품공급권(상품공급표)은 개성공단 근로자 대상 전용 상품공급소에

서 쌀, 밀가루, 채소 등의 식료품과 생활용품으로 교환할 수 있다. 상품공급소에서 교환되는 상품은 국정가격이라 장마당 가격보다 훨씬 유리하기 때문에 상품공급권은 대부분 먹거리와 기본적인 생활용품 구매로 사용한다.[72]

잊지 말아야 할 것은 북쪽 사람들이 자기 돈을 내고 음식을 사 먹기보다는 국가에서 나오는 배급표나 공급표를 이용하는 경우가 더 많다는 사실이다. 그렇다면 음식의 실제 가격은 별 의미가 없는 셈이다.

북의 정부는 직장 등을 통해서 주민들에게 상점 공급표, 식당 공급표 등을 제공한다. 예를 들면 옥류관을 일주일에 2번 이용할 수 있는 공급표가 나오는데, 그 공급표를 가지고 옥류관에서 냉면을 먹을 경우에는 거의 무료라고 할 수 있는 저렴한 가격에 먹을 수 있다.[73]

북의 이중가격제는 내국인과 외국인 간에도 차등을 둔다. 예컨대 외국인이 북에서 곱등어(돌고래) 쇼를 보려면 꽤나 비싼 푯값을 지불해야 한다. 반면 주민들은 북쪽 돈으로 몇 십 원, 약 1센트 정도만 내면 되고, 지방에서 찾아오는 단체 관람객들이라면 아예 무료로 관람할 수 있다.[74] 다음은 내·외국인을 차별(?)하는 이중가격제에 대한 자세한 설명이다.

북에는 '공식 환율'과 더불어 '실제 환율'이 있다. (…) '공식 환율'이

> 란 외국인 전용 '호구 환율'이다. (…) 커피점에서 파는 500원짜리 콜라를 북의 국민들은 실제 환율에 따라 0.1달러, 1000원짜리 칵테일을 0.2달러에 구입해 먹을 수 있다. 그러나 외국 국적의 해외동포들이나 외국인들은 호구 환율로 지불하기 때문에 500원짜리 콜라를 4달러, 1000원짜리 칵테일을 8달러에 사먹어야 한다. (…) 외국인에 대한 북의 환율 적용제도와 이중가격 시스템을 제대로 이해하지 못하는 한국과 서방세계의 언론들은 마구잡이 오보를 내는 경우가 허다하다. 북의 환율 시스템을 정확히 파악하지 않은 상태에서 메뉴판에 적힌 가격표를 기계적으로 해석하기 때문이다. (…) 북에서 자국민들에게 적용하는 커피 한 잔의 실제 가격은 0.1달러 정도로 그리 부담스럽지 않다. 일반 평양 시민들이나 주민들이 음식점이나 커피점에 가서 부담 없이 먹고 마실 수 있는 세상이 된 것이다.[75]

차차 나아지겠지만, 한국 사회는 북에 대한 이해가 턱없이 부족한 상황에서 제 기준으로 섣불리 재단해 해석하거나 왜곡하는 악습을 하루빨리 벗어던져야 한다. 고난의 행군 시절을 제외한다면, 북쪽 사람들은 먹고사는 것은 물론이고 필수적 소비에 필요한 월급은 받으면서 살아왔고, 지금도 그렇게 살아가고 있다. 결론적으로 북쪽 사람들에게도 돈은 필요하지만, 북에서 돈은 '더 나은 삶'과 관련이 있을 뿐, 생존이나 사회적 존중과는 무관하다고 볼 수 있다. 북쪽 사람들도 돈에 일정한 욕망이 있겠지만, 한국인들과 비교할 정도는 아니라는 것도 분명하다.

행복에 관한 동상이몽

가난하다는 이유로 존중받지 못하고 생존이 위협당한다면 사람들은 돈에 노심초사할 수밖에 없다. 이렇듯 모든 것들에 적용되는 한국인들의 '돈 중심 사고'—나는《트라우마 한국사회》에서 이를 돈 중심 세계관이라고 규정했다—는 돈에 대한 과도한 집착이 원인이다. 한국인들은 어떤 주제든 그것이 돈이 되는지 안 되는지부터 따져보며, 무엇을 평가할 때에도 항상 돈을 기준으로 점수를 매기는 식의 돈 중심 사고를 한다. 반면 북쪽 사람들은 다른 여러 가치들을 중심에 놓고 사고한다. 이런 차이는 "우리는 부지불식간에 개성공단을 경제협력의 상징으로 치부하는 태도를 보이지만 그들은 어떠한 상황에서도 '통일'과 '평화'의 가치를 가장 앞에 둔다"[76]는 언급을 통해서도 알 수 있듯이, 개성공단을 대하는 태도에서도 분명하게 드러난다.

통일에 대해서도 마찬가지다. 한국에서는 돈을 중심으로 통일 문제를 바라보는 경향이 계속 커져왔다. 이제는 조롱거리가 된 '통일 대박'이라는 말은 차치하고라도, 통일 문제에서 가장 큰 국민적 관심사는 그것이 얼마나 큰 경제 효과를 가져올는지에 대한 것들이었다. 반면 북은 통일을 돈 문제와 연결 짓거나 논하는 것을 싫어하는 경향이 뚜렷하다.

한국인들이 돈을 중심으로 사고하는 대표적 테마 중 하나는 '행복'이다. 한국인들은, 의식적이든 무의식적이든 간에, 행복을 돈과 연결하려는 경향이 강하다. 행복을 결정짓는 요인으로 돈을 꼽는다는 것이다.

한국인들은 불행의 원인을 가난해서, 출세하지 못해서, 승진하지 못해서, 부모 잘못 만나서 등으로 돌린다. 한마디로 돈이 없어서 불행하다는 것이다. 따라서 행복해지려면 돈을 잘 벌거나, 좋은 직업을 갖거나, 출세하거나 승진해야 한다고 생각한다. 어떻든 돈이 많아야 행복해진다고 믿는 것이다. 그러나 돈을 중심으로 행복을 바라보는 것은, 자본주의 세계에서도 한국과 같은 신자유주의 국가들에서만 나타나는 현상이다. 유엔에서 선정하는 '행복지수' 순위에서 매번 최상위에 오르는 덴마크에서는 정작 행복에 영향을 미치는 요인들 가운데 돈이라고 대답한 사람이 거의 없었다고 한다. 이렇듯 돈이 생존이나 사회적 존중을 좌우하지 않는 나라에서 사는 사람들은 돈 중심 사고를 하지 않는다. 돈이 행복을 좌우한다고 믿지 않는 것이다.

상당수 한국인들은 넓고 좋은 집에서 살고, 맛난 것을 매일 먹고, 사고 싶은 걸 마음껏 사고, 하는 일 없이 세계여행이나 다니면서 살면 행복해질 거라고 생각한다. 그렇게 살자면 돈이 엄청나게 많아야 할 것이다. 당연히 돈이야말로 행복의 필수조건이라고 믿을 수밖에 없다. 반면에 북쪽 사람들은 북유럽 사람들과 마찬가지로 행복을 돈과 연결 짓지 않는다. 그렇다면 북쪽 사람들은 행복을 무엇이라고 생각할까? 무엇이 행복에 가장 큰 영향을 미친다고 생각할까? 여러 자료들을 종합해볼 때, 북쪽 사람들은 행복을 '사회의 인정 혹은 존경'을 중심으로 바라보고 사고한다는 걸 알 수 있다. 2016년에 출간된《북한의 청년들에게 물었습니다》라는 책에는, '가장 행복했던 순간은?'이라는 질문과 이에 대한 북쪽 청년들의 답이 소개된다. 답변 수가 많은 순으로 나열하

면 다음과 같다.[77]

①대원수님 모시고 기념사진을 찍었을 때(3명), 대원수님을 만났을 때(3명): 북의 최고지도자인 국무위원장을 만나거나 기념사진을 찍는 일은 그 자체로 사회적 인정과 관련이 깊다.

②조선로동당원이 되었을 때(2명), 김일성종합대학이나 김책공업종합대학 학생이 되었을 때(각 1명): 당원이 되거나 명문대에 입학하는 것 또한 금전적 기대 심리가 아니라, 명예 혹은 사회의 인정과 연결된다.

③'김일성장학금'을 받거나 '김일성청년영예상'을 수상했을 때(각 1명): 이 또한 사회적 인정이나 존경과 관련 있다.

④궁궐 같은 새집을 받았을 때(1명): 좋은 집을 배정받는 것은 안락한 생활을 하게 된다는 의미도 있지만, 사회로부터 인정과 배려를 받는다는 의미도 있다.

이런 결과는 북쪽 사람들이 행복을 사회적 인정이나 존경과 연결 짓는 경향이 강하다는 것을 뚜렷하게 보여준다. 각기 다른 시기에 여러 문화권에서 실시된 행복에 관한 연구들을 살펴보면, 행복에 가장 큰 영향을 미치는 요인은 '관계' 혹은 '공동체'다. 게다가 다수 한국인들은 믿지 못하겠지만, 돈이 행복에 가장 큰 영향을 미친다는 연구결과는 없다는 것이다.[78] 이렇듯 행복에 대해 크게 오해하고 있는 한국인들은 행복해지기 위해서 미친 듯이 돈을 벌려고 노력하지만 도리어 그 때문에 불행해질 가능성이 높다. 반면에 행복을 공동체, 사회와 묶어 이해하는 북쪽 사람들은 적어도 한국인들보다는 행복해질 가능성이 높아 보인다. 다시 말해 북쪽 사람들은 사회나 공동체가 원하는 방향으로 열심히 노력하면, 돈이 많건 적건 상관없이 사회의 인정과 존경을 받게 될 것이므로, 착각에 빠진 한국인들보다 행복을 쟁취하기가 쉬울 것이라는 말이다.

상품인간과 봉사인간

자본주의는 모든 것을 상품화한다. 자본주의 사회에서 사고 팔지 못하는 것은 없다. 거기에는 사람도 포함된다. 즉 자본주의는 사람도 하나의 상품으로 만들어버린다. 이를 가리켜 마르크스는 '상품인간'이라고 불렀다. 상품인간이 되어버린 사람은 두 가지 동기를 갖는다. 하나는 자기계발 동기이고 다른 하나는 자기홍보(자기PR) 동기다.

시장에서는 오래된 상품보다 신상품이 잘 팔리게 마련이다. 자본가들은 경쟁에서 뒤떨어지지 않기 위해서 끊임없이 신상품을 제조, 판매한다. 상품인간도 마찬가지다. 신상품 인간은 잘 팔리고 구舊상품 인간은 안 팔린다. 따라서 상품인간은 계속해서 스스로를 신상품으로 갱신해야 한다는 압력을 받는다. 여기서 유발되는 게 자기계발 동기다. 좋은 직장을 얻지 못하거나 실직하면 존중받지 못하고 생존에 문제가 생기는 사회에서 살아가는 사람들은 이런 자기계발 동기가 훨씬 강하다. "의심스럽고도 해롭기까지 한 자기계발 관련 산업—불운한 사람들에게 헛된 장밋빛 희망을 팔아서 수익을 올리는 산업—이 미국에서 성황인 이유가 다 있다. 실제로 핀란드에는 자기계발을 외치는 구루(스승이나 멘토-인용자)가 거의 존재하지 않는다. 필요가 없으니까"[79]라는 파르타넨의 말처럼, 자기계발 동기는 미국이나 한국과 같은 신자유주의 사회에서 살아가는 사람들에게서 훨씬 더 강하게 나타난다는 것이다. 그렇다면 북쪽 사람들은 어떨까? 사회주의 사회인 북의 주민들은 사실상 (피고용이나 자기 판매를 목적으로 하는) 자기계발 동기를 가지지 않는다고 말할 수 있다. 그들은 사람을 돈으로 사고파는 '고용-피고용'이라는 표현에도 강한 거부감을 드러낸다.

일반적인 상품은 자본가나 상인이 판매한다. 그러나 상품인간은 스스로를 판매해야 한다. 경쟁이 치열한 자본주의 사회에서는 제아무리 좋은 상품이라도 사람들한테 알려지지 않으면 판매가 어렵다. 따라서 상품인간은 스스로를 신상품으로 끊임없이 갱신하는 동시에 강력한 자기홍보 동기를 갖게 된다. 한국인들이 미디어나 SNS 등에 자신을 알리기 위해 열을 올리고 반복해서 자기소개서를 쓰는 것은 '나'라는 상품인간의 우수성을 알려야만 시장에서 팔리기 때문이다. 그런데 북쪽 사람들은 굳이 자신을 알릴 필요가 없다. 성인이 되면, 본인의 능력과 희망에 따라 국가가 직장을 배정해주기 때문이다. 북쪽 사람들에게 자기홍보 동기가 없다는 것은 앞서 소개한 수키 김의 경험담을 통해서도 확인할 수 있다. 그녀가 북의 학생들에게 구직 지원서를 써보라고 했을 때, 학생들은 구직 지원서의 의도나 목적조차 잘 이해하지 못했다는 것이다.

> 학생들 대부분은 그런 편지를 쓰는 것 뒤에 있는 기본적인 의도를 이

> 해하지 못했다. 그들은 '저는 직업이 없어서 직업을 원합니다'라거나 '저는 심심해서 일자리를 원합니다'라는 문장을 썼다. 장차 자신을 채용할 수도 있는 고용주의 시각에서 자신을 시장성 있게 만든다는 전반적인 개념은 존재하지 않았다.[80]

수키 김이 북의 학생들에게 지원 이후 진행될 면접에 대해 이야기하자, 그들은 혼란스러워 하면서 "면접은 어떻게 하는 겁니까?"[81]라고 물었다. 북쪽 사람들은 취업이나 구직을 위해 구직 지원서나 자기소개서를 쓰지도, 면접시험을 보지도 않으므로 북의 학생들이 위와 같은 과제나 질문에 어리둥절한 것은 당연하다.

단지 구직과 관련한 자기홍보 동기만이 아니라 북쪽 사람들에게는 주목받고자 하는 동기조차 거의 없는 것 같다. 수키 김은 에세이 수업을 하면서 북의 학생들에게 '도입'이라는 개념을 이해시키는 것이 가장 힘들었다고 토로한다. 그녀는 이해를 돕기 위해 도입이란 손을 흔들며 '안녕'이라고 인사하는 것과 같다고 말했지만 학생들은 그녀의 말을 전혀 이해하지 못했다.

> '안녕하십니까?'를 어떻게 재밌는 방식으로 표현하고 그래서 독자를 '낚도록' 말할까? 나는 다른 예문들을 많이 보여줬지만 여전히 그들은 오피스아워에 나타나 고개를 흔들며 "그런데, 이 '낚시'는 (…) 이게 무엇입니까?"라고 물었다.[82]

자본주의 사회에서 살아가는 사람들은 물건을 만들든, 가게를 운영하든, 글을 쓰든 간에 사람들의 시선을 끌어당겨야만 한다는 강박을 가지고 있다. 그래야만 물건이 팔리고, 가게에 손님이 오고, 사람들이 글을 읽을 것이기 때문이다. 반면에 북쪽 사람들은 팔기 위해서 물건을 만들지 않고, 이윤을 위해 장사하지 않으며, 책을 팔기 위해서 글을 쓰지 않는다. 자기홍보 동기가 약할 수밖에 없는 것이다.

북쪽에도 한국처럼 식당이 있고, 택시가 있고, 작가도 있다. 그렇다면 이들은 어떤 동기로 식당을 운영하고 택시를 몰고 글을 쓰는 것일까? 사회주의 사회에 속한 북쪽 사람들은 자신이 사회에 필요한 것을 공급하고, 공동체를 위해 봉사한다고 생각한다. 단순히 서비스업에 종사한다거나 장사를 한다고 여기지 않는 것이다. 이것은 평양 소재 식당의 다수가 상업적 식당이 아니라 평양 인민위원회 봉사관리국 소속이라는 사실을 통해서도 알 수 있다.[83] 자신이 하는 일을 공동체를 위한 봉사로 이해하기 때문에 북의 택시 운전사들은 손님을 태우는 일을 '봉사한다'고 표현한다. 옥류관의 봉사원들 역시 손님들에게 서비스하는 것을 '봉사한다'고 표현한다.[84]

최근에는 상품 광고가 일부 등장하기도 했지만, 북에서의 생산은 판매가 아니라 국가 계획대로 상품을 만들어 사람들에게 공급하는 게 목적이기 때문에 광고가 필요 없다. 화려하고 현란한 한국의 상점 간판과 비교해 북쪽의 간판들이 무척이나 단순한 것은 이 때문이다. 북의 간판들은 대개 '신양 식료품 상점' '약국' '꽃빵' '조선옷집' '옥류교 식당' '관광 기념품 상점' '대동문 미용원' '청량음료' '솜사탕'처럼 가게의 성격을 알리는 글자만 붙여놓은 식이다.[85] 남의 시선을 끄는 것에는 별로 관심이 없다 보니 유흥업소나 아파트의 경우에도 외관보다는 내부를 잘 꾸미는 데 공을 들인다. 그런 까닭에 북을 방문하는 한국인들이나 외국인들은 허름한 건물로 알고 들어갔는데 널찍하고 인테리어가 훌륭한 식당이 있어서 놀랐다거나, 겉보기엔 후줄근한 아파트가 내부는 딴판이더라는 반응을 보일 때가 많다.[86] 북을 수차례 방문했던 재미교포 신은미 씨도 유사한 경험을 전하고 있다.

> 차에서 내려 어떤 건물로 들어가는데 도저히 맥줏집이 있을 것 같지가 않다. 도무지 간판이 없으니 이곳이 아파트인지 맥줏집인지 알 길이 없다. 북한의 유흥업소가 다 이런 식이다. (…) 웬만한 업소에는 간판이 없거나 있어도 눈에 잘 띄질 않는다. 그러나 막상 들어가 보면 깜짝 놀랄 만큼 잘 꾸며져 있다.[87]

한국인들은 훗날의 돈벌이를 위해 어려서부터 열심히 공부하고, 성인이 되어서도 뼈 빠지게 일한다. 이는 곧 노동의 동기가 돈이고, 삶의 목적 역시 돈—돈이 있어야만 가능한 것들을 포함해서—임을 보여준다. 그렇다면 북쪽 사람들이 가장 갈망하는 것은 무엇일까? 인생의 목적은 무엇일까? 우선 노동 동기가 돈이 아니라는 것만큼은 분명하다. 개성공단에서 일하는 북쪽 노동자들 대부분은 노동의 동기로 '민족경제 발전에 기여' '평화적 남북관계 발전과 통일에 이바지' 등을 꼽는다. 임금을 위해서 일한다는 생각은 거의 하지 않는다. 국가나 사회가 필요한 곳에 주민들을 배치하고, 주민들은 각자의 공적 임무를 수행한다고 생각한다. 즉 노동의 대가로 기업주한테서 임금을 받는 게 아니라 국가에서 맡겨준 사회적 임무를 수행하는 대신 국가가 자신의 생활비를 책임져준다고 생각한다는 것이다.[88] 한국인들로서는 이러한 노동관을 이해하기 어려울 수밖에 없다. 실제로 개성공단의 중견기업에서 근무했던 한 중간관리자는 이렇게 이야기한다.

> 그들은 자기들이 남측 기업을 '도와주러 온' 사람들이라는 입장을 갖고 있습니다. (…) 기업들은 처음 북측 종업원 대표인 직장장을 만나는 자리에서 "우리 종업원들은 장군님의 '6·15 공동선언'과 '10·4선언'의 큰 뜻을 받들고 어려운 남측 중소기업들을 도우러 온 것이지 돈을 벌기 위해 이곳에 온 것이 아닙니다"라는 말을 듣게 됩니다. 우리 기업들이 그것을 이해할 수 있을까요? 거의 대부분 쇼라고 생각합니다. 저도 그랬으니까요.[89]

북쪽 사람들의 노동의 동기는 돈이 아니고, 삶의 목적 역시 돈이 아니다. 그렇다면 그들은 무엇을 위해 일을 하고, 무엇을 위해 살아갈까?

돈을 좇는 남, 이름을 좇는 북

한국인들은 다른 나라 사람들도 그들처럼 돈에 집착할 것이라고 믿는 경향이 있다. 돈에 대한 욕망을 인간의 본성으로 착각하기도 한다. 하지만 돈에 대한 과도한 집착은 2009-2012년 전체 소득 증가분의 90% 이상을 상위 1%가 싹쓸이해간 미국[90]이나 그에 결코 뒤지지 않을 불평등한 격차 사회인 한국 같은 데서나 나타나는 현상이다. 파르타넨은 자신이 핀란드에서 살 때는 돈에 집착하지 않았다면서 다음과 같이 말한다.

> 나는 성공적이고 만족스러운 삶을 살기 위해 부와 권력을 얻어야겠다고 느낀 적이 없었다. (…) 미국에서는 자신에게 가장 중요한 것—가족과 함께 시간 보내기, 자녀에게 좋은 교육 시키기, 가족의 건강 지키기 등—을 할 수 있으려면, 실제로 상당한 액수의 돈이 있어야 한다.[91]

똑같은 자본주의 사회라고 해도 돈에 대한 욕망은 천차만별이다. 사회안전망이 잘 갖춰진 덕분에 돈이 없다고 해서 생존에 위협을 받거나 무시당할 일이 드문 북유럽 사회 구성원들은 돈에 대한 욕망이나 집착이 크지 않다. 그리고 북은 그런 북유럽보다도 더 철저하게 돈과 생존, 돈과 사회적 존중이 분리돼 있는 사회로, 돈에 대한 욕망이 세계적으로 가장 낮은 편에 속한다.

기초적 생존의 문제에서 벗어난 사람들은 사회적 존중이나 존경에 관심을 두게 마련이다. 북에서의 사회적 존중은 돈이 아니라 '사회에 얼마나 필요한 존재인가'에 따라 결정된다. 가령 북에서 자기 분야에서 업적을 남긴 이들은 '공훈' '인민' 등의 명칭을 받는다. 어떤 요리사가 자기 분야에서 두각을 보이거나 업적을 남기면 공훈요리사가 되고, 공훈요리사가 된 후에도 계속 성과를 만들어내면 인민요리사가 되는 식이다. 북쪽 사람들이 가장 명예롭게 생각하는 게 이 '인민' 칭호라고 할 수 있다. 자신이 공동체에 필요한 존재, 사람들이 높게 평가하고 존경하는 존재임을 드러내는 증표이기 때문이다. 당원이 되고자 하는 것 역시 마찬가지다. 이런 점에서 북쪽 사람들이 가장 중요하게 생각하는 인생의 목적은 '명예'라고 할 수 있다.

남과 북의 가장 큰 심리적 차이는 돈에 대한 욕망이 판이하다는 데, 그로 인해 한국인들은 돈 중심 사고를 하는 반면 북쪽 사람들은 명예 중심 사고를 한다는 데 있다. 남과 북이 서로를 낯설어하고 이해에 어려움을 겪는 까닭 또한 '돈'과 관련된 사람들의 심리 차이에 기반한다. 그리고 이런 차이는 사회제도의 다름에서 비롯됐다고 볼 수 있다. 사실 수십 년 전까지만 해도 한국인들은 돈에 집착하는 행위를 천하게 여겼다. 그랬던 한국인들이 사회가 급격히 자본화하면서, 특히 1990년대 이후 신자유주의적 자본주의 체제로 재편되면서, 돈의 노예로 전락해버린 것이다. 반면에 북쪽 사람들은 돈에 집착하는 행위를 천시했던 정서를 간직한 채 사회주의 사회에서 살아왔기 때문에 여전히 돈 중심적 사고를 천박하게 여긴다.[92] 개성공단에서 '물질적 문제'로 화를 내는 한국인에게 북쪽 사람들이 '쩨쩨하고 인색하고 괴팍하다'고 비판했던 것은 이 때문이다.[93] 개성공단에서 생산 라인 관리자로 일했던 어떤 이는 돈에 집착하는 한국인에 대한 북쪽 사람들의 시각을 이렇게 전한다.

> 한마디로 매우 계산적이고 이기적이라고 봐요. 철저하게 '기브 앤 테이크(주고 받기)'라는 거죠. 또 대단히 자기중심적이고 남에 대한 배려가 없다는 말도 해요. 특히 매사에 '돈, 돈' 한다면서 아주 '쨰쨰하다'고 하죠.[94]

남과 북이 화해와 통일로 나아가려면 무엇보다 돈과 관련된 심리적 차이를 좁혀나가야 한다. 그리고 그 방향은, 북쪽 사람들을 돈에 집착하게 만들기보다는, 한국이 북유럽 수준의 복지국가가 됨으로써 돈과 생존, 돈과 사회적 존중이 분리된 사회로 탈바꿈해나가는 쪽이어야 할 것이다.

관계

학대와 혐오는
자본주의적
병리

북에 갑질이 드물다는 정보의 사실 여부는 북쪽 사람들의 반응을 통해서 쉽게 확인할 수 있다. 한국인들은 일상적으로 폭언 · 폭력을 경험하거나 목격해왔기 때문에 어지간한 갑질과 학대는 그러려니 하고 넘어간다. 익숙해진 탓이다. 반면 그렇지 않은 북쪽 사람들은 상대적으로 약한 폭언에도 예민하게 반응하곤 한다.

사람은 사회적 존재다. 쉽게 말해 밥보다는 관계를 중시하는 존재라는 것이다. 이를 통해 우리는 인간의 행복을 좌우하는 것이 무엇인지 가늠해볼 수 있다. 여러 연구에 따르면 행복에 가장 큰 영향을 미치는 요인은 관계 혹은 공동체다. 인간사의 모든 행불행은 기본적으로 '관계'에서 비롯된다. 경제적으로 풍요롭더라도, 서로를 불신하고 배타적으로 대하며 하루걸러 증오범죄가 발생하는 사회에서 사는 사람이 행복하기란 쉽지 않다. 가난하더라도 콩 한 쪽을 나눌 만큼 관계가 좋은 사회에서 사는 사람들이 훨씬 더 행복할 수 있는 것이다.

오늘날 한국인들은 이른바 '풍요의 역설' 앞에서 어쩔 줄 몰라 하고 있다. 보릿고개가 있던 시절에 대부분의 한국인들은 경제성장만 이룩하면 행복해질 거라고 믿었다. 당시에는 사람들 사이의 관계가 비교적 좋았기 때문에 배고픔을 면하고 넉넉하게 누리면서 살게 되면 행복해지리라고 믿은 것이다. 그러나 정작 경제 성장을 이루고 선진국 국민이라는 소리를 듣게 되었음에도 한국인들이 느끼는 행복감은 오히려 후퇴했다. 왜 그럴까? 무엇보다 사람들 사이의 관계가 크게 나빠져버렸기 때문이다. 관계 악화가 한국인들을 불행의 늪으로 이끌기 시작한 것은 역시 1990년대부터다. 이후 20년간 무려 네 배나 폭증한 자살률이 이를 단적으로 드러낸다. 그렇다면 북쪽에서는 사람들 사이의 관계가 어떨까?

학대위계사회: 만인에 대한 만인의 학대

자본주의 사회에서 가장 큰 관계 악화 요인은 계급 간 갈등이다. 자본주의를 지탱하는 양대 계급은 자본가와 노동자계급인데, 이 둘은 적대 관계다. 노동자의 임금이 인상되는 만큼 자본가의 이윤이 줄기 때문이다. 따라서 자본주의 사회에서 노사 갈등은 피하기가 어렵다. 그렇다면 사회주의 사회인 북은 어떨까? 북에는 노사 갈등이 없다. 아니, 원천적으로 노사 갈등이 벌어질 수 없다고 말하는 것이 더 정확하다. 사회주의 사회에서 개인은 사적 물품 외에 공공재로 간주되는 토지나 공장, 자본 등의 생산수단을 소유할 수 없다. 다시 말해 북에는 자본가계급이 존재할 수 없다.

자본가가 생산수단을 독점하고 노동자를 고용하는 한국과는 달리, 생산수단이 국가 또는 협동적 소유인 북쪽 사람들은 국가가 운영하는 기업이나 공장 등에서 일하게 된다. 한국의 시각에서 보면 북쪽 사람들은 모조리 공무원인 셈이다. 이 때문에 북쪽 사람들은 한국인들에게는 너무도 익숙한 기업-노동자 관계, 즉 '고용-피고용' 관계가 무엇인지 이해하지 못한다. 북쪽 사람들에게는 돈으로 노동력을 산다는 고용 개념 자체가 전무하다고 볼 수 있다.[1] 이 때문에 개성공단의 한국 기업주들은 북쪽 노동자들과의 관계에서 갈등과 곤란을 겪곤 했는데, 이와 관련해 김진향 이사장은 다음과 같이 지적했다.

> '임금을 주고 노동을 산다'는 자본주의 개념은 북측에서는 '돈으로 사람을 산다'는 불쾌한 개념으로 받아들여진다. 우리 기업주들이 '임금을 주고 내가 고용한 사람'으로 북측 근로자를 인식, 간주하면 반드시 갈등관계에 빠진다.[2]

북의 노동자들은 자신이 일개 기업주나 자본가에게 고용된 게 아니라 국가의 조치에 따라 특정한 기업에서 일할 뿐이라고 생각한다. 물론 국영기업에서 일한다고 하더라도 임금(북쪽 개념으로는 생활비)이 너무 적어 생존을 위협당한다면, 그들도 국가를 상대로 파업이나 시위를 벌일 수밖에 없을 것이다. 그러나 앞에서 살폈듯 북의 노동자들은 국가로부터 생존을 보장받기에, 그들이 받는 월급은 생존 플러스 알파를 위한 것일 뿐이다. 이 때문에 북에서는 노동쟁의나 노동자들의 집단적 저항이 발생하지 않는다. 또한 한국과는 달리 북의 노동자들은 임금인상과 계급투쟁을 위한 무기인 노동조합을 만드는 대신 직업총동맹에 가입해 사회적 목소리를 내고 있다. 자본주의적 시각으로 보면, 북에서 개별 노동자와 국가 간 관계는 국가를 위해 일하는 대신 노동자의 생계를 책임지는 일종의 계약관계에 가깝다.

1980년대까지만 해도 한국에서는 노사 갈등, 정확히 말하면 지배층의 가혹한 노동자계급 착취·억압이 사람들을 괴롭히는 주범이었다. 1987년 민주화운동 직후 노동자 대투쟁이 폭발했던 것은 이런 점에서 필연이었다. 그러나 1990년대부터 한국 사회에는 기존에 존재하던 계급 갈등과는 다른 양상의 새로운 갈등, 즉 개인 간 반목과 대립이 전면화한다.

당시 외환위기를 맞은 한국은 IMF로부터 구제금융을 제공받는 대신 신자유주의 체제로 전환하라는 요구에 직면했고, 이를 충실히 따랐다. 한국 정부는 집단 내의 개인들이 서로 경쟁하게끔 만드는 제도와 정책을 도입함으로써 그들이 서로 반목하고 갈등하도록 만들었다. 노동자를 정규직-비정규직으로 가르고 차별함으로써 이른바 '노노 갈등'을 유발했고, 성과급제와 업무평가제 등을 도입함으로써 같은 정규직·비정규직 내에서도 개별 노동자들끼리 경쟁하도록 만들었다. 대학에서는 상대평가제를 전면 도입함으로써 학점을 향한 무한경쟁을 부추겼다. 한마디로 이 시기부터 한국 사회는 공동체 내의 개인들을 서로 싸우게끔 부추길 수 있는 것이라면 무엇이든지 다 한 셈이다. 그 결과 21세기에 들어서면서 한국인들은 개인 단위로 파편화했고, 기존 사회 공동체들은 하나둘 붕괴를 맞았다.

1980년대까지만 해도, 당시 한국에 '왕따'라는 말 자체가 없었던 데서 알 수 있듯이, 학교 친구나 직장 동료끼리 서로의 집을 방문하고 함께 여행하는 모습이 전혀 어색하지 않았다. 〈응답하라1988〉이라는 드라마가 잘 묘사한바, 각종 마을 공동체도 건재했다. 그런데 1990년대를 통과하면서 학생들은 서로의 노트를 보여주는 것조차 꺼리게 됐다. 직장인들도 더 이상 동료들의 집을 찾지 않는다. 마을 공동체 역시, 이웃에 누가 사는지조차 모를 정도로 와해됐다.

공동체의 해체, 관계의 악화는 사람들을 고통과 불행으로 내몬다. 험악한 세상과 무한 경쟁에서 살아남기 위해 홀로 고군분투해야 하는데, 그런 인생의 무게를 어느 누가 쉽게 감당할 수 있겠는가. 그뿐 아니다. 공동체의 해체, 관계의 악화가 한국 사회에 남긴 진짜 후유증은 사람들이 서로를 학대하게 만들었다는 데 있다. 공동체가 건재하다면, 직장 상사에게 부당하게 모욕당한 직장인은 퇴근 후에 동료들과 술 한잔 하면서 스트레스를 풀 수 있다. 공동체는 개인들의 사회적 스트레스를 건강하게 해소하고, 마음의 상처를 보듬는 역할을 담당하기 때문이다. 만일 직장인이 그런 공동체적 혜택을 누릴 수 없다면 어떻게 될까? 가장 흔하고 일반적으로 나타나는 행동은 자기보다 약한 사람을 대상으로 분풀이를 하는 것이다.

관계와 공동체가 무너질 때, 만인이 만인을 학대하는 사회의 도래는 필연이다. 대기업에서 부장한테 학대당한 과장은 평직원을 학대하고, 그 평직원은 하청기업의 과장을 학대한다. 하청기업의 과장은 부하 직원을 학대하고, 그 부하 직원은 집에 가서 가족을 학대한다. 나는《그들은 왜 극단적일까》라는 책에서 이런 한국 사회를 '학대위계사회'로 정의하며 '학대빌딩'에 비유한 바 있다. 요컨대 한국 사회는 100층은 99층을, 99층은 98층을 학대하는 식으로 내리 학대를 하며, 같은 층 안에서도 서로를 학대하는 학대빌딩이다. 비슷한 맥락에서 드라마 〈스카이캐슬〉의 한 등장인물은 한국 사회를 피라미드에 비유하기도 했다. 요점은 현재 한국 사회에서 가장 심각한 문제는 기존의 계급·집단 간 갈등과 학대가 아닌 개인 간 갈등과 학대라는 것이다.

집단이든 개인이든 학대를 낳는 사회적 기초, 객관적 기초는 부의 불평등이다. 소득과 자산 격차가 커질수록 관계는 악화되고, 그만큼 서로를 학대할 가능성이 높아진다. 불평등이 공동체 해체로 인한 사회적 스트레스의 무차별적 발산과 결합되면, 돈을 기준으로 머리를 조아리거나 차별하고 무시하는 학대현상이 불가역적으로 확산되기 때문이다. 부동산 하나만 놓고 보더라도, 한국은 상위 1%가 전 국토 사유지의 57%를 소유하고, 상위 5%가 사유지의 83%를 소유한 '현대판 대지주' 사회다. 이 때문에 자기 건물이나 집이 없는 대부분의 한국인들은 대지주에게 고액의 월세를 바치면서 '현대판 소작'을 살아야만 한다.[3] 하물며 이 현대판 소작인들은 자기들끼리도 사이가 나빠서 서로 치고받을 뿐, 함께 뭉쳐 대지주에게 대항하는 모습은 발견하기 힘들다. 대기업 노동자의 임금이 오르면 그들을 향해 중소기업 노동자들이 욕을 해대고, 아르바이트생의 시급이 오르면 이들을 향해 자영업자들이 욕해대는 식으로 소작인들끼리는 피터지게 싸우지만 대지주에게는 아무 말도 못한다는 것이다.

그렇다면 북도 한국처럼 격차가 심한 사회일까? 앞서 언급했듯, 사회주의 사회에서는 생산수단이나 공공재를 개인이 소유할 수 없다. 따라서 북쪽 사회에서의 격차는, 1 대 99의 사회인 한국과는 비교할 수 없을 만큼 미약하다고 봐야 할 것이다. 오히려 한국의 시각에서 보면, 과거의 북은 지나치게 획일적인 평등사회였다고도 할 수 있다. 예컨대 2005년 황해남도 청단군의 심평리농장 주거지역에는 '똑같은 모양을 한 회색 기와집'들이 늘어서 있었는데, 농장의 당 위원회 서기를 비롯해 일반 농민에게까지 할당된 주택은 어떤 차이도 없었다고 한다.[4] 지위고하에 상관없이 모두가 똑같은 집에서 살았다는 말이다.

최근에는 경제가 성장함에 따라 북에서도 격차가 발생하고 있다. 가령 최신 아파트에 사는 주민과 낡은 아파트 혹은 시골집에 사는 주민 간의 주거지 격차는 꽤 크다고 할 수 있다. 그렇다면 이런 격차에 대해 북쪽 사람들은 어떻게 이해하고 반응할까? 사회적 부를 모두에게 단번에 균등하게 제공할 수는 없고, 그것이 꼭 바람직하지도 않다. 따라서 혜택의 선후에 따른 격차는 불가피하다. 주머니가 넉넉지 못한 부모가 아이의 새 외투 한 벌을 사왔는데, 자식이 셋이라고 그 옷을 셋으로 찢어 나눌 수는 없다는 것이다. 이때 당장 새 외투를 받지 못하는 두 아이가 그 상황을 어떻게 이해하고 반응하느냐 하는 것은 (평소 세 아이의 관계가 어떠했는지를 무시한다면) 그들이 납득할 수 있는 공정한 기준에 따랐는지 여부에 달렸다. 다시 말해 사람들이 분배 순서에 따른 격차에 분노하느냐 너그럽게 인정하느냐를 결정하는 것은 '공정성'이라고 할 수 있다. 일반적으로 사람들은 "당신보다 세종대왕이 더 훌륭하다"는 말을 들으면 당연하게 여기지, "뭐라고? 나를 무시하는 거야?"라며 화를 내지는 않는다. 왜냐하면 그런 평가를 공정하다고 생각하기 때문이다. 사람들이 반드시 자신이 최고여야 하고, 좋은 것은 무조건 먼저 받아야 한다고 생각하지 않는다는 말이다.

인간은 본질적으로 극단적 이기주의자가 아니라 공정한 사회를 갈망하는 사회적 존재다. 따라서 대개 공정한 사회에는 별 불만이 없을 뿐더러 이를 자랑스럽게 여긴다. 앞서도 잠깐 언급했지만, 북에서 신축 아파트에 입주하는 우선 순위는 다음과 같다. 첫째는 북에서 특별대우를 받는 항일운동가의 자손과 군복무 중 부상으로 제대한 영예군인들이다. 둘째는 철거민과 건설에 동원된 노동자들이다. 셋째는 그 아파트에서 직장이 가까운 사람들 혹은 아파트의 특성에 부합되는 사람들이다. 넷째는 각종 사회단체가 추천한 사람들이다. 대체로 북의 정부는 모두에게 나누기 어려운 희소한 물건들도 이런 식의 기준에 따라 순차적으로 분배한다. 북쪽 사람들은 이런 분배원칙을 공정하다고 여기며 언젠가는 자신에게도 차례가 올 것이라고 믿는다. 따라서 격차에 불만이 별로 없을 뿐만 아니라 자신이 공정한 사회에 살고 있음을 자랑스러워한다. 참고로 북에는 서울처럼 부촌-빈촌이 확연하게 분리되는 현상이 없다. "우리 아파트에는 각계각층, 별의별 직업들을 가진 사람들이 모두 모여 살았다. 온 아파트가 서로 돕고 위해주며 한 가족처럼 친근하게 지냈다"[5]라는 한 탈북자의 말이 보여주듯, 북에서는 다양한 계층의 사람들이 한데 섞여서 살아가고 있으며 관계도 무척 좋다. 정리하면 이렇다. 북은 한국에 견줘 격차가 거의 없는 평등한 사회다. 그리고 이것은 학대 현상이 확산될 수 있는 사회적 조건, 객관적 조건의 부재를 의미한다.

갑질과 민주주의

이른바 '갑질'은 오늘날 한국인들이 겪는 고통과 불행의 커다란 원인이다. 존중받지 못하는 것만 해도 화나고 억울한데, 명백한 학대인 갑질까지 당한다면 그 고통은 이루 말할 수 없을 것이다. 박노자는 다음과 같이 말한다.

> 한국에서 가장 자주 듣는 단어들 중에 '억울함'과 '화병'이 꼭 등장한다. 여러모로 갑질, 추행, 모욕을 경험해본 대다수의 한국인들에게는 트라우마로 남은 억울한 기억이 있고, 그걸 억누르면서 살다 보니 화병이 난다는 것이다.[6]

안타깝지만 한국 사회에서 갑질이 없는 곳은 거의 없다. 갑질을 경험하거나 목격하지 않고 살기도 쉽지 않다. 그렇다면 북에도 갑질이라는 게 존재할까? 이 질문에 답을 얻으려면 갑질이 어떤 조건과 배경에서 발생하는지부터 따져봐야 한다.

갑질은 우선, 개인 관계에서 누군가가 타인보다 우월한 지위를 가질 때, 특히 그가 타인의 생존과 성장을 좌우하는 힘을 가질 때 발생하기 쉽다. 가령 학대위계사회인 한국에서 위계는 전 사회적으로 존재할뿐더러 조직 내에도, 심지어는 평범한 개인 간에도 존재한다.

> 대한민국은 위계와 서열의 사회다. (…) 대한민국에서는 위계서열이

> 인생의 '전부'가 되다시피 했다. 어린 시절부터 "공부 못하는 애들, 못사는 애들이랑은 같이 놀지 마라"는 부모의 말을 듣고 성적이나 사는 집의 평수를 따져 친구 관계를 맺는 이 사회에서는 위계질서적이지 않은 관계를 찾기가 아예 힘들 정도다.[7]

갑질은 이렇듯 주로 조직 내 위계관계에서 발생한다. 직장에서 갑질이 가능한 까닭은 기업주나 상사가 위계를 악용해 불이익을 줄 수 있어서다. 그런데 북에서는 이런 행위가 거의 불가능하다. 관리자나 상급자라고 해서 기업을 소유하는 것도, 고용 당사자도 아니기에 직원을 해고하거나 불이익을 줄 권한도 거의 없다. 북에서 진급과 임금 인상은 직장 내 관리인이나 상사가 결정하는 게 아니라 국가가 주관하는 승급시험 결과에 따라 결정된다. 따라서 윗사람의 부당한 지시에 고분고분 따를 필요가 없다. 그가 자신의 생살여탈권을 쥐고 있지도, 미래를 좌우하지도 않기 때문이다. 최악의 경우 상사와의 갈등 끝에 직장을 그만둘지언정 당장 밥을 굶는 것도 아니다. 이와 관련해 한 탈북자는 다음과 같이 말했다.

> 거기(북의 기업이나 조직)의 모든 간부, 회사 사장들은 그게 절대 자기 공장이 아니에요. 국가에서 배치를 한 직업일 뿐이에요. 그래서 노동자나 간부나 똑같이 앉아서 생활총화도 하고 비판도 하고 이렇게 돼야 하는 거죠. 자를 수 있는 권한이 없어요. 절대 못 자르죠.[8]

갑질은 또한 조직 내 민주주의가 작동하지 않을 때 발생한다. 선진 자본주의 사회에서는 기업을 노사가 공동으로 경영한다. 노사 동수의 경영위원회가 회사를 운영하는 식인데, 이를 아예 법제화한 나라도 많다. 학교 또한 마찬가지로, 학생·교사·학부모·재단 대표가 공동으로 참여하는 운영위원회가 크고 작은 결정을 내린다. 이렇게 구성원들이 조직 운영에 직간접적으로 참여함으로써 그 조직에 지배권·통제권을 행사하는 것을 '조직 내 민주주의'라고 한다. 민주주의란 말 그대로 인민이 주인이 되는 것인데, 한국인들은 대통령을 직접 뽑을 수도 있고 내쫓을 수도 있지만, 삶의 현장인 일터의 고용주나 학교의 재단이사장은 직접 뽑을 수도 없고 끌어내릴 수도 없다. 한국인들에게 대통령을 탄핵할 권리는 있지만 기업주를 탄핵할 권리는 없는 셈이다. 이는 한국인들이 국가 권력을 둘러싼 형식적 민주주의는 쟁취했지만, 정작 일상과 밀착해 있는 조직에서의 실질적 민주주의는 티끌만큼도 쟁취하지 못했다는 것을 의미한다. 조직 내 민주주의가 부재한 나라는 결코 진정한 민주주의 국가가 될 수 없다. 결국 갑질은 비민주주의의 산물이라고도 할 수 있다.

그렇다면 북은 각종 조직을 어떤 방식으로 운영하고 있을까? 다시 말해 조직 내 민주주의가 어느 정도 실현되어 있을까? 일반적으로 북의 기업은 경영을 책임지는 지배인, 기업 내 당원들의 대표, 종업원 대표가 참여하는 위원회가 운영한다. 북에서 기업은 국가 소유이므로 국가가 임명하는 지배인이 사측 대표로 회사 운영에 참여하는 것이다. 아무튼 북유럽이나 독일의 경영위원회(노사가 공동으로 참여)처럼 집단

협의체가 기업을 운영하는 북의 제도는 조직 내 민주주의가 실현된 하나의 증거로 볼 수 있다. 북은 개성공단에서도 이런 운영 원칙을 고수하고 있다. 한국의 기업 대표와 북쪽의 종업원 대표인 직장장이 협의하는 방식으로 공장을 운영하는 것이다. 조직 내 민주주의의 불모지인 한국의 기업주들은 당연히 여기에 불만을 가지기도 하는데, 개성공단 관리기관에서 근무했던 한 인사는 다음과 같은 조언을 남겼다.

> 기업들은 이런 점에 대해 불만이 큽니다. 특히 북측 근로자들에 대한 인사권을 남측(자본 측)에서 행사하기를 바랍니다. 그런데 독일의 경우에도 자본과 노동이 참여한 노사협의회에서 경영권을 공동으로 행사해요. 우리나라 기업들은 이런 시스템이 이해되지 않을 겁니다. (…) 무엇보다 자본 우위의 노사문화가 보편적인 게 아니라는 점을 알아야 하는데, 우리 기업들이 과연 얼마나 알까요?[9]

조직 내 민주주의가 실현되어 있지 않으면 회사는 갑, 노동자는 을이 될 수밖에 없으며 기업주로부터 시작해 아래로 내려오는 위계화를 피하기 어렵다. 다시 강조하지만 갑질은 바로 이런 조건, 즉 조직 내 민주주의가 부재할 때 발생한다.

갑질은 또한 권력 견제장치가 없거나 취약할 때 발생한다. 권력자가 갑질을 하더라도 그것을 고발하고 처벌할 수 있다면, 갑질이 횡행하기는 어려울 것이다. 그러나 한국은 권력 견제는커녕 정당한 내부고발자를 배신자 취급할 뿐만 아니라 업계에서 퇴출시켜 살길까지 막아버리는 사회다. '미투운동'이 벌어지기 전까지 한국 여성들은 위계에 의한 성희롱·성추행을 일상적으로 경험하면서도 공론화할 엄두를 내지 못했다. 용기 내어 말하더라도 피해자를 향한 부당한 시선과 비난, 손가락질이 기다리고 있기 때문이다. 군인들도 복무 중 학대에 저항하지 못한다. 결과가 어떨지 너무나 잘 알고 있어서다. 한국은 그야말로 권력 견제장치의 불모지인 셈이다. 맨몸으로 갑질에 내몰린 한국인들은 결국 스스로 목숨을 끊기도 한다.

> 2010년에 해당 대학에서 '힘깨나 쓰는' 지도교수를 위해 논문을 54편이나 대필해야 했던, 그러나 애당초의 약속과 달리 끝내 교수 임용에서 제외된 광주 모 대학의 한 시간강사는 결국 자살을 택했다. (…) 극단적 선택을 해서 스스로 목숨을 끊어도 대학에서의 사적 착취나 대필 강요 피해자의 억울함을 풀어주는 '공적 기관'은 존재하지 않는 곳이 대한민국이다.[10]

북에는 권력 견제장치가 있을까? 보통 사람들의 억울함을 풀어줄 제도가 있을까? 북에는 조직 내 권력의 횡포를 견제하는 이중의 장치가 제도화되어 있다. 그 첫 번째 장치는 미니 아크로폴리스라고 할 수 있는 '생활총화'다. 북에서 모든 조직은 전 구성원이 참여하는 전체회의를 정기적으로 진행하는데, 이를 생활총화라고 부른다. 조직 내 민주주의에 필수적인, 모든 조직원들이 평등한 권리를 가지고서 직접 조직 운영에 참여하게 만드는 제도라고 할 수 있다. 가령 매주 토요일마다 공장의 모든 성원들이 모여서 수평적 입장에서 일주일간의 활동을 평가하고, 앞으로 할 일을 토론하며, 그간의 잘못에 대해서 상호비판과 자기비판을 한다. 생활총화의 일상적 풍경이다. 따라서 갑질이 발생하기란 쉽지 않다. 생활총화에서 반드시 언급되기 때문이다. 갑질 당사자는 호된 비판을 각오해야 한다. 사안의 경중에 따라 징계와 처벌을 받을 수도 있다. 생활총화는 군대에서도 진행되는데, 역시 참여하는 모든 군인은 계급과 무관하게 평등한 권리를 행사한다. 따라서 일반 병사가 사단장을 비판할 수도 있다.

두 번째 장치는 조선 시대 신문고를 떠올리게 하는 '신소 제도'다. 쉽게 말해 일반인들이 정부 기관에 민원을 넣는 것이다. 한국의 민원제도와 다른 점은 신소가 들어가면 반드시 담당기관에서 조사를 진행하고, 결과에 따라 확실한 조치가 취해진다는 것이다. 간부에 대한 신소가 제기되고 조사 결과 타당성이 인정되면, 그 간부에게는 '혁명화 조치'가 내려진다. 혁명화 조치를 한국의 언론에서는 흔히 숙청이라고 표현하는데, 이는 잘못된 표현이다. 혁명화 조치는 목숨을 빼앗거나 재기를 못하게 만드는 처벌이 아니라 다시 일을 할 수 있게끔 반성의 계기를 부여—통상적으로 육체노동을 통한 단련의 기회를 제공—하는 것이기 때문이다. 김련희 씨 역시 신소 제도를 활용해 권리를 되찾은 경험이 있다.

> 전에 제가 지방에서 10년 동안 살다가 평양에 다시 올라왔을 때 석 달이 지났는데 집을 배정받지 못하고 있었어요. 그래서 임시로 부모님

집에서 함께 살았죠. 저는 주택배정과에 가서 왜 집을 빨리 안 주냐고 신소를 했어요. 그러니 집이 나오더라고요.[11]

북의 간부들은 일반 주민들보다 처신이 훨씬 더 조심스럽다. 신소가 들어올 경우 전혀 근거가 없지 않는 한 혁명화 조치를 당할 가능성이 높아서다. 최고위급 인사일지라도 탄광이나 고기잡이배 등에 배치되어 힘든 노동과 자기반성을 치르는 혁명화 조치를 피하기 어렵다. 이처럼 북에서 신소 제도는 생활총화와 더불어 갑질을 원천 방지하는, 조직 내 민주주의의 양대 축으로 기능하고 있다.

폭언과 폭력: 남과 북, 어디가 더 예민할까?

갑질의 가장 대표적인 형태로 인격적 모독을 비롯한 폭언·폭력을 들 수 있다. 영화 〈베테랑〉에는 대기업 총수가 자기 앞에 엎드려 뻗친 고위 간부를 골프채로 패는 장면이 나온다. 이 밖에도 한국영화에는 윗사람이 아랫사람의 정강이를 구둣발로 차거나 입에 담기도 힘든 폭언을 내뱉는 장면들이 숱하게 등장한다. 문제는 사람들이 이를 영화적 과장이 아닌 현실의 재현으로 받아들인다는 점이다. 한국 사회에 갑질이 얼마나 만연한지 드러난 일례로 볼 수 있겠다. 실제로 한국에서 살아가는 대부분의 성인들은 사회생활에서 한두 번쯤은 폭언·폭력의 피해를 입거나 최소한 목격했을 것이다. 이에 대해 박노자는 다음과 같이 개탄한다.

> '기업하기 좋은 나라'이자 노동지옥인 대한민국에서 노동자는 여전히 '머슴'이다. (…) 한데 갑질사회 한국에서 노동이란 근대적인 동등한 '거래관계'라기보다는 전통사회의 주종관계, 양반 토호와 겸종의 관계를 방불케 한다. 폭력·폭언 등 각양각색의 갑질은 인신예속 관계로서 노동자와 사용자 관계의 성격을 웅변적으로 보여준다. (…) 심지어 가장 '근대적'이어야 할 대학에서 가장 심한 갑질이 행해지고 있다는 것은 놀랍도록 모순적이다. (…) 한국 대학은 최악의 갑질사회 압축판인 일종의 소왕국으로서 성범죄와 인권유린 등 각종 범죄의 소굴이 됐다.[12]

북에 갑질이 드물다는 것은 북쪽 사람들이 폭언·폭력을 당하는 일이 거의 없다는 전언을 통해서도 확인할 수 있다. 만성적 갑질에 시달리는 한편으로, 북에 대한 험담만을 들어온 한국인들은 이런 말을 못미더워할 것이다. 그러나 이 정보의 사실 여부는 북쪽 사람들의 반응을 통해서 쉽게 확인할 수 있다. 한국인들은 일상적으로 폭언·폭력을 경험하거나 목격해왔기 때문에 어지간한 갑질과 학대는 그러려니 하고 넘어간다. 익숙해진 탓이다. 반면 그렇지 않은 북쪽 사람들은 상대적으로 약한 폭언에도 예민하게 반응하곤 한다.

개성공단에서 근무했던 몇몇 한국인들은 북쪽 노동자에게 무심코 "야, 이 똥강아지야!"라고 부르거나, 농담으로 "이 거지 같은 놈아!"라는 말을 했다가 추방을 당했다.[13] 일부 한국인들은 북쪽 사람의 이름을 직접 불렀다가 곤욕을 치르기도 했는데, 북에서는 그런 행위를 하대로 간주한다는 걸 몰랐기 때문이다. 통상 북에서는 윗사람은 '동지'로, 나머지 사람은 '동무'나 '선생'이라고 칭한다. 이름을 직접 부르지는 않는다는 것이다. 한 기업주는 술집에서 서비스하던 여성 봉사원의 명찰을 보고서 "아무개야!"라고 이름을 불렀다가, 그 봉사원이 반발하며 서비스를 거부하는 바람에 무마하느라 진땀을 뺐다.[14] 개성공단 관리기관 관계자는 북쪽 사람들이 사소한 욕은 물론이고 이름을 부르는 것에 그냥 넘어가는 법이 없었다며 경험담을 들려준다.

> 나보다 한 살 어린 정비원의 이름을 무심코 불렀다가 다른 사람이 문제를 제기한 적이 있었죠. 거기서는 나이가 어려도 보통 'OO선생'이라고 부르거든요. 이름을 부르는 건 하대하는 거죠. 늘 조심하고 긴장해야 했죠. (…) 제가 원래 욕을 좀 잘하는데, 그 한 살 어린 친구에게 무심코 욕을 한 적도 있어요. 심한 욕은 아니고 "야, 이 XX야!" 정도였는데, 다른 사람이 그걸 갖고 문제를 제기하더군요.[15]

직접적인 폭언·폭력이 아니더라도 강압적인 직장 문화가 존재한다면 이 또한 갑질의 한 형태로 볼 수 있다. 북은 어떨까? 개성공단에서 근무했던 또 다른 인사는 "북쪽 노동자들이 윽박지르면 어쩔 줄 몰라해서 야단치는 게 재미있을 때도 있었다"면서, 그들이 초기에는 한국의 관리자를 많이 무서워했다고 말했다. 이런 언급은 북쪽 노동자들이 그런 직장 문화를 경험해보지 못했음을 시사한다. 처음 당하다보니 당황해서 제대로 대응하지 못한 것이다. 하지만 한국 관리자들의 윽박지름과 그 효과는 얼마 가지 못했다. 북쪽 노동자들이 대들거나 반발하기 시작했기 때문이다.[16] 개성공단 관리기관의 한 관계자는 한국 기술자들이 "나는 '펜치'로 맞아가며 배웠다"는 식으로 자신의 도제식 경험을 일반화하면 곤란하다고 말했는데,[17] 이것 역시 북의 노동자들은 맞아가며 기술을 배우지 않았음을 시사한다. 그는 개성공단을 통해 오히려 한국의 폭력적인 기업문화를 되돌아보게 되었다면서 이렇게 말한다.

> 개인적으로는 오히려 북측 사람들을 만나면서 우리의 기업문화를 돌아보게 되었습니다. (…) 우리 사회나 기업에는 여전히 봉건적이고 폭력적인 요소가 남아 있는데 우리끼리 있을 때는 잘 보이지 않습니다. 그래서 북측 사람들을 끌어안으려면 먼저 우리 사회에 대한 반성도 필요하다고 봅니다.[18]

개성공단에 입주한 기업가 중에는 한국에서는 아무렇지도 않을 사소한 폭언에도 예민하게 반응하는 북쪽 노동자들을 이해하지 못해 "내 돈 주고 내가 일 시키는데, 빰도 못 때리냐"고 하소연하는 경우도 있었다.[19] 그러나 문제는 북의 노동자들이 아니라 폭언을 자연스럽게 용납하는 한국인들에게 있다는 것을 알아야 한다. 따라서 이 문제에서 남북이 심리적 간극을 줄이기 위해서는 한국 사회가 먼저 조직 내 민주주의를 실현함으로써 조직문화를 과감하게 혁신해야 할 필요가 있다.

군대 트라우마

징병제 사회인 한국에서 대다수의 남성들은 군대에 다녀와야 하고, 그중 상당수가 평생 동안 '군대 트라우마'에 시달린다. 문제는 여기에서 그치는 것이 아니다. 과거에 비해 개선되기는 했지만, 한국에서 군대가 가장 반민주적이고 반인권적인 조직이라는 사실은 단지 남성들의 정신을 망치는 데 그치지 않고 한국 사회를 망치는 주요한 원인으로 작용하고 있다.

> 한국형 징병제는 한국에서의 삶을 '헬'로 만드는 주된 요소 중 하나다. 일제 말기에 처음 만들어지고 군사독재 시절에 공고화된 제도인 만큼 반인권적이고 극도로 억압적인 부분들이 그 안에 박혀 있다. (…) 무리하게 긴 기간과 폭력적인 풍토, 모욕과 억압이 일상화되고 사회 정의가 지켜지지 않는 것이 한국 징병제의 특징이다.[20]

한국 남성들의 군대 트라우마는 흔히 '군대 다시 가는 꿈'으로 회자되곤 한다. 꿈의 골자는 분명히 전역했음에도 이런저런 이유로 다시 징병 통지서를 받고 이등병으로 재입대하는 것이다. 한국 남성들은 사는 게 힘에 부치거나 불안해질 때마다 이런 꿈을 꾸고, 몸서리치면서 잠에서 깨어나곤 한다. 이처럼 한국에서의 군대 경험은 악몽에 가깝다. 최근 젊은 남성들의 여성혐오 풍조가 남자만 군대에 끌려간다는 억울함과도 관련이 있다는 진단은, 군대가 한국 사회 구성원들에게 정말 가기 싫은 곳으로 인식된다는 걸 명확히 보여준다. 국가는 징집된 남성들을 거의 공짜로 부려먹을 뿐만 아니라, 바깥 사회에서라면 불가능했을 수준의 폭언·폭력·모욕 등으로 존엄성을 유린한다. 가장 비민주적인 조직인 군대에서 권리 박탈과 지독한 무력감을 경험한 남성들은 학대받은 자의 심리, 예를 들면 '한국놈들은 맞아야 해'와 같은 가학적 심리를 떠안은 채 제대한다. 그러고는 자기도 모르게 반민주적 군대문화와 정신병적 심리를 사회에 퍼뜨리는 역할을 하게 된다. 이와 관련해 김진향 이사장은 다음과 같이 말했다.

> 한국 남자 대부분이 이런 비정상적·폭력적 군대문화를 경험하고 사회구성원이 되니 어떻겠어요? 일상화된 사회적 폭력을 정당화하고 '때려야 정신 차린다'는 무서운 말이 나오는 거죠. 이처럼 차별과 혐오, 폭력을 정당화하는 태도는 우리 사회에서 일어나는 여러 사회병리 현상의 원인이 됩니다.[21]

징병제 군대는 "한국에서 일종의 '제2의 고등학교'로서 남성들의 인생주기를 결정하고, 훈육·복종 습관을 들이는 기관으로서 패권적 남성문화에 지대한 영향을 끼친다"[22]는 박노자의 말처럼, 군대는 남성들의 정신을 황폐화시킬 뿐만 아니라 한국의 조직문화를 오염시키는 주범이다. 이렇다 보니 다들 어떡해서든 군대를 피하고 싶어 하지만, 그건 대개 지배층 자제들에게만 허용된 일이다. 참고로 입만 열면 북과 전쟁하자고 부르짖는 극우 정치인 대부분은 군대에 가지 않았으며, 한국의 대표적 재벌인 삼성 일가의 병역면제율은 73%에 육박한다.[23]

그렇다면 북에서 군대는 사람들과 사회에 어떤 영향을 미치고 있을까? 무엇보다 북의 군대는 징병제가 아니라 지원제라는 점에서 한국과 다르다.[24]

> 북의 병역제도는 지난 2000년대 초 '전민군사복무제'를 도입했지만 실제로는 여전히 '초모제招募制'로 운영되고 있답니다. 초모제란 '군대에 지망하는 사람을 모집하여 뽑는다'는 뜻으로 남쪽 표현으로 '모병제'와 비슷합니다. 군복무가 의무이긴 하지만 강제하지 않는다는 뜻입니다. 남쪽에선 군복무를 회피하면 처벌을 받지만 북은 그렇지 않다는군요. 북의 언론매체와 문학작품들을 보면, 인민군에 '탄원한다'는 표현을 보는데요, '탄원'이 스스로 하는 것이기에 탄원하지 않는다고 해서 처벌할 수 없는 거죠.[25]

어떤 이는 북쪽 남성들 또한 거의 다 군대에 가기 때문에 북의 병역제도가 말로만 지원제일 뿐 실제로는 징병제라고 주장하기도 한다. 그러나 국가가 청년들에게 일괄적 신체검사나 영장 발부 등을 강제하지 않고, 병역에 응하지 않는 이들을 처벌하지 않는다면, 다수가 군대에 간다는 것만으로 징병제라고 표현할 수는 없다. 다만 북에서도 입대가 의무인 경우는 있다. 한국에서 이른바 북의 '특권층'이라고 부르는 이들의 자식들이다. 예를 들면 중앙당 비서의 자식, 군관 자식들은 3년간 의무적으로 병역을 치러야 한다.[26] 최고지도자의 아들이었던 김정은 국무위원장 역시 신분을 숨긴 채 최전방 부대에 신병으로 입소했고 이후에는 포병장교로 복무한 바 있다.[27]

지원제라고 하지만, 북의 젊은이들은 대부분 군대에 간다. 그 편이 군대에 가지 않는 것보다 훗날의 사회생활에 더 유리하게 작용할뿐더러, 청년들 스스로 군복무를 신성한 의무로 여기고 있어서다. 군대에 가는 것의 이점은 다음과 같다. 첫째, 대학에 진학할 길이 열린다. 북에서는 입시 성적이 아주 우수한 경우를 제외하면 고교 졸업생이 대학에 직행하는 게 힘들다. 그러나 3년 이상 성실하게 군복무를 하고 나면 군대의 추천으로 대학에 입학할 수 있는 자격이 생긴다. 둘째, 결혼에 더 유리하다. 여성들이 군대에 다녀온 남성을 선호하기 때문이다. 셋째, 입당의 꿈을 실현할 수 있다. 언급했듯, 북쪽 사람들의 최대 희망사항 중 하나가 조선로동당 당원이 되는 것인데, 군생활을 성실하게 마친 경우라면 대부분 입당이 가능해진다. 이런 이점들 때문에 젊은이들은 대부분 군대에 가려고 하며, 남성뿐만 아니라 여성들도 대개 군대에 간다. 다만 복무 기간은 남자보다 짧다. 북에서 남성의 복무 기간은 3-7년 정도로 긴 편이어서, 첫 1년 동안은 신병 기간이라고 해서 보초도 안 세우고 아이처럼 대해준다고 한다.[28]

어떤 이들은 "북의 군대가 지원제이기는 하지만, 만일 절대다수의 북쪽 젊은이들이 군대에 가기를 원하고 또 실제로 가고 있다면, 국가가 이를 악용해서 젊은이들을 가혹하게 대우하지는 않을까?"라는 의문을 품을지도 모른다. 하지만 그것은 거의 불가능하다. 앞서 소개했듯이 북에서는 군대조직에도 생활총화가 있고 신소제도가 있기 때문이다. 이에 대한 한 탈북자의 증언이다.

> 북의 군대에서는 폭력이 있을 수 없어요. 북에 있는 모든 조직에는 생활총화가 있습니다. 만약 상급(한국 군대의 병장-인용자)이 전사(이등병-인용자)에 대한 폭행이 있었다? 이러면 완전 난리 납니다. 그 상급군인은 당생활 총화에서 비판이 들어갑니다.[29]

사실 군사적으로 첨예하게 대치해온 이상, 남이든 북이든 군대가 사회에 미치는 영향을 차단하는 게 불가능하다고 봐야 한다. 남쪽 사회에는 군사문화가 곳곳에 스며 있는데, 북이라고 별세계일 수는 없다. 따라서 북의 군대에 폭언·폭력이 난무한다면, 그런 문화가 사회 전반에도 퍼져 있어야 마땅하다는 것이다. 그러나 앞서 살폈듯이, 북에는 폭력과 폭언을 비롯한 갑질과 학대가 거의 없다.

나는 김련희 씨와의 인터뷰에서, 북의 젊은이들이 군대에 가는 것을 걱정하지 않느냐는 질문을 했다. 또한 군내 가혹행위를 확인하기 위해 "젊은이들에게 군대에 다녀온 후유증 같은 것이 있을까요?"라는 질문도 했다. 그러자 김련희 씨는 무슨 그런 한심한 질문을 하느냐는 듯한 표정으로 웃으며 이렇게 대답했다. "그럴 거면 안 가면 되죠!"

맞는 말이다. 제아무리 이점이 크다 하더라도, 북의 군대가 '군대 꿈'

을 꾸게 만들 정도로 끔찍한 곳이라면 대부분의 젊은이들은 입대를 기피할 것이다. 그리고 북은 지원제를 유지할 수 없을 것이다. 다시 말해 지원제는 군대가 갈 만한 곳이라는 전제 위에서 가능한 셈이다. 이렇듯 징병제/지원제라는 징집 형식은 군대의 성격을 결정적으로 규정하고 좌우한다. 만일 한국도 지원제를 도입한다면 군대문화는 불가피하게 민주화되고 개혁될 수밖에 없을 것이다. 그렇지 않으면 아무도 군대에 가지 않으려 할 테니까.

사회안전망이 관계를 규정한다

갑질과 같은 학대 문화가 없다고 해서 무조건 사람들 사이의 관계가 좋다고 말할 수는 없다. 직접적인 괴롭힘이 아니더라도 사람들이 서로 불신하거나 건강한 관계를 맺기 힘들다면 정신적 고통을 피할 수 없고 행복해지기도 어렵기 때문이다. 한국에서는 사회안전망을 단순히 생존을 지원하는 복지의 차원에서만 바라보는 경우가 많다. 그러나 사회안전망의 최대 기능은 그것이 '관계'에 크게 기여한다는 데 있다. 한국이나 미국처럼 사회안전망이 취약한 신자유주의적 자본주의 사회에서 살아가는 사람들은 서로에게 의존할 수밖에 없다. 좀 더 솔직히 말하면, 누군가에게 빌붙거나 누군가를 착취하면서 살아가야만 한다는 것이다. 그리고 이런 사회에서 사람들 사이의 관계는 필연적으로 악화될 수밖에 없다.

미국의 직장에서는 윗사람이 아랫사람에게 폭언이나 폭력을 행사하는 경우가 별로 없다. 그렇지만 직장 내 관계, 특히 고용자-피고용자 관계는 전혀 건강하지 않다. 미국에서 노동자들은 단지 월급만이 아니라 건강보험 등 온갖 것으로 고용자에게 묶여 있고, 그 결과 고용자는 노동자보다 훨씬 우월한 위치에 놓인다. 한마디로 미국에서 둘은 평등한 관계가 아니라 지배-종속 관계 혹은 의존 관계라는 것이다. 이와 관련해 한 미국인은 "이 나라에서는 고용주가 좌지우지해요. 다들 실제로 아무 권리가 없어요. 그래서 사는 게 늘 불안하죠"[30]라고 한탄하기도 했다.

한국의 사정도 비슷하다. 비록 갑질이 아니라고 하더라도 노동자들은 고용자에게 종속되거나 의존적인 관계에 놓인다. 고용자의 눈 밖에 나거나 해고를 당하면 자기 혼자만이 아니라 일가족의 삶이 위태로워지기 때문이다. 한국의 노동자들이 늘 고용자나 상사의 눈치를 살피면서 알아서 기고, 할 말을 제대로 못 하고 사는 건 모두 이런 불평등한 관계에서 비롯된 것이다.

한편 사회주의적 요소가 가미된 자본주의 사회인 북유럽의 노동자들은 상대적으로 고용주와 대등한 관계에서 직장 생활을 한다. 북유럽인들의 생존은 기본적으로 고용주가 아닌 국가가 책임진다. 국가의 사회안전망 덕분에 직장에서 해고되더라도 생존을 위협받지는 않으며, 가족들의 삶 역시 그대로 유지되는 것이다. 예를 들면 자기 자신은 물론이고 가족들도 계속 무상의료 혜택을 받을 수 있고, 자녀들은 무상으로 학교에 다닐 수 있다. 지금까지의 비교 논의는 사회안전망의 부재가 직장 내 인간관계를 병들게 한다는 것을 분명하게 보여준다.

신자유주의적 자본주의 사회에서는 가족관계도 안전하지 않다. "어떤 사람(주로 가장)이 자신의 잠재력이나 꿈을 접고 그 배우자와 아이들은 그 사람의 희생에 기대어 살면, 정서적 의미에서 모두가 미묘하게 인질로 잡혀 있는 셈이다"[31]라는 말처럼, 국가가 국민의 생존을 보장해주지 않으면 가족관계는 파괴될 수밖에 없다. 실제로 한국에서는 부모-자식 사이가 사랑이 아닌 의존 관계로 변질된 지 오래다. 국가가 양육과 교육을 책임지지 않기에 부모가 감당해야 하는 부담과 비용은 눈덩이처럼 커지고만 있다. 만성적인 불황에 취업문이 갈수록 좁아지면서 자식 세대는 나날이 빈곤해지고 있다. 가난해졌을 뿐만 아니라 이를 이겨낼 기회마저 박탈당한 청년들은 결국 부모에게 기댈 수밖에 없다.

사회학자 캐서린 뉴먼Katherine S. Newman에 따르면 미국에서 30-34세 성인이 부모와 함께 사는 비율은 1970년대 이후 50%나 증가했다.[32] 일본에서도 늙은 부모에게 얹혀사는 젊은이들이 사회문제가 된 지 오래다. 한국도 사정은 마찬가지다. 자식들은 생활비는 물론이고 대학등록금, 결혼 비용, 집 장만하는 비용까지 부모에게 손을 벌린다. 드라마 〈스카이 캐슬〉에서 자식들은 공부를 강요하며 자신의 진로까지 결정하려는 부모들을 미워한다. 그러면서도 부모의 명을 거역하지 못한 채 하루하루를 노예처럼 살아간다. 자신의 삶을 전적으로 부모에게 의존하고 있어서다. 자녀가 청소년기를 지나서도 부모에게 의존하게 되면 부모-자식 관계가 변질되기 쉽다. 다음의 언급에서처럼 불평등한 의존관계는 필연적으로 일방의 권력을 강화한다.

> 미국에는 부모가 자녀들이 성인이 된 후에도 뒤를 봐줘야 한다는 도덕적인, 어느 정도 합법적인, 기대가 있습니다. 하지만 그런 기대는 부모가 자녀에 대해 권력을 행사한다는 의미이기도 하지요.[33]

반면 북유럽 아이들은 성장할수록 국가의 지원 덕분에 부모의 경제적·물질적 지원에 점점 덜 의존하게 된다. 무엇보다 대학등록금이 무료인 이 나라의 대학생들은 학비 때문에 부모에게 손 벌릴 필요가 없다. 사회에 진출한 이후에 부모 집으로 되돌아갈 일도 없다. 정부가 지원하는 임대 보조금 덕분에 적절한 가격으로 집을 구할 수 있기 때문이다.[34]

북은 사회주의 국가답게 더 철저하게 자식 세대를 책임진다. 양육은 물론이고 대학을 포함한 모든 교육을 전적으로 지원하고, 성인이 된 이후에는 일자리를 보장해주며, 무상의료와 무상주택이 제공된다. 배급제 또한 부모들의 양육 부담을 크게 줄인다. 한마디로 북에서는 자식을 낳기만 하면 키우는 데는 아무런 문제가 없다고 할 수 있다. 따라서 부모-자식 관계 역시 북유럽과 마찬가지로 평등하고 대등한 관계가 될 수밖에 없다. 북의 부모들은 자식에게 사교육을 강요하지도—정확히 말하면 사교육이란 것이 존재하지 않는다—진로 선택에 간섭하지도 않는다. 그럴 필요나 이유가 없기 때문이다. 다시 정리하자면, 북에서는 부모-자식 관계가 돈에 오염될 여지가 거의 없다. 건강한 관계가 가능한 까닭이다.

한국의 아동학대는 세계적으로 유명해진 지 오래다. 한국의 부모들은 놀이를 박탈하고 공부를 강요함으로써 자식들의 어린 시절에서 행복을 지워버리고 있다. 나아가 자식을 폭행하거나 학대하는 병적 현상이 늘면서 심각한 사회문제가 되고 있다. 어떤 이들은 아동학대를 사회와는 무관한 개인적 일탈로 간주하는데, 그것은 잘못이다. 아동학대의 본질은 '약자에 대한 학대'다. 얄궂게도 아동을 학대하는 이들일수록 사회생활 과정에서 학대 피해를 겪어본 경우가 많다. 그런데 학대 가해자에게 저항할 수 없을 때, 피해자는 분노와 피해의식을 통상 약자에게 분출한다. 각종 학대가 만연한 사회일수록 여성과 아동을 향한 가해가 심해지는 것은 이 때문이다. 아동을 학대하는 부모나 어른은 또한 불행한 사람이다. 행복한 사람은 타인들에게 못되게 굴 수 없다. 그것이 능력 밖의 일이기 때문이다. 반대로 불행한 사람은 타인들에게 친절할 수 없다. 그 또한 능력 밖의 일이기 때문이다. 이런 점에서 사람들 사이의 관계가 나쁜 사회는 곧 모두가 불행한 사회라고 할 수 있다. 한국에서 아동학대가 갈수록 심해지는 것은 부모가 행복하지 않아서다. 부모들은 스스로가 불행한 까닭을, 돈이 없어서라거나 피라미드의 최상층에 위치하지 않아서라고 믿는다. 그래서 다음 세대만큼은 행복해져야 한다는 미명 아래 공부를 강요하며, 성에 차지 않을 때 냉대하거나 괴롭힌다. 그러나 이는 자기합리화일 뿐 실제로는 불행한 부모가 약자인 자식에게 분풀이하는 것이다.

지금까지의 논의는 사회에 학대 현상이 만연해 있고 행복지수가 낮은 신자유주의적 자본주의 사회에서 아동학대가 특히 심할 것이라는 추측을 가능하게 해준다. 한 아동 전문가는 미국에서 하루에만 2000건이 넘는 아동학대 사건이 발생하고 있다고 증언한다.[35] 통계청 지표에 따르면 2016년 한국에서 발생한 아동학대는 1만8700건에 이른다. 이조차 통계에 잡힌 수치일 뿐, 실제로는 훨씬 많은 아동학대가 벌어지고 있을 것이다.

조직 내 민주주의가 실현되어 있는 북쪽 사람들은 사회생활에서 학대를 거의 경험하지 않을뿐더러 직장 동료들 사이의 관계가 양호하다. 이는 북의 부모들에게 자식을 학대할 사회적·심리적 기제가 별로 없다는 것을 의미한다. 더욱이 북은 고도의 조직사회로 아동을 학대한 부모는 반드시 제재와 처벌을 받게 돼 있다. 한 달에 한 번씩 인민반 회의를 하는데, 만일 아이를 학대했다면 비판을 피할 수 없기 때문이다. 게다가 뒤에서 살피겠지만 북의 아동들은, 부모보다 더 가깝다고 해도 과언이 아닐 정도로 교육기관 교사들과의 관계가 좋다. 따라서 부모가 아동을 학대하면 선생님—초등학교 담임은 5년간 바뀌지 않는다—에게 포착되기 마련이다. 아동학대 예방책이 이중 삼중으로 존재하는 셈이다. 무엇보다 북에서 양육과 교육은 국가 소관이다. 자기 자식이라고 해서 부모 마음대로 할 수 없는 것이다.

반면 한국에서 양육과 교육은 전적으로 부모 소관이다. 이 때문에 일부 부모들은 자기 자식을 마음대로 해도 된다고 생각한다. 이런 관계에서 생기는 문제점은 성년의 자식과 노인 부모 사이에서도 예외 없이 나타난다. 한국에서 부모 세대는 나이가 들어 경제력을 상실하면 자식 세대에게 짐이 되는 경우가 많다. 역전된 의존관계는 성년의 자식과 노년의 부모 관계를 악화시키는 주범이다. 부모에겐 짐이 되기 싫고 짐이 되어버린 스스로를 혐오하는 마음이, 자식에겐 부양의 짐이 너무 버거워 원망하는 마음이 들기 때문이다.

미국에서도 노인들이 자식에게 의존하는 경우가 많다. 이와는 달리 "자녀가 부모의 자비에 맡겨져서는 안 되듯, 마찬가지로 부모도 자녀의 자비에 맡겨져서는 안 된다"[36] 고 믿는 북유럽에서는 노년의 부모가 자식에게 의존하는 일이 정말 드물다. 이와 관련해 파르타넨은 미국에서 "내가 만난 중년의 성인들은 나이든 부모의 삶을 돌보는 일에 압도당했다. 엄청나게 시간과 돈이 많이 들었다. (…) 핀란드에서는 이런 식의 의존은 들어본 적이 없었다"[37]면서, "노르딕(북유럽) 가정도 여느 나라 못지않게 늙은 부모를 사랑한다. 바로 그렇기 때문에 부모 자식 간 의존관계에서 생길 수 있는 원망으로 늙은 부모에 대한 사랑이 오염되지 않길 바란다"[38] 고 말한다.

북유럽과 마찬가지로 북에서도 노인이 된 부모가 자식에게 의존할 필요가 없다. 국가가 노후를 철저히 보장하기 때문이다. 노인들은 국가로부터 배급과 연금을 지급받는다. 자식과 함께 살지 않을 경우 국가가 운영하는 양로원에서 다른 노인들과 함께 생활할 수 있다. 또한 북에는 어른을 공경하는 전통이 여전히 살아 있고, 자식이 부모를 모시는 경우엔 더 크고 좋은 집을 배정받는 등 노인을 우대하는 정책이 시행되고 있다.

어떤 이들은 관계와 사회안전망이 무슨 상관이 있느냐고 말하지만,

지금까지 살폈듯 둘은 아주 밀접하게 연결돼 있다. 사회안전망이 취약하면, 직접적인 학대 현상을 제외하더라도, 서로에게 의존할 수밖에 없는 사람들의 관계는 필연적으로 악화된다. 파르타넨은 미국에서 살면서 서로에 대한 의존이 사람들에게 자유를 제한하고 심각한 스트레스를 주는 것을 목격했다고 말한다.

> 내가 직간접적으로 만난 미국인들은 오히려 경쟁과 생존을 위해 타인에게 의존할 수밖에 없었다. (…) 그 과정에서 개인들은 자유를 내려놓고 배우자, 부모, 동료, 상사에게 점점 더 신세를 졌다. 이런 상황이 초래한 부담과 긴장이 모든 이의 스트레스와 불안을 가중시키는 듯했다.[39]

건강한 관계의 주요 전제 중 하나는 '독립'이다. 독립된 주체들만이 상호의 성장을 촉진하는 건강한 관계를 맺을 수 있다. 독립적이지 않은 사람은 타인과 의존적인 관계를 맺을 수밖에 없다. 에리히 프롬이 진정한 사랑과 건강한 관계의 가장 중요한 전제로 독립을 꼽은 것은 이 때문이다. 스웨덴의 역사가이자 언론인 헨리크 베르그렌Henrik Berggren은 '사랑에 관한 스웨덴 이론'을 주장했는데, 그 핵심은 '진정한 사랑과 우정은 독립적이고 동등한 개인들 사이에서만 가능하다'는 것이다.[40] 이 이론에 입각해 북유럽 나라들은 '개개인을 가족 및 시민사회 내 모든 형태의 의존에서 자유롭게' 만들기 위해 노력해왔다. 온갖 의존으로부터의 자유는 '숨은 동기와 필요에서 벗어나 모든 인간관계가 완전히 자유롭고 진실해지도록 그리고 오직 사랑으로만 빚어지도록' 만들어준다.[41] 파르타넨은 의존으로부터의 자유가 왜 중요한지에 대해 이렇게 이야기한다.

> 노르딕 사회는 사회적 의존성의 낡은 형태를 혁파하는데 성공하여, 현대성을 진정한 의미에서 완성시켰다고 볼 수 있다. (…) 그 결과 많은 미국인이 꿈만 꾸었을 뿐인 이상들, 즉 진정한 자유, 진정한 독립, 진정한 기회를 일상에서 실현해냈다. (…) 노르딕 사회가 이미 경험한 바, 가족의 낡은 의존성을 벗어나면 아이들은 더욱 활기가 넘치고 부부 생활은 더욱 만족스럽고 가족은 더 굳건해진다. 당연히 모두들 더 행복해졌다.[42]

국가가 개인의 삶을 책임지지 않는 체제는 낡은 사회다. 낡은 사회에서 개개인은 필연적으로 누군가에게 의존하게 되고, 그 결과 개인의 자유·독립·기회는 심각하게 훼손된다. 21세기에 필요한 새로운 사회에서는 국가가 개인의 삶을 책임진다. 사람들이 타인에 의존하지 않아도 되는 이런 사회에서는 개개인의 자유·독립·기회가 가능해진다. 나아가 돈에 오염되지 않은 건강한 관계가 가능해지고, 삶이 행복해질 수 있다.

부모-자식이 의존관계에서 해방되고 부부가 의존관계에서 해방되며, 고용자-노동자가 의존관계에서 해방된다면 사람들 간에는 "원망이나 죄책감, 마음의 짐에서 홀가분한 관계들이 맺어"질 수 있다. 즉 낡은 "구시대의 매우 부담스러웠던 여러 경제적 의무에서 해방되면" 사람들은 "가족, 친구, 연인과의 관계를 순수한 인간적인 유대 위에서 세울 수 있다"는 것이다.[43] 지금까지 살펴보았듯이, 건강한 관계를 위해서는 사람들 사이의 경제적 의존성을 혁파하는 것이 필수다. 그리고 이런 점에서 보면 신자유주의적 자본주의보다는 사회주의, 혹은 사회주의 요소가 강한 북유럽의 자본주의가 21세기에 더 적합한 사회 시스템이라고 말할 수 있을 것이다.

성폭력과 성평등

'미투운동'의 폭발과 그 파장이 말해주듯, 여성들은 사회적 억압과 차별, 착취와 학대의 주요 대상이었다. 특히 한국 사회에서 여성으로 태어나 살아가는 것은 너무도 버거운 일이다. 한국은 OECD 회원국 가운데 남녀 소득격차가 가장 큰 나라이고, 여성들의 다수는 비정규직 일자리에 종사하고 있다. 여성들은 여전히 출산과 육아를 위해 경력 단절 등의 불이익을 감수해야 하며, 양육과 교육의 책임을 대부분 떠맡고 있다. 문화적으로도 한국은 여성이 성적으로 대상화되고 성이 상품화된 사회다. 이 때문에 여성들은 일상적으로 외모 스트레스에 시달릴 뿐만 아니라, 각종 성폭력에 노출돼 있다. 나아가 살인·강도·강간·방화 등의 강력범죄 피해자의 84%는 여성이고, 79.7%의 여성이 남성과의 내밀한 관계에서 물리적·심적 폭력을 당한 경험을 가지

고 있다.[44]

이제는 많은 이들이 올바로 이해하고 있듯이, 성폭력의 목적은 성적인 쾌감이 아니다. 성폭력 가해자가 체험하는 것은 권력-폭력 행사를 통한 가학적 쾌감이다. 정신이 병든 이가 자신의 권력과 힘을 확인하는 가장 손쉬운 방법은 인간을 학대하는 것이다. 아랫사람을 학대하고 여성을 학대하면서, 심지어는 인간을 죽이면서까지 자신에게 권력과 힘이 있음을 확인하면서, 최상의 가학적 쾌감을 만끽한다. 따라서 각종 성범죄가 빈발하는 근본적 원인은 한국이 조직 내 민주주의가 부재한 학대위계사회라는 데 있다. 젊은 여성에게 가해지는 위계를 이용한 학대의 통상적인 형태가 바로 성추행이나 성폭력인 것이다.

> 성폭행 내지 성추행은 보통 위계질서와 가부장제가 중첩되는 지점에서 발생한다. (…) 그래서 대부분의 조직들이 위계적이며 민주성이 약하고, 가부장적 남성이 조직 상층을 점거하는 한국사회에서 성폭력은 곳곳에서 자주 일어난다.[45]

상대적으로 평등사회라고 할 수 있는 북의 여성들은 성폭력에서 자유로울까? 드물기는 하지만 북에서도 성폭력 범죄가 발생한다. 물론 이에 대한 처벌은 대단히 엄격하다. 가령 미성년자를 강간한 범죄자는 사형에 처해진다.[46] 그런데 김련희 씨는 한국에 와서야 성희롱이나 성추행이라는 말을 처음 들었다면서, 북에는 그런 말 자체가 없으며 성추행 피해를 호소하는 여성을 본 적이 없다는 경험담을 전한다.[47] 이런 증언에 대해서는 더 많은 연구와 검증이 필요할 것이다. 그럼에도 확인할 수 있는 사실은 북에는 성희롱이나 성추행을 억제하는 법적·제도적 장치들이 만들어져 있다는 것이다. 또한 앞에서 살폈듯 사회 전반에 갑질이나 학대 현상이 드문 사회에서 유독 여성에 대한 학대만 심할 까닭이 없다. 따라서 국가적·사회적 차원에서 남녀평등이 제도화되고, 조직 내 민주주의가 정착된 북에서는 성폭력을 비롯한 여성 학대가 발생하기 어렵다고 보는 게 합리적이다.

한편, 북쪽 사회의 성평등은 어느 정도 수준일까? 북은 남존여비 문화를 없애기 위해 호주제를 폐지했고 '남녀평등권 법령'을 제정해 남성과 여성의 법적 지위를 동등하게 만들었다.[48] 이 때문인지는 몰라도 남과 북은 남녀 성비(2016년 기준)에서 차이가 있다. 한국은 여자 100명당 남자 100.6명으로 남자가 더 많지만 북은 반대로 여자가 더 많다.[49] 북에는 동일노동 동일임금 원칙이 지켜지고 있는데, 이는 성별에도 적용되기 때문에 동일 업무에 종사하는 남성과 여성의 임금은 똑같다. 북에서의 임금 차등은 기수·급수에 따라 매겨지는데, 여기에서도 불평등은 없다. 기수와 급수를 결정하는 것은 직장의 지배인이나 직장 상사가 아니라 국가가 주관하는 시험이기 때문이다.[50]

여성에 대한 사회적 차별이 없다 보니 특정 직업을 선택하는 데 성별이 장애물로 작용하지도 않는다. 북에서는 여성 비행사, 여성 중장비 기사, 여성 선장 등을 흔히 볼 수 있고 최고인민회의 대의원의 여성 비율도 높은 편이다. 출산·육아로 인한 경력단절이나 불이익도 없다. 북은 세계에서 가장 긴 출산휴가를 자랑한다. 2015년을 기준으로, 북에서 임금의 100%를 보장하는 유급 출산휴가는 산전 2개월, 산후 6개월을 합쳐서 총 8개월(240일)이다.[51] 핀란드의 경우 3개월(90일)의 100% 유급 출산휴가가 보장되다. 만 8세 이하의 자녀를 둔 노동자는 최대 1년의 육아휴직을 신청할 수 있지만, 이 경우에는 임금의 40%만 지급받는다.[52]

북유럽 나라들도 탁아 서비스를 저렴하게 제공하지만, 북에서는 완전 무상이다. 인프라 역시 상당해서, 모든 공장·기업소·협동농장의 작업반마다 탁아소와 유치원이 운영되고 있다. 또한 모유 수유기인 생후 8개월까지는 어머니들이 두 시간마다 탁아소에 들러 수유를 할 수 있고, 이유식을 먹는 생후 12개월까지는 오전·오후에 한 차례씩 탁아소를 찾을 수 있도록 제도화되어 있다.[53] 당연히 이 시간은 유급 처리된다. 저널리스트 장쉰은 북의 남녀평등 수준을 이렇게 요약한다.

> 북한 여성의 지위는 아주 많이 향상되어서 국가에는 이를 위한 특별한 정책이 있고, 여성의 지위를 보호하는 데 노력을 아끼지 않는다고 한다. 북한의 정부에 관료로 진출한 여성 수는 상당한 비중을 차지한다.[54]

연애와 결혼의 조건

한국에서 선남선녀들은 건강하게 사랑하고 있을까? 나아가

이들의 결혼은 사랑에 기초해 있을까? 솔직히 말해, 그렇다고 대답하기가 힘든 것이 현실이다. 오늘날 한국에서 연애와 결혼을 지배하는 것은 돈과 시장논리다. 박노자는 다음과 같이 진단한다.

> 극단적인 자본주의 사회인 대한민국에서도 남녀관계만큼 시장화된 관계는 찾아보기가 힘들다. (…) 남녀의 결합은 재력-학벌-외모를 면밀히 계산해 성사된다. (…) 남성이 충분한 학벌-재력을 갖춘 뒤 결혼이라는 거래를 통해서 집안 내 육아-가사노동을 맡는 한 명의 유사 피고용자를 구매하는 셈이다. (…) '돈'이 있어야 가부장제적 의미의 '남성' 자격이 부여되는 것이다.[55]

한국에서는 애정과는 무관한 '경제적 거래'에 입각한 결혼이 일반화하고 있다. 2500개가 넘는 결혼정보업체가 성업 중이고, 많은 이들이 이 회사들의 주선으로 결혼에 골인한다. 결혼정보업체들은 (부모의 것까지 포함한) 직업·연봉·학력 등을 따져 남성을 등급화하고, 역시 외모와 직업을 기준으로 여성을 등급화한다. 등급별로 그에 걸맞은 조건의 남성과 여성을 짝짓는 것이다. 이런 현상은 한국 사회에서 결혼이 남성의 "사회경제적 자본과 여성의 외모·상징자본 사이의 교환행위"[56]로 전락했음을 극명하게 보여준다.

한국에서는 결혼도 돈이 있어야만 할 수 있다. 주택자금을 포함한 평균 결혼비용이 2억 원이 넘는다.[57] 물론 이 돈을 준비하는 쪽은 주로 남성이다. "미국에서 여자가 남자에게 헌신을 바란다고 할 때, 그 남자는 다른 어떤 자질보다 돈을 잘 버는 사람이라는 전제가 알게 모르게 깔려 있었다"[58]는 전언처럼, 신자유주의적 자본주의 사회에서 여성이 남성을 선택할 때 최우선 조건으로 보는 것은 돈이다. 한국에서는 더 욱더 그렇다. 여러 자본주의 국가의 대학생을 대상으로 한 조사에 의하면, 대부분의 사회에서 가장 중시하는 배우자 선택 기준은 '성격'이었으나 유독 한국만은 '재력', 즉 돈이었다. 사실 1980년대까지만 해도 한국 대학생들 역시 성격을 1순위로 꼽았다. 1990년대 이후 사회가 신자유주의적 자본주의 체제로 전환되면서 돈이 1순위로 부상한 것이다.

한국에서 결혼은 더 이상 사랑에 기초하지 않은, 남녀 간 경제적 동맹 혹은 계약으로 전락했다. 결혼이 돈에 좌우되는 것도 문제지만, 남녀 관계에서 여성의 돈보다 남성의 돈이 더 중시된다는 것 역시 문제다. "이미 계층이동이 불가능한 준세습 신분사회에서 결혼적령기 여성들은 자신보다 '지체'가 더 높은 남성들을 선호함으로써 처음이자 마지막이 될 계층이동을 계획하는 것처럼 보인다"[59]는 박노자의 진단처럼, 한국 여성들은 적어도 자신보다는 더 부유한 남성을 선택하려고 한다. 그렇게 맺어진 결혼은 부부 간 의존관계를 고착시키며, 이는 곧 가장인 남편이 아내와 자식의 부양을 전담한다는 것을 의미한다. 남편은 자신의 인생, 자아실현 등을 모두 포기하고 가족을 위해 죽어라 돈을 버는 삶을 살면서 그에 따른 억울함을 떠안게 된다. 직장에서 겪는 온갖 학대와 굴욕 또한 고스란히 감당해야만 한다. 가족을 생각하면 열 받는다고 직장을 때려치울 수도 없기 때문이다.

그렇다면 한국 남성들은 강제된 삶이 주는 고통과 스스로에 대한 환멸을 누구에게 쏟아낼까? 주요한 대상은 자기가 부양하는 가족들이기 쉽다. 드라마 〈스카이 캐슬〉에 등장하는, 피라미드 이론을 열심히 떠들어대는 가장이 아내와 아이들을 대하는 태도를 보라! 결론적으로 남성의 돈에 기초해 결혼이 이루어지면, 남편은 아내에게 권력을 행사하는 위치에, 아내는 그에 종속되는 위치에 서게 된다. 그리고 남편은 가족 부양 스트레스를 아내를 향해 쏟아낸다. 이런 사회에서 여성이 남성에게 종속되지 않기란 대단히 어렵다. 드라마에 아내가 바람을 피운 남편이 아닌 상대 내연녀만 때리는 장면이 자주 등장하는 것도 이와 관련이 있다. 피를 토하면서 경쟁하는 한국 남성들은 여성을 잔혹한 전쟁에서 얻는 전리품 가운데 하나로 여긴다. 요컨대 한국 사회에서는 "남성의 치부와 사회적 신분상승은 보다 많은 여성들에게 보다 쉽게 접근해, 보다 자주 성착취를 할 수 있는 기회로 여겨지는 것"[60]이다.

이렇듯 '돈'을 위주로 맺어진 결합이 행복으로 이어지기는 어렵다. 세계 행복지수 순위에서 한국이 하위권에 속하는 이유 중 하나도 가족관계가 돈에 오염되는 것과 밀접하다. 돈으로 맺어지고, 어느 한쪽의 경제력에 의존하는 부부 사이가 좋을 수는 없다. 결국 국가의 지원과 역할이 없으면 가족의 붕괴나 파탄을 피하기 어렵다는 것이다. 파르타넨은 다음과 같이 지적한다.

> 이러다 보니(부부가 돈에 의해 맺어지는 것-인용자) 부부 사이의 들끓는 분노가 미국 심리치료 산업을 이끄는 핵심 요소가 된 것이다. (…) 하

> 지만 핀란드 출신이 보기에 이번에도 문제의 뿌리는 정서적이거나 심리적인 것 같지 않았다. 단순하면서도 구조적인 문제인 듯했다. 즉, 미국 사회는 고도의 혁신과 자유분방함에도 불구하고 가족을 위한 기본적인 지원체계가 갖춰져 있지 않았다.[61]

가족에 대한 지원 시스템이 잘 갖춰진 북유럽에서는 결혼 문제에 돈이 끼어들 여지가 적다. 그리고 국가가 가족을 전적으로 책임지는 북에서는 결혼에 돈이 개입하는 일이 있을 수 없다. "남자가 내 가정의 생계를 책임져야 할 이유가 없어요. 북은 아버지가 몇 년 동안 병원에 있어도 집에 아무런 변화가 없다는 겁니다"라는 김련희 씨의 말처럼, 아내와 자식들은 가장에게 의존하지 않는다. 젊은이들, 특히 여성들은 배우자를 고를 때 상대의 돈이나 직업은 거의 고려하지 않는다. 상대방 이성에게 월급이 얼마냐고 물어보는 일 자체가 없다고 한다.[62] 계급·계층이나 신분에 따른, '저 사람은 감히 내가 넘볼 수 없겠다'는 식의 연애장벽 또한 없다. 가령 북에서는 육체노동자와 의사가 결혼할 수 있느냐는 질문에 김련희 씨는 이렇게 대답한다.

> 제가 노동자인데 남편이 의사잖아요? 의사는 그냥 직업일 뿐이에요. 의사가 뭐가 잘났는데요? 엄청 잘난 가수? 그냥 가수일 뿐, 직업일 뿐이에요. 여기에서는 연예인이라고 막 열광하죠? 미친 것 같아요. 그냥 직업일 뿐이죠. 거리를 걷다가 영화배우를 만나도 '어? 저 영화배우' 그러고 나서 그냥 지나가요.[63]

학력 또한 고려 대상이 아니다. 북에는 가방끈을 따지는 문화가 없다. 대학 졸업장이 인생을 좌우하지 않기 때문이다. 대학을 나오지 않은 사람이 대졸자에게 갖는 생각은 '대학 나왔어? 머리가 좋았구나?' 정도다. '나는 손기술이 좋은데 너는 머리가 좋구나' 식으로 각자 재능이 다르다고 생각한다는 것이다. 그렇다면 북의 선남선녀들은 어떤 기준으로 배우자를 고를까? 우선은 군대에 다녀왔는지 여부, 즉 제대군인인가 아닌가를 본다. 그다음으로는 성격이나 외모 등을 고려한다. 2016년 조사에 따르면 북의 청년들이 배우자 선택에서 중시하는 것은 인물, 성격, 집안 가풍, 이해력, 사려 깊음, 배려심, 열정, 재미, 언변, 성실성 등이었다.[64] 돈이나 직업 등은 언급조차 되지 않고 있음에 주목하자.

북에서의 결혼은 대체로, 과거의 한국도 그랬듯이, 사랑에 의해 이뤄지는 것으로 보인다. 남편이 가족을 전적으로 건사하지도 않으며 아내가 남편의 경제력에 의존하지도 않는다. 따라서 최소한 돈에 오염될 위험이 없는 북쪽 사람들의 연인관계나 부부관계가 한국에 비해서는 더 원만하리라고 추측할 수 있다.

남녀관계와 혐오

한국에서는 돈이 많은 남성, 경쟁에서 승리한 남성일수록 외모와 조건이 빼어난 여성을 배우자로 맞이할 가능성이 높아진다. 문제는 승자보다 패자가 훨씬 더 많다는 데 있다. 극소수의 승자를 제외한 대다수 남성들은 여성과의 관계에서 심각한 박탈감을 경험한다. 그 결과 이들은 괜찮고 예쁜 여성들이 돈 많은 남자만 좋아하고 자기는 쳐다보지도 않는 데서 오는 자존감 손상과 분노를 여성 일반에게 퍼부어댄다. 이것이 한국에서 여성혐오가 확산되는 주요한 배경 중 하나다.

> 철저히 돈의 논리에 길들여진 사회에서 갈수록 비싸지는 연애와 결혼의 비용을 감당하지 못하는, 그래서 짝을 구하지 못하는 남성들은, 자신들이 사회에서 당하는 배제에 원풀이하듯 여혐 바이러스에 걸리기 쉽다.[65]

남성의 여성혐오만이 아니라 여성의 남성혐오도 갈수록 심해지고 있다. 젠더 갈등이 최악으로 치닫고 있는 것이다. 왜 그럴까? 한국인들 대다수는 사람들을 죽음으로 내모는 경쟁 열차를 멈춰 세우고 사회를 변혁하기보다는, 어떻게든 경쟁에서 살아남아야 한다고 믿는다. 즉 어떻게든 부자·승자가 되어 잘난 체하고 우쭐거리면서 살기를 바란다는 것이다. 나는《트라우마 한국사회》에서 이런 마음의 병을 '우월감 트라우마'로 정의한 바 있다. 반면 한국의 청년들 대다수는 소망과는 반대로 가난뱅이, 패자가 되어 결혼은커녕 연애조차 할 수 없는 처참한 상황에 놓여 있다. 이로 인한 심각한 좌절감은 아예 대인관계를 거부하는 모습으로 표출된다.

이는 한국만의 상황이 아니다. 오늘날 자본주의 세계의 젊은 세대들은 연애나 결혼은 고사하고 아예 관계 맺기 자체를 포기한 채 홀로 살기를 바란다. 사회학자 제니퍼 실바Jennifer M. Silva는 《노력해도 역부족Coming Up Short》에서 미국 젊은이들에 대해 "겨우 제 몸 하나 부지하는 처지라 로맨틱한 결합은 피한다. (…) 일이나 가족, 지역으로부터 점점 단절된 나머지 남에게 의지했다가는 결국 상처 입을 뿐임을 깨달으며 자라난다. (…) 일상생활의 불안정성과 불확실성은 교제를 그들이 감당할 수 없는 사치로 만들어버렸다"며, "슬프게도 미국은 유대 맺기를 두려워하는 청년 세대를 기르고 있는 듯하다"[66]고 한탄한다. 물론 겉으로는 혼자 사는 게 더 행복하다고 말한다. 그러나 관계 맺기를 시도조차 할 수 없는 처지에서 비롯되는 좌절감과 분노는, 이제는 더 이상 '반쪽의 나'로 간주하지 않는, 상대방 이성을 향해 분출된다. 바로 이것이 광범한 여성-남성 혐오의 심리적 기제 중 하나다.

관계 맺기를 방해하는 요소가 거의 없고, 경쟁적 사회와는 거리가 먼 북의 남녀관계는 어떠할까? 우선 북에서는 젊은이들 사이에 연애나 결혼을 기피하는 풍조가 없고, 대부분 적령기에 결혼을 한다. 남녀관계의 건강성은 여성들을 관찰함으로써도 짐작할 수 있다. 북의 여성들은 내성적이고 수줍음을 많이 타기는 하지만, 할 말을 다 하며 대등한 입장에서 남성들을 대한다. 의료협력 사업을 위해 북을 여러 차례 방문했던 의사 오인동은 북쪽 여성에 대해 직업전선에서는 남녀구별 없이 씩씩해 보이지만, 아직 얌전한 유교적 전통을 간직하고 있다고 묘사한다.[67] 2000년대 초반 방북한 어느 단체 관계자가 치통으로 평양 국제친선병원의 구강과(치과)를 찾은 일이 있다. 그런데 환자를 본 남성 치과의사가 '이를 뽑아야 한다'는 말을 하면서도 계속 주저하는 것이었다. 당시만 해도 북에서는 마취제를 비롯한 의료 장비가 부족했기에 무작정 이를 뽑기가 난처했기 때문이다. 그러자 옆에 있던 여성 간호사가 그 의사를 향해 단호하게 말했다. "뭐합니까? 정신 차리고 하십시오."[68] 이렇듯 방북 경험이 있는 대부분의 한국인들은 북쪽 여성들의 말과 행동이, 적어도 직업전선이나 사회활동에서만큼은, 매우 적극적이고 씩씩하다고 평한다.

> 어떤 날은 공사장에 크레인이 들어왔는데 기사가 여성이었다. 남녘에서는 흔히 볼 수 없는 모습이라서 눈길이 갔다. 자재 창고를 책임지는 한 젊은 여성은 어찌나 야무지게 관리하는지 북녘 아저씨들이 물건 하나라도 받아올 때면 쩔쩔매곤 했다. 영양관리연구소에서 대외협력을 맡은 여성도 회의를 할 때면 손을 번쩍 들고 다른 사람들을 대신해 시원시원하게 의견을 말하는 모습이 인상에 남았다.[69]

언젠가 젊은 남성들과의 대화 중에 무심코 "길을 가다 보면 예쁜 여자들은 흔하게 눈에 띄는데, 잘 생긴 남자들은 별로 볼 수가 없다"고 했더니, 그들은 하나같이 "여자들은 얼굴을 다 뜯어고쳐서 그래요. 요즘에 수술 안 한 여자가 있는 줄 아세요?"라며 신경질적으로 대꾸했다. 비록 적은 표본이지만 이런 반응은 대화에 참여한 젊은 남성들이 여성 일반에 부정적인 감정을 가지고 있음을 드러낸다.

그렇다면 북의 남성들은 남남북녀라는 말에 어떤 반응을 보일까?

북을 방문한 한 한국인이 "남남북녀라고 하는데 북에는 정말 미녀가 많나요?"라는 질문을 던졌다. 이에 어린이종합식료공장의 연구사 김국석은 "북조선에 미인이 많습니다. (…) 우리 조선 여성들이 수줍음이 많고 마음씨도 곱습니다"라고, 김일성종합대 학생 강훈은 "예로부터 내려오는 '남남북녀'라는 말인데, 6·15 시대의 응원단 보면 알 수 있지 않습니까? (…) 북으로 올라가면 올라갈수록 여성들이 곱다고 하는데, 청진이나 양강도에 가면 더 곱다고 합니다"라고 대답했다.[70] 또한 한 방북 재미동포를 맞이한 안내원은 2002년 한일월드컵을 두고 "그때 남조선 선수들 정말 대단했습네다. 역시 남남북녀라고 선수들이 키도 크고 잘 생겼습네다. 그때 여기서도 모든 인민이 얼마나 남조선을 응원했는지 모릅네다"[71]라며, 남남북녀라는 말을 자연스럽게 사용했다. 이렇게 북의 젊은 남성들은 남남북녀라는 말에 전혀 거부감을 보이지 않을 뿐만 아니라 아주 자연스럽게 그 말을 사용하고 있다. 이것은 적어도 북의 남성들은 열등감이나 질투의 화신이 아니며 그들이 여성에 좋은 감정을 가지고 있음을 시사한다.

이렇듯 한국에 견줘 북이 남녀관계에서 훨씬 양호하다고 평가할 수 있지만, 북 또한 완전한 성평등을 달성한 사회라고 말할 수는 없다. 여전히 남존여비의 낡은 문화가 남아 있기 때문이다. 북을 수차례 방문한 재미교포 신은미 씨는 무거운 짐을 가득 든 여성 곁에서 빈손으로 유유자적 걸어가는 남성의 모습을 여러 번 목격했으며, 그런 광경은 지방으로 갈수록 더 심한 것 같다고 말했다.[72] 개성공단의 한 기업에서 근무했던 이도 비슷한 경험담을 이야기한다.

> 남자보다는 여자가 더 일을 많이 하는 것 같아요. 60㎏ 정도 되는 원단을 차에서 내리는데 남자들은 일하지 않고 여자들만 하는 겁니다. 어떻게 그럴 수 있냐며 나무랐더니 마지못해 하더라고요. 이제는 좀 좋아졌어요.[73]

북에서도 가사노동은 거의 여성이 전담한다. 밥하기, 빨래하기, 애보기 등은 어머니나 딸이 도맡는 식이다. 어떤 이들은 이를 유교 문화 탓으로 돌리는데, 그보다는 수천 년간 이어져온 가부장제 사회의 잔재라고 할 수 있다. 유교 문화와는 인연이 없는 미국 여성들도 양육과 가사를 전담하며 그것을 당연하게 여기고 있기 때문이다.

> 아직도 양육이 고스란히 여성의 책임이라는 미국의 사고방식에 적잖이 놀랐다. (…) 미국 어머니들은 아이 돌보기에 들이는 시간이 아버지보다 두 배 많으며, 집안일 전체로 보면 여성이 남성보다 세 배 더 할애한다. 미국 여성은 이러한 무급 노동에 남성보다 무척 많은 시간을 쓴다.[74]

상대적으로 여성의 가사노동 부담이 더 크다는 점에서는 남북미가 매일반이지만, 국가의 역할에서는 커다란 차이가 있다. 탁아소 제도만 봐도, 북은 기본적으로 아이 양육을 국가가 책임진다. 또한 각 거주지 단위마다 밥이나 반찬 가게가 있어서 직장 여성들은 요리를 하지 않아도 된다. 반면에 국가의 지원을 전혀 받지 못하는 한국 여성들은 그보다 훨씬 더 고된 처지에 있다. 1990년대 북미 제네바합의에 따른 경수로 발전소 공사를 위해 북에 장기체류했던 차재성 씨는 텔레비전에서 '남자가 가부장적 권위에 젖어 부인을 멸시하다가 나중에 뉘우친다는 내용'의 단막극 시청담을 전하고 있는데,[75] 이것은 북의 가부장적 남존여비 문화를 드러냄과 동시에 북 정부가 이런 낡은 문화를 퇴치하기 위해 계몽사업을 하고 있음을 보여준다.

결론적으로 북에서 성평등은 상당히 높은 수준으로, 남녀관계 역시 양호하지만 남존여비 문화 또한 잔존한다고 정리할 수 있다. 그러나 법적으로 성평등이 보장되고 매매춘이 없으며, 성폭력도 드물기 때문에 북의 여성들이 한국에서처럼 여자로 사는 데 억울함을 느끼는 일은 거의 없다. 김련희 씨는 북에서 살면서 성별로 인한 억울함을 느낀 적은 없고, 노인들은 대체로 아들을 원하지만 젊은이들은 딸을 더 선호한다면서 자신도 "다시 태어나면 여자로 태어나고 싶다"고 말했다. 그 이유를 묻자 "남자들이 여자들보다 좀 더 힘들 것 같아요" "사랑받고 싶어서 여자가 좋아요"라고 대답했다. 이처럼 남존여비 문화가 잔존함에도 불구하고 동등한 남녀관계가 가능한 것은 북이 국가적·사회적 차원에서 남녀평등을 보장하며, 낡은 문화 극복을 위해 애쓰고 있기 때문이다. 개성공단 관리기관 관계자의 다음과 같은 전언은 북쪽 사회의 남녀관계 수준을 상징적으로 보여준다고 말할 수 있다.

> 남녀차별이 좀 심한데, 그러면서도 여자들이 남자들한테 할 말은 다 하죠. 그리고 농담도 잘하고요.[76]

개인과 집단

전체주의는
개인주의를 먹고
자란다

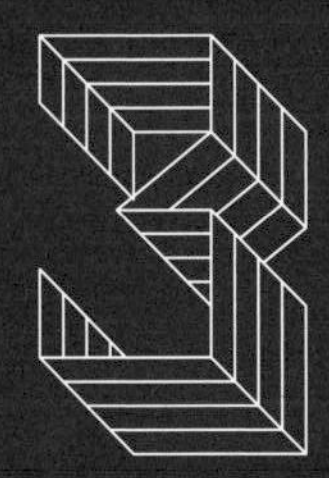

한국인들이 집단주의에 강한 거부감을 보이는 것은 차별과 불평등이 한국 사회를 지배하기 때문이다. 사실 한국인들은 살아오면서 개인과 집단의 이익을 일치시켜본 경험이 일천하고, 그런 집단에 소속되어 사랑과 배려를 받아본 경험도 거의 없다. 그러니 사회나 공동체가 개인보다 더 중요하다는 말을 정서적으로 받아들일 수가 없는 것이다.

자본주의 체제는 기본적으로 개인주의에 기초해 굴러가는 사회다. 그런데 이 개인주의의 양상은 국가마다 다르다. 한국·미국 등 신자유주의적 자본주의 사회에서는 극단적인 개인주의가 기승을 부리지만, 북유럽 등지의 사회주의적 자본주의 사회에서는 개인주의와 집단주의가 혼재되어 있다. 자본주의를 옹호하는 몇몇 이론가들은 개인주의가 인간본성의 발현이라고 주장한다. 이 주제[1]를 자세히 다루는 것은 이 책의 범위를 넘어서는 일이기에, 여기서는 개인주의가 인간본성이 아니라 국가의 부재, 구체적으로는 사회안전망의 부재에서 비롯된다는 것만 지적하고 넘어가겠다.

고독과 개인주의

미국인이나 한국인 대부분은 사회안전망 확충을 위해 세금을 더 걷자고 하면 강하게 반발한다. '나는 국가로부터 도움받은 것이 없다. 따라서 내 세금으로 남을 돕기 싫다!'는 심리가 잠복해 있기 때문이다. 자신과 가족의 생존을 온전히 스스로 책임져야 하는 사회에서 개인들은 자기 앞가림조차 힘들다. 이런 조건에서 남을 돕는다는 것은 곧 나의 굶주림이므로, 사람들이 개인주의나 이기주의로 흐르는 것은 당연하다고 할 수 있다.

2011년《CNN》에서 주최한 미국 공화당 대통령후보자 토론회에 참여한 의사 겸 하원의원 론 폴Ron Paul은 다음과 같은 질문을 받았다. "만약 좋은 직장을 가진 건강한 서른 살 성인이 의료보험에 가입하지 않기로 선택했는데, 갑자기 혼수상태에 빠져 6개월간 집중치료를 받아야 할 상황이라면 누가 치료비를 대야 하는가?" 이에 "그게 바로 자유라는 겁니다"라고 운을 떼고는 "스스로 위험을 감수하는 것이죠"라고 말했다. 사회자는 다시 "사회가 정말 그 사람을 죽게 내버려둬야 합니까?"라고 물었다. 그러자 방청석의 청중들이 아주 열정적으로 "네!"라고 외쳤다.[2] 자신들이 얼마나 끔찍한 짓을 하고 있는지 모르는 게 분명한 이 청중들은, 아마도 죽고 사는 것은 다 개인의 문제이고 개인의 책임이므로 누군가를 살리는 데 내 세금을 쓸 수 없다고 생각했기에 "죽게 내버려두라"고 외쳤을 것이다. 하지만 같은 질문에 북유럽인들이라면 "당연히 사회가 그를 살려내야 한다"고 대답할 것이다. 잘 알려진 대로 북유럽은 세율이 아주 높다. 고소득자라면 소득의 40% 정도를 세금으로 내기도 한다. 그들에게 "세금을 그렇게 많이 내는데 억울하지 않냐?"고 물어보면, 대부분 "나는 국가와 사회로부터 많은 것을 지원받으면서 이 자리까지 왔다. 이제 내가 돌려줄 차례다"라고 답한다. 북유럽인들은 공동체 구성원이 길거리에 나앉는 일은 없어야 한다는 신념을 공유하며, 이를 위해 세금을 쓰는 것에 대해서도 찬성한다.

〈볼링 포 콜럼바인〉이라는 영화에는 다음과 같은 장면이 나온다. 감독인 마이클 무어가 미국 청소년들에게 정부가 사회적 약자를 돕는 것을 어떻게 생각하느냐고 묻자, 그들은 반대한다고 대답했다. 반면 캐나다에서 만난 한 무리의 청소년들—가죽옷 차림에 타투와 피어싱을 한, 한눈에도 불량스러워 보이는 아이들이었다—에게 똑같은 질문을 던지자, 그들은 당연히 도와야 한다고 대답했다. 왜 북유럽과 캐나다 사람들은 세금으로 이웃을 돕는 것에 긍정할까. 그것은 무엇보다 그들이 국가로부터 많은 혜택과 지원을 받으면서 살고 있어서다.(캐나다도 북유럽처럼 사회안전망이 비교적 잘 갖춰져 있다.) 이런 대비는 개인주의가 인간 본성이 아니라 공동체가 구성원을 전혀 돌보지 않는, 그래서 개인이 모든 걸 책임져야만 하는 후진적이고 반문명적인 자본주의 사회가 강요한 비정상적인 심리라는 것을 잘 보여준다.

내 인생에 대해서 누구도 이래라 저래라 하지 않으며 어떠한 간섭도 없는 개인주의가 좋다고 말하는 이들도 있다. 그러나 이 말은 역으로, 나에게 그리고 내 인생에 그 누구도 관심이 없으며, 내가 고통을 받거나 위험에 빠지더라도 아무도 돕지 않는다는 것을 의미한다. 개인주의가 극성을 부리는 사회에서 고독은 필연이다. 고독은 우울증과 자살로 이어진다. 단군 이래 가장 고독한 오늘날의 한국인들은 우울하다. OECD 통계에서 한국은 무려 14년 연속으로 자살률 1위를 기록한 바 있다. 또한 몇 년 전만 해도 노인들의 전유물이었던 고독사는 이제 전 연령을 대상으로 한 사회문제로 대두하고 있다.

지금까지의 논의를 통해, 북유럽인이 미국인보다 개인주의 성향이 덜한 반면 집단주의 성향은 더 강하다는 것, 여기에는 국가의 역할이 가장 큰 변수로 작용한다는 것을 확인할 수 있다. 그렇다면 국가의 역할이 더 큰 북쪽 사람들의 집단주의는 북유럽보다 훨씬 강할 것이라고 추측할 수 있다. 사실이다. 뒤에서 다시 이야기하겠지만, 북은 세계 최고의 집단주의 사회다. 북에서 '고독한 사람'은 거의 없다고 말할 수 있다. "북에서는 외로울 새가 없어요"[3]라는 한 탈북자의 말처럼, 어쩌면 북쪽 사람들은 고독할 틈이 없다는 표현이 더 정확할지도 모르겠다. 북에서는 아동기부터 조직에 소속되어 죽는 순간까지 조직 생활을 한다. 혼자서 살아가는 일은 없다는 것이다. 직장에서 은퇴한 노인들조차 외로울 새가 없다. 대부분 자식들과 살거나 양로원에서 다른 노인들과 함께하기 때문이다. 북에서는 노인들도 인민반(과거 한국의 반상회를 떠올리면 될 것이다)이라는 기초 조직에 소속되어 있다. 게다가 경로 문화가 건재하기에 노인들의 생활을 돌봐주는 조직이 있는데, 바로 조선여성동맹(여맹)이다. 다음은 여맹원이 하는 일에 대한 설명이다.

> 여맹원의 기본임무가 뭐냐 하면 우리 아파트에 계시는 어르신들 돌보는 일입니다. 몇 층 몇 호에 누가 살고 어디에 다니고 싹 다 알아요. 한 아파트가 몽땅 한 가족이니까. 오늘 어르신들 모시고 어디에 간다, 음식을 뭘 먹는다, 영화를 본다. 이런 것들을 여맹에서 조직하는 거

죠. 혼자 고립되어 있는 노인은 있을 수 없어요.[4]

개인주의와 집단주의

사회주의는 자본주의와는 달리 집단주의에 기초하는 사회다. 따라서 북은 당연히 집단주의 사회다. 개성공단의 한 한국인은 "개인주의와 집단주의, 그걸 이해하는 데 5년이 걸렸다"면서 "그것을 이해하지 못하면 공단에서 버티지 못한다"고 말했다.[5] 북의 집단주의를 이해하지 못하면 남과 북의 차이는 물론이고 북을 제대로 인식할 수 없다는 것이다.

개인주의를 찬양하는 교육과 선전 속에서 살아온 한국인들은 집단주의라는 말에 강한 거부감부터 드러낸다. 그런데 이런 거부감은 대개 집단주의를 전체주의와 혼동하는 데서 비롯한다. 자본주의 사회의 지배층과 지식인들은 집단주의와 전체주의를 교묘하게 동일시함으로써 집단주의의 본질을 왜곡하고 사회주의를 깎아내린다. 집단주의와 전체주의를 구분하기 위해서는 먼저 집단주의와 개인주의의 개념부터 정확히 이해할 필요가 있다.

사람은 누구나 크고 작은 사회, 즉 집단 속에서 살아간다. 집단을 떠나서 혹은 집단과 분리되어 홀로 살아가는 사람은 없다. 사람은 성장하면서 자연스럽게 나(개인)와 집단 사이의 관계를 인식하게 되는데, 그 결과에 따라 개인주의 혹은 집단주의 성향을 갖게 된다. '개인이 집단보다 더 중요하다', 따라서 '개인의 이익이 집단의 이익에 우선한다'고 이해하는 사람은 개인주의를 신념화한다. 반면 '개인보다 집단이 중요하다', 따라서 '집단의 이익이 개인의 이익에 우선한다'고 이해하는 사람은 집단주의를 신념화한다.

재차 강조하지만, 인간은 사회적 존재다. 정상적인 사회에서 살아가는 대부분은 나보다는 가족, 나보다는 사회나 국가, 나보다는 인류가 더 중요하다고 믿는다. 그렇기 때문에 인류는 집단주의자를 존경해온 반면 개인주의자를 경멸해왔다. 동서고금의 전쟁터에서 전우와 부대를 위해 희생한 군인은 영웅으로 추앙받지만, 혼자만 살겠다고 도망친 군인은 경멸의 대상이다. 이순신이나 안중근은 개인의 부귀가 아니라 집단을 위해 생명까지 바친 전형적인 집단주의자였고, 그에 걸맞은 존경을 받고 있다. 이렇게 한국인들, 나아가 인류는 집단주의자를 높이 평가하며 존경해온 반면 개인의 영달을 위해 공동체를 등지는 개인주의자는 경멸해왔다.

사실 노골적으로 개인주의를 찬양하는 오늘날의 자본주의 사회 사람들도 집단주의자를 좋아하고 개인주의자를 싫어한다. 개인주의 냄새를 강하게 풍기는 할리우드 영화에서조차, 공동체가 위기나 재난에 처했을 때 혼자만 살려고 발버둥 치는 인물은 추하게 묘사하고 자기를 바쳐 타인을 구하는 인물은 숭고하게 그려내고 있지 않은가. 이와 관련해 파르타넨은 개인적으로는 집단주의를 꿈꾸면서도 사회적 차원에서는 이를 폄훼하는 미국인들의 기이한 자기모순, 자기분열을 다음과 같이 꼬집는다.

> 미국인들은 (…) 사심 없는 영웅들과 자선행위에 각별한 애정을 갖고 있다. 타인의 생존과 안녕과 행복을 우선하는 행위를 고귀하게 여기는 것이다. (…) 하지만 사회경제적 시책을 놓고서는 인간 정신에 관한 그들의 믿음이 송두리째 사라지는 것 같다.[6]

집단주의와 개인주의의 차이는 축구에 비유해볼 수 있다. 개인주의에 기초하는 팀은 개인 성적을 우선할 것이다. 공격수는 상대방 골문 근처 더 좋은 공간에 동료가 달려오고 있는 것을 알면서도 자신이 슛을 때려버린다. 당연히 이런 팀은 형편없는 약체가 될 것이다. 반면에 집단주의에 기초하는 팀의 선수들은 집단의 성적이 우선이다. 같은 상황에서 이 팀의 공격수는 동료에게 지체 없이 패스한다. 당연히 이 팀은 강력한 우승후보가 될 것이다. 이 간단한 비유는 공동체는 개인주의가 아니라 집단주의에 기초해야만 제대로 굴러갈 수 있고 지속가능하다는 것을 보여준다.

그렇다면 전체주의는 무엇이고 그것은 집단주의와 어떻게 다를까? 계속해서 축구에 비유하자면, 전체주의는 팀의 최전방 공격수가 '자신이 곧 팀'이라고 주장하면서 모든 선수들이 자기한테 패스를 하라고 강요하는 것이다. "군국주의나 파시즘은 어떤 특정한 개인이나 집단의 이익에 전체 집단을 강권적으로 동원해내는 개인이기주의 사회의 전형"[7]이라는 지적처럼, 특정 개인과 집단을 전체 혹은 국가라고 우겨대면서 사회구성원 전반을 지배·착취하는 것이 전체주의다. 독일의 히틀러 일당은 국민의 이익을 대변하는 정치집단이 아니었다. 그들은 독일의 지배층, 특히 독점자본가계급의 이익을 대변했다. 일본의 군국주의 일당 역시 마찬가지다. 그렇다고 국민들에게 '나를 위해 희생하라' '독점자본가를 위해 희생하라'고 솔직하게 말할 수는 없기에 '국가를 위해 희생하라'고 거짓말을 한 것이다. 이것은 전체주의가 집단주의와는 아무 인연이 없으며 본질상 개인주의에 포함된다는 것을 의미한다.

북에 가면 '하나는 전체를 위하여, 전체는 하나를 위하여'라는 표어를 흔히 볼 수 있다. 그런데 이는 북에서만 보이는 풍경이 아니다. 북유럽 등지의 협동조합에서도 거의 예외 없이 이런 구호를 발견할 수 있다. 협동조합이야말로 집단주의 조직의 원형이기 때문이다. 조합원들은 출자금의 크기와 상관없이 평등한 권리를 행사하고, 수익은 원칙에 따라 균등하게 분배한다. 조합원들은 협동조합을 위해 헌신적으로 일한다. 협동조합이 잘되면 나도 잘된다는 것을 잘 알고 있기 때문이다. 이처럼 '하나는 전체를 위하여, 전체는 하나를 위하여'라는 구호는 사람들에게 강제할 수 있는 게 아니다. 협동조합처럼 집단-개인의 이익이 일치하는 경우에만 자발적으로 받아들여 신념화하는 것이다.

사회와 공동체에 집단주의가 더 이롭고 인간본성에도 부합하는 것이라면, 왜 한국을 비롯한 세계의 여러 나라들은 집단주의 원리에 따라 국가를 운영하지 않느냐는 물음을 가질 법하다. 이에 대한 답은 집단주의가 아닌 자본주의에서 찾아야 한다. 자본주의 사회가 집단주의를 온전히 받아들이는 것이 근본적으로 불가능하기 때문이다. 즉 집단주의는 개인-집단 이익의 일치를 전제하는데, 계급갈등뿐만 아니라 크고 작은 집단 간 이해 충돌이 난무하는 자본주의 사회에 집단주의 원리를 적용하는 게 불가능하다는 말이다. 이 때문에 자본주의 사회에서 집단주의는 가족·마을공동체·협동조합과 같은 소규모 기층 단위에서만 존재하며 기능할 수 있고, 이따금 민중혁명—광주민주화운동, 6월 민주항쟁, 2016년 촛불집회 같은—시기에 일시적으로 전면화했다가 곧 사라지곤 한다. 따라서 북이 집단주의 원리를 일개 협동조합이 아니라 국가 차원에서 운용한다는 것은 전 사회, 즉 국가 자체가 개인-집단의 이익이 일치하는 사회(전 국가의 협동조합화)가 되었음을 의미한다.

어떤 축구팀이 우승 상금을 불평등·불공정하게 분배하면서 선수들에게 '하나는 전체를 위하여, 전체는 하나를 위하여'라고 말했다고 하자. 선수들은 기막혀 하면서 당장 다음 경기부터 개인 성적만을 우선할 것이다. 반면에 상금을 공정하게 분배하면서 집단주의 구호를 꺼낸다면 선수들도 고개를 끄덕이며 팀을 위해 더욱 분발하고 헌신하게 될 것이다. 지금까지의 논의는 집단주의 사회를 가능하게 만드는 전제 조건이 있음을 보여준다. 집단주의를 구현하려면, 집단 내 구성원들이 완전히 평등한 관계여야 한다. 즉 완전무결하게 단결·협력하는 집단주의적 사회관계의 전제는 완전한 평등이라는 것이다.[8] 한국인들이 집단주의에 강한 거부감을 보이는 것은 차별과 불평등이 한국 사회를 지배하기 때문이다. 사실 한국인들은 살아오면서 개인과 집단의 이익을 일치시켜본 경험이 일천하고, 그런 집단에 소속되어 사랑과 배려를 받아본 경험도 거의 없다. 그러니 사회나 공동체가 개인보다 더 중요하다는 말을 정서적으로 받아들일 수가 없는 것이다.

사회주의 국가인 북은 평등한 사회이자 화목한 사회다. 북쪽 사람들은 국가로부터 차별대우를 받지도 않았고, 전체의 수익을 공정하고 평등하게 분배받으면서 살아왔다. 혹은 적어도 그렇게 믿으면서 살아왔다. 부모가 자식들을 차별 없이 동등하게 대우하고, 가족의 수익을 구성원에게 공정하고 평등하게 분배하는 집안에서 자연히 개인보다 가족을 더 우선하게 되는 것처럼, 북쪽 사람들은 개인보다는 집단을 더 중시하는 심리를 갖게 되었다. 이것이 북의 집단주의의 요체다. 자국을 가리켜 '사회주의 대가정'[9]이라고 부를 정도로 북쪽 사람들의 내면에는 '우리는 가족'이라는 집단주의적 신념이 강하게 자리 잡고 있다. 이것은 국가 차원으로 확대된 집단주의적 운영 원리의 자연스러운 귀결이라고 할 수 있다.

북이 고도의 집단주의 사회임을 상징하는 것 중 하나는 기네스북에 등재되었다는, 10만 명이 동원된 세계 최대·최고의 대집체극 '아리랑'[10]이다. 한국인들은 아리랑과 같은 북의 집단주의 예술에 감탄하면서도 "얼마나 맞아가면서 연습했기에 저렇게 일사불란할까?"라며 혀를 차기도 한다. 언젠가 러시아의 볼쇼이 발레단이나 마린스키 발레단의 군무를 입이 마르도록 칭찬하는 미국 언론의 기사들을 본 적이 있다. 무대 위의 수많은 무용수들이 한 사람인 양 똑같은 몸짓을 보이는 것에 대한 경탄이었다. 그 기사들에서 '러시아의 무용수들이 얼마나 학대당하는지 알 만하다'는 따위의 말은 없었다. 하지만 미국 언론이 아리랑 공연에 대해서도 그렇게 칭찬으로 일관할는지는 모를 일이다. 아무튼 미국이나 유럽의 발레단은 러시아 발레단의 군무를 도저히 따라잡지 못하고 있다. 고도의 집단주의 예술은 집단주의적 자발성 없이는 불가능하기 때문이다. 아리랑 공연에 감명을 받은 아프리카 몇몇 나라들이 북의 집단예술을 수입-자국화하려다가 실패한 바 있다. 이 또한 학대나 훈련 부족이 아니라 집단을 위한 자발적인 헌신성이 뒷받침되지 않아서였다. 김진향 이사장은 한국인들이 북의 집단주의를 이해하기 어려운 까닭을 이렇게 말한다.

> "고도의 집단주의와 충성심은 온전히 자발적인 것들이다. 북한 체제와 구조를 제대로 이해한다면 그 모든 집단주의와 충성심, 자발성들의 근거와 배경이 충분히 눈에 들어오고 그 구조를 이해할 수 있다"와 같은 이야기들을 온전히 제대로, 아무런 오해 없이, 우리 국민들에게 거부감 없이 설명할 수 있을까?[11]

개인적 경쟁과 집단적 경쟁

한국은 지독한 경쟁 사회다. 정도를 넘어선 경쟁은 막심한 스트레스와 거대한 사회적 비용을 초래하는 요인이다. 그렇다면 북쪽엔 경쟁이 없을까? 물론 아니다. 경쟁 그 자체는 가치중립적인 것이며, 피할 수 있는 것도 아니기 때문이다. 사이좋은 형제나 친구 간에도 선의의 경쟁을 벌이듯, 북쪽 사람들도 당연히 경쟁을 한다. 그러나 북에서의 경쟁 양상은 두 가지 면에서 한국과는 큰 차이를 보인다.

첫째, 북의 경쟁은 집단적이다. 반면 1990년대 이후 한국에서 경쟁의 단위는 기본적으로 개인이다. 즉 한국이 개인적 경쟁 사회라면 북은 집단적 경쟁 사회다. 가령 북의 학생들도 좋은 성적을 받기 위해 열심히 노력한다. 특이한 점은 공부를 혼자가 아니라 친구들과 함께한다는 것인데, 학교에서 학생들을 4-5명씩 학습조로 묶어서 평가하기 때문이다. 따라서 아무리 수재여도 같은 조에 공부를 못 하는 이가 있으면 그 학습조는 좋은 성적을 받기 어렵다. 거기다 모든 학생은 뒤떨어지는 조원의 성적을 끌어올려야 할 의무를 진다. 이런 까닭에 학생들은 정규수업이 끝나는 6시경부터 집집마다 돌아가면서 같이 공부한다.[12] 직장의 경우에도 통상적으로 작업조가 있다. 직장인에게는 자신이 속한 작업조의 기술급수를 끌어올릴 의무가 있고, 급수가 높은 이가 낮은 쪽을 도와준다. 이렇듯 북에서는 집단 단위로 경쟁하기 때문에 각 집단 내에서 동료끼리 보살피고 도와주는 분위기가 정착돼 있다. 북에 머물면서 학생들에게 영어를 가르쳤던 수키 김은 이렇게 말한다.

> 단체의식(수키 김은 집단주의라는 개념을 사용하지 않는다-인용자)이 모든 것을 지배했다. 경쟁할 때조차 그들은 서로를 보살폈다. 대형 강의실에서 열린 전 신입생 대상 상식퀴즈 게임 도중 일부 학생들은 다른 학생들에게 정답을 소곤거렸다. 스펠링 맞추기 게임은 거의 불가능했는데, 한 학생이 단어가 막히면 학급 전체가 정확한 스펠링을 오물오

물 알려주었기 때문이었다.[13]

한편 북의 학교에는 '짝 제도'라는 것이 있다. 간호장교로 일하다가 탈북한 김지이 씨에 따르면 교사는 학업성취도가 떨어지는 학생을 최우등 학생과 짝지어 공부하게 하는데, 짝꿍끼리는 하교 후에도 숙제를 같이하는 등 친하게 지낸다.[14] 수키 김은 짝 제도에 대해 다음과 같이 묘사한다.

> 교내 양호실에서 나는 김용석이 정맥 주사용 수액을 꽂아놓은 리상우 옆에 앉아 영어 교과서를 펼쳐놓고 있는 것을 보았다. 학생들 간의 '짝' 제도는 대단히 엄격했다. 짝들은 모든 시간을 같이 보내는 것 같았다. (…) 한 학생이 발목을 삐어 잠깐 절뚝였지만 목발은 필요하지 않았는데도 언제나 어딜 가든 그의 짝이 곁에서 부축했다.[15]

쉽게 짐작하겠지만, 집단적 경쟁이나 짝 제도가 있는 조건에서는 왕따 현상이 발생할 수 없을 것이다. 나아가 이런 경쟁 풍토와 제도는 조직 분위기뿐만 아니라 구성원들 간 관계에 긍정적으로 작용할 것이다. 탈북자들은 곧잘 북에서의 화목했던 직장 분위기를 그리워하곤 하는데, 그런 분위기에는 조직 내 민주주의와 더불어 집단적 경쟁 문화도 한몫했을 법하다. 다음은 김련희 씨가 회고한 북의 직장 모습이다.

> 여기 와서 가장 그리운 게 가족 다음에 직장 사람들이에요. 직장에 대

> 한 애착이 엄청 강하거든요. (…) 내일 나가서 뭐 할까? (…) 엄청 즐거운 거예요. (…) 자기 취향들을 몽땅 공장에서 해결해요. 일 년에 서너 번씩 체육대회, 음악써클 공연 (…) 일 끝나고 한 시간씩 악기 연습하고, 노래 연습하고 (…) 공장 나가면 정말 재미있거든요. 일만 하는 게 아니라 악기 연습도 하고 별의별 걸 다 하니까.[16]

둘째, 경쟁의 동기나 목표가 다르다. 한국에서 개인의 이익이 경쟁을 추동하며, 동시에 경쟁의 목표가 된다. 부모들은 자식에게 "공부 열심히 해서 좋은 대학 가고, 좋은 직장에 취직해 돈 많이 벌라"고만 말하지 "번 돈을 사회를 위해 쓰라"고 하지는 않는다. 어떻게든 경쟁에서 이겨서 혼자만 잘먹고 잘살면 된다고 가르치는 것이다. 반면 북에서 경쟁의 동기나 목표는 집단이다. 북쪽 사람들은 자기 하나가 잘되는 것보다 자신이 속한 집단을 위해서, 나아가 국가 발전에 기여하기 위해서 경쟁한다. 경쟁의 동기나 목표를 집단의 이익에 두는 게 가능한 까닭은 공동체가 거둔 성과의 혜택이 나에게도 공정하게 돌아온다는 신뢰가 있어서다. 개성공단에서 근무했던 한 관리자는 북쪽 노동자들의 집단주의 심리를 이해하지 못하는 한국의 기업주들에게 다음과 같이 충고하기도 했다.

> 결론적으로 북측에서의 노동생산성은 개개인의 성향이나 노력이 아니라 집단주의적 목표에 의해 좌우됩니다. 북측 근로자 대다수는, 생산성을 올려봐야 의미도 없고 오히려 다른 사람에게 눈치가 보일 수

> 있습니다. 기업이 생산성을 올리려면 기업 내 북측 근로자들 전체의 성과로 돌아가게 하면 됩니다.[17]

개인주의적 경쟁은 사람들 사이의 관계를 악화시킨다. 집단주의적 경쟁은 관계를 더 좋은 쪽으로 이끈다. 한국에서의 경쟁 양상에 집단주의적 가치가 일부라도 자리 잡는다면 한국인들이 겪고 있는 스트레스와 사회적 비용은 크게 줄어들 것이다.

소련의 개인주의, 북의 집단주의

북쪽 사람들은 소학교 2학년부터 소년단에 가입함으로써 조직 생활을 시작한다. 이후 평생 조직에 소속된 삶을 살아간다. 타미야 다카마로는 북의 조직 생활을 다음과 같이 표현한다.

> 북한 사람들은 모두가 공화국의 인민인 동시에 어린이를 제외한 모든 사람이 당 또는 당이 지도하는 대중단체에 소속되어 있으며 그 단위로 정치생활을 합니다.[18]

조직 생활에서 가장 중요한 것은 정기적인 생활총화다. 각 조직이 정기적으로 진행하는 생활총화는 모든 조직원이 참여하는 일종의 전체회의로, 업무 논의뿐만 아니라 칭찬과 비판을 통해 서로를 교양하는 역할을 수행한다. 이 과정에서 정보가 유통되고, 개인과 조직이 유기적으로 연결되는 것이다. 개성공단의 한 기업체 직원은 생활총화가 조직 전체의 정보 유통 채널로 기능하는 것을 보고 깜짝 놀랐다면서 다음과 같이 말하고 있다.

> 북측 사람들은 회사에서 일어난 모든 일을 아침저녁으로 '총화'를 합니다. 총화란 그날 일들에 대해서 이야기하고 평가하는 것을 말합니다. (…) 한번은 총국에 오랜만에 갔더니 "법인장 선생! ○○도 가고 ○○도 가면서 총국에는 왜 자주 안 옵니까?"라고 하는데 정말 놀랐어요. 회사 사정을 훤히 알고 있다는 거거든요.[19]

생활총화는 조직 내 민주주의 실현의 수단일 뿐만 아니라 조직원들의 생각과 시야를 넓히는 역할을 한다. 개인을 조직-국가와 연결함으로써 개인이 자기 세계에만 갇혀 사는 문제를 방지한다는 것이다.

북의 조직 생활에서 중요한 것은 또한 학습이다. 사람들은 생활총화 시간에 신문 사설과 주요 기사들을 같이 읽고, 토요일마다 사상이론과 정세연구 학습을 진행한다. 그리고 상반기 학습총화, 연간 학습총화와 전국적인 문답식학습경연 등을 개최해 학습 정도를 평가한다.[20] 북이 학습을 중시하는 것은 사회주의 사회는 사상의 힘, 즉 사상으로 무장한 민중의 힘에 의해 발전한다고 믿기 때문이다.

치열한 경쟁으로 굴러가는 자본주의 사회에서는 특별히 강조하지 않아도 개인들이 알아서 성공에 필요한 학습을 진행한다. 그러나 경쟁에서 낙오할 걱정이 없는 사회주의 사회에서는 그렇지 않다. 물론 집단의 발전을 위해서 모두가 자발적으로 열심히 학습하면 좋겠지만, 현실적으로 국가가 학습을 독려해야 하며, 그런 뒷받침이 없을 경우 사회가 정체하기 쉽다. 대충대충 살아도 생존이 위협받는 일은 없기에, 사람들이 학습은 물론이고 일에도 해이해질 수 있는 것이다. 이런 이유로 북은 건국 초기부터 사상혁명과 인간개조에 역점을 뒀고, 이를 위해 학습의 습관화를 독려해왔다.

반면 이런 측면을 등한시했던 소련 및 동구권 사회주의 국가들은 생산성 침체에 빠졌다. 이들 국가가 타개책으로 내놓은 물질적 자극(인센티브)은 오히려 개인주의를 부추기고 확산시키는 역효과를 가져왔고, 더 나아가 동구 사회주의 진영이 몰락한 원인으로 작용했다. 소련 지배층은 사회주의 제도는 이미 확립되어 있으니 생산력만 발전시키면 된다고 믿었다. 나아가 그들은 '한 사람만 배부른 자본주의'와 '모두가 배부른 사회주의'를 외치면서 사회주의의 목표를 물질적 풍요와 동일시했다. 에리히 프롬은 이런 움직임에 대해 사회주의의 본령을 모든 사람을 돼지로 만드는 것으로 착각하고 있다며 비판했고, 사상혁명을 등한시하는 소련식 사회주의의 몰락을 예언했다.[21]

이와 달리 현재진행형 사회주의 국가인 북은 학습의 생활화를 통해 개인 이기주의를 배격하고 집단주의를 고취해야만 체제가 유지되고 발전한다고 믿고 있다. 김진향 이사장은 다음과 같이 말한다.

> 북측 체제는 이러한 고도의 집단주의 체제를 구현하는 가장 핵심적

> 기제와 동인으로 전체 인민에 대한 일상적이고 반복적인 사상학습을 의무화했다. 즉 사상학습을 일상생활의 사회규범적 가치로 보편화함으로써 그것이 통제와 강제가 아닌 자발성과 자율성에 근거하여 일상적으로 작동할 수 있도록 구조화한 것이다.[22]

이런 까닭에 북쪽 사람들은 학습을 대단히 중요시하며 자발적인 편이다. 한국인들은 이 점을 이해하기 힘들 수 있는데, 이 때문에 개성공단에서는 다음과 같은 해프닝도 있었다고 한다.

> 그런데 그들이 '일'보다 더 중요하게 여기는 것이 있습니다. 아침마다 갖는 '독보회' 시간입니다. 독보회는 신문을 비롯한 교양자료를 전체가 함께 모여 읽으면서 국가 정책과 시사문제 등을 이해하기 쉽도록 해설해주는 모임이에요. 언젠가 급히 작업을 해야 하는데 그날도 아침 독보회를 하고 있어서 "지금 이게 중요한 것이 아니고 일이 중요하지 않은가?"라고 큰소리를 쳤더니 오히려 저에게 면박을 주더군요. "지금 당의 지령을 받고 있는데 몰상식하게 무슨 말씀을 하는 거냐?" 고.[23]

북쪽 사람들의 정치의식은 대단히 높다. 학습의 생활화 효과 덕분일 것이다. 즉 북쪽 사람들은 남쪽 사람들에 비해 다방면적인 지식은 부족할지 몰라도 남녀노소·계급계층을 불문하고 정치의식만큼은 세계 최고 수준이라는 것이다. 한국에서 대학까지 졸업한 한 기술자는 북의 식당에서 근무하는 봉사원에게 "이렇게 사소한 '가위바위보' 놀이도 부르는 명칭이 달라 서로 이해하기가 어려운데, 통일이 되면 어려움이 더 많아 힘들지 않겠어요?"라고 물었다. 그러자 봉사원은 간단하면서도 시원하게 대답했다. "서로가 배우면 되지 않습니까?" 기술자가 다시 "어릴 때부터 몸에 밴 생각과 습관을 고치려면 또 오랜 시간이 필요하잖아요. 아무래도 통일은 힘들 것 같은데요"라고 말했고, 봉사원은 즉각 "그래서 양쪽 국가체제는 그대로 두고 나라만 하나로 통일하면 되는 것이지요"라며 반론을 제기했다.[24] 북의 봉사원이 언급한 것은 북의 공식적인 통일방안인 연방제 통일안이다. 통일방안에 관해서는 무지했던 한국 기술자는 당황해서 더 이상 논쟁을 이어갈 수 없었다.

> 사실 구체적인 통일방안에 대해서는 나 자신이 잘 모르고 있던 터라, 식당 봉사원에 불과한 그녀의 통일논리에 새삼 놀라면서, 더 이상은 논쟁으로 번지지 않도록 대화를 다른 방향으로 돌렸다.[25]

한국인들은 정부의 공식 통일안이 무엇인지 잘 모른다. 반면에 북쪽 사람들은 정부의 공식 통일안을 잘 알고 있고, 당의 정책이나 국가적 목표에 대한 이해도 높다. 이런 성향은 사회 전체적으로 집단주의를 고취하는 데 큰 도움이 될 것이다. 예컨대 북의 노동자들은 국가적 목표가 무엇이며, 자기가 소속된 공장이 그중 어느 정도 몫을 담당하는지 잘 알고 있으며, 본인이 그 목표 달성에 기여한다는 데 긍지와 자부심을 느낀다. 다른 분야에서 일하는 사람들도 마찬가지다. 이것은 학습이 북쪽의 개개인들을 전체 조직, 나아가 국가와 연결함으로써 집단주의를 고양하는 데 중요한 역할을 담당하고 있음을 보여준다.

한국인들은 북쪽 사람들이 편파적인 내용만 학습하며, 따라서 세뇌가 아니냐고 물을지도 모른다. 그러나 북의 학습을 세뇌라고 부른다면, 한국인들도 세뇌당한다고 말해야 옳다. 한국인 가운데 정규교육 과정에서 마르크스-레닌주의를 배운 사람이 있는가? 자본주의 사회의 교육·미디어·문화는 지배층(독점자본가 계급)이 장악하고 있다. 사람들은 이들이 허락한 것들만 눈으로 볼 수 있고, 귀로 들을 수 있다. 즉 자본주의 사회에서도 자본주의 체제의 유지와 발전에 도움이 되는 학습만이 허용된다는 것이다. 세뇌인가 아닌가는 학습의 내용에 달린 게 아니다. 이를 결정하는 것은 공포다. 거칠게 말해 국가가 하는 말을 곧이곧대로 믿지 않을 때 탄압하는 사회라야 세뇌가 가능하다. 남쪽은 자본주의 체제를 옹호하는 교육만 하고, 북쪽은 사회주의 체제를 옹호하는 교육만 한다. 차이가 있다면, 북은 대놓고 사회주의 사상과 이론·정책을 선전하지만, 한국은 은근하고 교묘하게 자본주의 이데올로기를 선전한다는 것뿐이다. 그럼에도 일각에서는 사회주의 사회에서만 국민들을 세뇌한다고 강변한다. 프롬은 이를 날카롭게 비판했다.

> 사람들은 어릴 때부터 부모, 학교, 교회, 영화, 텔레비전, 신문 등으로부터 이 모든 이데올로기를 주입받았기 때문에, 그것을 스스로 고찰하고 관찰한 것처럼 생각해버린다. 이러한 과정이 우리와 적대되는 사회에서 행하여지면 그것을 '세뇌'라 부르며, 혹은 그처럼 격렬한 표

현을 쓰지 않더라도 '교화'라든지 '프로파간다'라고 부르는데, 우리의 것일 경우에는 '교육'이라든지 '보도'라고 말한다.[26]

관계와 신뢰의 선순환 효과

신자유주의적 자본주의 사회에서 살아가는 사람들은 타인, 나아가 세상을 좀처럼 신뢰하기 힘들다. 한국인들은 작은 물건도 그냥 사는 법이 없다. 상인—'용팔이' '폰팔이' 같은 속어에는 짙은 불신이 배어 있다—이나 쇼핑몰이 바가지를 씌우지 않는지 걱정하며 이리저리 최저가를 알아보는 것이다. 또 치과에서 임플란트를 해야 한다는 말을 들으면 얼른 치료하기보다 다른 치과를 찾아 다시 진단을 받곤 한다. 과잉진료를 의심하기 때문이다. 이 밖에도 먹거리가 안전한지, 가습기를 써도 괜찮은지, 정부 발표를 그대로 받아들여도 될지, 항상 걱정하고 의심한다.

사람들이 서로를 속이고 괴롭히게끔 만드는 최대 원인은 돈(이윤)이다. 물건 값을 속이고, 과잉진료를 하고, 불량품을 만들고, 몰래 공해물질을 배출하고, 심지어 아이를 유괴하는 것은 모두 그놈의 돈 때문이다. 돈을 조금이라도 더 벌려면 타인들을 속이거나 등쳐먹어야 하며, 소수가 다수를 억압하고 착취해야 하기 때문에 불신을 조장하는 사건·사고들이 끊임없이, 필연적으로 발생하는 것이다. 이런 의심과 불신은 자본주의 사회, 그 가운데서도 신자유주의적 자본주의 사회에서 특히 심하다. 무상의료제도 속에서 살아가는 북유럽인들은 적어도 의사가 윤리보다 이윤을 우선할 것이라는 걱정은 없는 편인 데 반해, 미국인들은 믿을 만한 의사를 찾느라 필사적이다.[27] 북은 기본적으로 사람을 신뢰하는 사회인데, 이는 돈에 대한 욕망에서 자유롭기 때문이다. 사람들이 서로를 신뢰하는 사회에서는 사면팔방으로 막힘없이 정이 흐르기 마련이다. 타미야 다카마로는 북에는 인간적인 따스함이 있지만 자본주의 사회는 그렇지 않다는 말을 남긴 바 있다.

> 사회주의 사람들이 자본주의에 대해 가장 이해하기 어려운 점은 자본주의가 지나치게 살벌하고 인간적인 따스함이 없다는 점일 것입니다. 살인이 일상적으로 일어나고 혼자 사는 노인이 죽어도 몇 개월이나 방치되어 있는가 하면 유산을 둘러싸고 형제들끼리 싸움박질을 하는 등 사회주의 사람들로서는 있을 수 없는 일이 자본주의 사회에서는 매일 도처에서 벌어집니다.[28]

북에서는 여성이 어두운 밤길을 혼자 걸어갈 때도 두려움을 느낄 필요가 없고, 누군가가 자신을 속일까 촉각을 곤두세울 필요도 없다. 탈북자들은 대부분 북이 정이 흐르는 사회라면 한국은 냉정한 사회라고 입을 모은다.

> 북은 한마디로 사람이 사는 나라에요. 인간의 정이 흐르는 세상, 온 나라가 하나의 대가정을 이룬 대가족이에요. 여기 와서 제일 그리운

게 인간의 정이 제일 그리워요. (…) 탈북자들이 항상 말하는 게 북은 그래도 힘들었어도 사람의 정이 느껴졌다. 여기는 사람의 정이 너무 메마르고 차다. 이렇게 말을 해요. 북은 딴 거 없어요. 그냥 사람이 사는 세상?[29]

북이 인간을 신뢰할 수 있는 사회, 사람들 사이에 정이 흐르는 사회라는 것은 북쪽 사람들이 타인을 대하는 태도를 보더라도 알 수 있다. 북에서는 자동차나 기차를 타고 가다가 길가의 사람들에게 손을 흔들면, 이쪽이 누구인지 몰라도 손을 흔들어 화답해주곤 한다.[30] 이쪽에서 기척을 보이지 않는데 먼저 손을 흔드는 경우도 많다. 의사 오인동 씨는 북쪽 사람들을 여러 차례 접하고 나서 "잠깐 만나더라도 거리낌 없이 다가온 따뜻한 정에 새삼 놀랐다"[31]고 말한 바 있다. 유원지 등에서도 외부인을 보면 스스럼없이 음식과 술을 권하며, 함께 노래하고 춤추자면서 손을 잡아끌기도 한다. 모란봉 공원을 지나던 재미교포 일행이 고기와 술을 즐기는 북쪽 사람들을 쳐다보자 그들은 자기네 쪽으로 오라며 손짓을 했다. 안내원이 그들에게 "이분들은 미국에서 관광오신 재미동포들입네다"라고 소개하자, 말이 끝나기 무섭게 그들 중 한 명이 영어로 "유 프롬 아메리카? 아이 노우 잉그리쉬"라고 농을 했고, 주위 사람들은 배꼽을 잡고 웃었다.[32] 외부인을 대하는 이런 태도는 인심 좋았던 한국의 옛 농촌 풍경을 연상시킨다. 이렇듯 북쪽 사람들은 타인에게 개방적이고 친절하다. 그것은 이들이 외부인을 경계하거나 불신하지 않고, 우호적이고 친근한 감정을 가지고 있음을 의미한다.

신뢰 사회는 개인들이 서로를 신뢰할뿐더러 궁극적으로는 공동체 구성원들이 국가를 신뢰하는 사회다. 한국인들의 불신 심리에도 국가에 대한 불신이 절대적인 영향을 미친다. 2014년 세월호 참사 당시 한국인들은 '국가는 어디 있느냐?'며 절규했는데, 이러한 국가 불신이야말로 박근혜 정권 탄핵의 출발점이었다고 할 수 있다. 한국인들이 '무전유죄, 유전무죄'를 진리로 받아들이는 것은, 정부를 비롯한 권력기관이 다수 국민이 아니라 지배층의 이익을 대변한다는 것을 일상적으로 체감하기 때문이다.

한국의 정부와 권력기관은 형식적으로나마 민중의 승인·지지 속에서 출발한 서구 자본주의 국가들의 경우와 달리, 미국을 등에 업은 친일파들을 주축으로 성립했다. 이 때문에 한국의 권력집단은 그 출발에서부터 국민 위에 군림하는 행태를 취했고, 그런 흔적은 지금도 진하게 남아 있다. "누구도 믿을 수 없는 저복지의 정글자본주의, 그리고 점령군처럼 행동하는 무책임한 권력조직들은 한국을 인간으로서 살아나가기 어려운 저신뢰 사회로 만든다"[33]는 말이 웅변하듯, 국가가 극소수 지배층만 대변하며 국민에 대한 책임을 방기한 채 각자가 알아서 생존하라는 태도를 고수하는 한, 한국은 신뢰사회가 될 수 없다. 박노자는 한국에서 "신뢰가 전무한 이유는?"이라는 질문을 하고 나서 다음과 같이 답하고 있다.

> 한국이라는 국가에 '책임'의 '책'자도 보이지 않기 때문이다. (…) 흙수저에 대한 국가의 공적 책임은 거의 제로에 가깝다.[34]

이렇듯 개인이 모든 것을 감당해야만 하는 사회, 생존조차 버거운 사회에서 살아가는 사람들의 마음속에는 국가가 있을 자리가 없다.

사람을 불신하는 사회, 국가를 불신하는 사회에서는 사랑도 정상적인 관계도 불가능하다. "인간은 결국 혼자다, 이웃을 생각한다는 말 따위는 위선에 지나지 않는다, 이런 사고방식이 사회적 윤리로 굳어진 곳에서는 사람을 믿을 수 없습니다. 사람을 믿을 수 없으면 사랑할 수도 없습니다"[35]는 말처럼, 못 믿는데 어떻게 서로를 사랑하고 타인과 건강한 관계를 맺을 수 있겠는가. 인간을 불신하는 심리가 특히 경쟁체제와 화학반응을 일으킬 때 타인혐오, 즉 인간혐오는 필연이다. 극단적인 개인주의에 기초하는 자본주의 사회에서 불신을 넘어선 인간혐오 심리가 팽배해지는 것은 이 때문이다.

사람을 믿을 수 없어서 사람을 사랑할 수 없는 사회, 나아가 사람이 사람을 혐오하는 사회에서 살아가는 이들은 절대로 행복할 수 없다. "의식주가 해결되고 나면, 인간에게 행복의 원천이란 대인·대사회 관계다. 그 관계가 원만하지 못하면, 1인당 소득이 10만 달러가 되어도 현재의 불행감은 그대로일 것이다"[36]라는 진단처럼, 인간의 행복을 결정하는 요인은 신뢰 관계이기 때문이다. 한때 유행했던 '내가 아직도 네 엄마로 보이니?'라는 괴담 시리즈는 신뢰가 깨질 때 인간이 얼마나 불안해질 수 있는지를 잘 보여준다. "이웃을 믿고 살 수 있다는 느낌이야말로 행복감이다"[37]라는 말처럼 나에게 신뢰할 만한 관계가 있다는 믿음, 나아가 타인을 신뢰할 수 있다는 믿음은 행복의 원천이다. 이런 점에서는 북쪽 사람들이 한국인들보다 물질적으로는 빈곤할지 몰라도 더 불행하지는 않을 것이라고 확실하게 말할 수 있다.

고난의 행군이라는 엄청난 재난을 극복해낸 원동력도 북이 신뢰사회라는 데서 찾을 수 있다. 한국과 서방 언론은 북쪽 사람들이 고난의 행군 시기에 배고픔을 견디지 못해 여성과 아이들의 음식을 빼앗아 먹고 심지어는 사람을 잡아먹기도 한다는 보도를 남발했다. 실제로 기아가 덮친 아프리카에서 유사한 일들이 벌어졌기 때문에 많은 이들은 그런 보도를 믿었다. 그러나 당시 북에서 구호활동 중이던 일군의 의사들이 기자회견을 자청해 "북은 문명국가"라고 선언하며 항의한 것에서도 알 수 있듯이, 이는 새빨간 거짓말이었다. 고난의 행군기에 북을 시찰했던 미 국무부의 한 당국자는 "기아에 대한 북조선식 대응의 배경에는 유교의 전통이 있다"고 보고하면서 "북에서는 부족한 식량을 먼저 노인과 아이들에게 나누어주는데, 이것이 최악의 사태를 방지하고 있다"[38] 고 평했다. 당시 북의 노인들은 자신에게 할당된 식량을 아이들에게 나눠줄 것을 요청하며 식사를 거부, 끝내 아사한 이들이 많았다. 다음 일화를 통해 알 수 있듯이, 군인들 역시 배급된 식량을 아이들에게 양보했다.

> 우리 부대 군인들에게 3끼 밥이 다 차례졌지만 군인들은 아침, 점심 식사를 먹고 저녁 때는 누가 시키지도 않았는데 자신에게 차례진 밥을 쥐기밥(주먹밥)을 만들어 부대 주변 어린이가 있는 집들에 가져다 주곤 하였다. 그러면 그 집 아주머니들이 다시 부대로 찾아와 제발 그러지 말라고, 우리보다 나라를 지키는 군인들이 먹어야 한다며 항의

> 하곤 하였다. 하지만 군인들은 그치지 않고 이번에는 그 집 문 앞에 몰래 놓고 도망가곤 하였다. 군인들이 하는 말이 우리 어른들은 얼마든지 참고 견딜 수 있지만 우리의 미래인 어린이들만은 절대로 굶어서는 안 된다는 것이었다.[39]

사람들 사이의 관계가 좋은 건강한 사회, 서로를 믿고 사랑하는 신뢰 사회는 고난을 이렇게 헤쳐나간다. '관계'와 '신뢰'의 선순환이 가져오는 효과는 상상 이상이다. 고난의 행군이 막바지였던 1997년에 북을 방문했던 언론인 시게무라는 북쪽 사람들이 위기에서 오히려 강해지는 것을 목격했다.

> 이 같은 엄중한 정황에도 불구하고 북조선 사회에는 96년 봄의 가장 힘들었던 시기를 극복하여서 그런지 자신감마저 엿보였다. 재차 비슷한 상황에 닥쳐도 견뎌낼 수 있다는 것이다.[40]

현 시점에서 한국을 물질적으로 풍요로운 사회라고는 할 수 있지만 지속가능한 사회라고 말하기는 어렵다. 반대로 북을 물질적으로 풍요로운 사회라고 보기는 어렵지만 지속가능한 사회라고는 말할 수 있을 것이다. 불신사회, 즉 인간을 사랑하지 못하는 사회에서 사람들은 철저하게 오늘을 위해서만 살아간다. 남이야 어떻게 되든 신경 쓰지 않고 자식도 낳으려고 하지 않는다. 미래를 낙관할 수 없기 때문이다. 오늘날 한국에서는 돈 벌기 어려운 기초과학자가 되려는 아이가 없다. 모두가 선망하는 직업인 의사조차 돈 되는 피부과나 성형외과로만 인재가 몰릴 뿐 외과는 기피 업종이 된 지 오래다.

이처럼 한국에서는 사회·국가·공동체·후대를 위해 살겠다는 사람들이 점점 사라지고, 그 자리를 자기 자신만을 위해 살겠다는 사람들이 채워가고 있다. 반면 북에서는 젊은이들 사이에서 기초과학 분야를 지망하는 것이 대유행이라고 한다. 과학기술로 경제성장을 이룩하자는 국가적 호소에 호응하기 위해서다. 이처럼 북쪽 사람들은 자기 자신이 아니라 국가와 사회를 위해 살려는 인생관을 갖고 있다. 다시 말해 그들은 오늘이 아닌 미래를 위해 살아간다. 북이 당장의 성과에 연연하지 않고 끈질기게 자립적 민족경제노선을 고수한 것은 그 방향이 미래를 밝게 해주리라고 굳게 믿었기 때문이다. 1970-1990년대를 북한에서 보낸 타미야 다카마로는 다음과 같이 말한 바 있다.

> 북한에서는 자립적 민족경제노선을 견지하여 투쟁하고 있는데 솔직히 말해서 이 노선을 견지한다는 것은 정말로 간단한 일이 아닙니다. 만일 북한의 인민들이 자신들의 생활만을 생각하여 외국에서 원조를 받고자 한다면 충분히 그렇게 할 수 있습니다. 그러나 무슨 이유로 그렇게 하지 않는 것일까요? 당장의 편한 생활을 위해서 나라가 돈을 빌리게 되면 조국과 후대의 장래가 어려워지기 때문입니다. (…) 자기만 혹은 자기들 세대의 일만을 생각한다면 고생을 무릅쓰면서 자립경제를 건설해나가지 못합니다.[41]

북이 자립경제 노선을 포기했다면 소련과 동구 사회주의 진영의 붕괴 이후, 미국이 주도하는 국제적 봉쇄와 제재를 견디지 못해 백이면 백 붕괴했을 것이다. 또한 연속적인 핵실험과 미사일 발사로 인한 유엔의 제재를 견디지 못해 주저앉았을 것이다. 그러나 북의 경제는 수십 년간 지속된 국제적 봉쇄와, 근래의 한층 강력해진 경제제재에도 불구하고 빠른 속도로 성장하고 있다. 아직까지도 한국과 서방세계는 북이 경제성장을 위해 사회주의를 부분적으로 포기하고 자본주의적 개혁개방을 하리라고 예상하지만, 북은 매해 신년사에서 자력갱생으로 경제를 발전시킬 것임을 분명하게 밝히고 있다.

지금까지 그래왔듯이 자립경제 노선과 자력갱생 원칙을 고수하는 것은 북의 미래를 밝게 해줄 것이다. 자립성이 강해질수록 외부에 덜 의존하게 되고, 외적 압력에 대한 저항력도 커짐으로써 북이 강조하는 자주성과 민족의 존엄을 계속 지켜나갈 수 있기 때문이다. 반면 대외 의존도가 심각한 수준인 한국은, 경제적 풍요로움에도 불구하고 이런 점에서는 북에 뒤떨어졌다고 볼 수 있다.

> 한국의 무역의존률은 일본보다 5배 높고 독일보다는 2배 높아 거의 100%에 이른다. 북한은 이미 수십년간 미국으로부터 각종 제재를 당하고도 일단 생존에 성공했지만, 한국은 며칠간 심각한 수준의 무역 차질을 겪게 되면 바로 아수라장이 될 것이다.[42]

자립경제 노선과 자력갱생 원칙은 자체적인 과학기술 발전과 인적 자본 강화로 귀결될 가능성이 높은데, 이는 북의 경제를 빠르게 발전시키는 동력으로 작용할 것이다. 파르타넨은 미국 같은 나라들보다 북유럽 나라들의 미래가 밝은 이유를 북유럽이 '인적 자본의 안녕을 보장할 수 있는 사회'라는 데서 찾는다.[43]

> 달리 말하자면, 노르딕 나라들은 사회가 21세기에 가질 수 있는 가장 소중한 한 가지 자원 즉, 인적 자본을 키워왔다. 역동성과 혁신성 그리고 번영이 뒤따르는 것은 당연한 결과다.[44]

북은 대규모의 과학기술 인재를 육성하고 전 국민의 지적 수준을 지속적으로 끌어올리는 등 인적 자본을 키우는 면에서 괄목할 성과를 보이고 있다. 여기에 더해 자립경제 노선의 일환으로 과학기술을 끊임없이 개발하고 발전시켜왔다. 얼마 전까지만 해도 미국은 북이 자력으로 핵무기와 대륙간탄도미사일ICBM을 개발하는 것은 절대로 불가능하다고 믿었다. 소련과 중국도 마찬가지다. 그러나 북은 핵무기와 ICBM 개발에 이어 인공위성까지 발사했다. 적어도 안보 분야에서 북은 일찍이 완전한 자주국방을 달성했으며, 21세기 들어서는 세계적 군사 대국의 반열에 올라섰다. 이는 무엇보다 북에 자체적인 과학기술과 우수한 인재들이 존재했기 때문이다. 2018년 국가핵무력 완성을 선언한 이후에 북은 군사 분야에 집중되어 있던 기업소와 인재들을 대대적으로 민수경제 분야로 전환배치했고, 그에 힘입어 경제가 빠르게 성장하고 있다. 사정이 이러하기 때문에 북쪽 사람들은 자신들의 미래, 국가의 미래를 크게 낙관하고 있다. 진천규 기자는 그런 자신감을 이렇게 기록한다.

> 평양에서 내가 놀란 것 중의 하나는 젊은이들의 정신력이 우리가 아는 것보다 훨씬 더 굳건하다는 것이다. 계속되어온 경제제재 상황에서도 자신들의 미래를 어둡게 전망하는 젊은이들은 없었다. 미국과 대등하게 협상해 한반도에 평화가 완벽히 보장되면 자신들은 더욱 풍족한 삶의 터전을 마련할 수 있다는 자신감을 드러내곤 했다.[45]

국가가 국민의 기초 생활과 의료·교육 등을 책임지는 것은 생존 문제 해결을 넘어서서 사회의 지속가능성을 담보하는 인적 자본 강화 효과가 있다. 사람을 채찍질하고 불안 속으로 떠밀어 일하게 만드는 사회와 마음을 편하게 해주고 성장을 지원해주는 사회 가운데 어느 쪽이 지속가능할까? 이는 현실에서 조만간 결론이 날 것이다.

일

돈벌이냐
소명이냐

자본주의 한국의 관점에서
북의 노동 강도는 분명 무르다고 할
수 있다. 반면에 사회주의
북의 관점으로 볼 때 한국의
노동강도는 가히 살인적이다.

한국인들은 일상생활에서도 과중한 스트레스를 받고 있다. 학생들은 공부 스트레스, 성인들은 노동 스트레스에 시달린다. 한국 학생들의 공부 스트레스는 세계 1위이고, 한국 성인들의 노동시간과 노동 강도 역시 OECD 회원국 중에서 최상위권이다.

졸업장의 값어치

한국인들의 공부 스트레스는 어려서부터 시작된다. 각종 교육을 강요받기 시작하는 연령이 점점 더 내려가는 추세로, 아이가 겨우 말을 뗄 무렵부터 사교육을 시작하는 경우도 비일비재하다. 초등학교 고학년, 늦어도 중학교부터는 본격적인 입시 스트레스에 시달린다. 공부 스트레스는 성적이 인생을 좌우하는 사회 구조와, 공부를 못했을 때 부모의 사랑을 잃을지 모른다는 두려움에서 온다. 즉 학생들이 성적을 비관해 자살까지 하는 것은 '내 인생은 이제 끝났어'와 '부모가 나를 사랑해주지 않을 거야'가 합쳐진 결과다. 한국에서는 대학 졸업장, 나아가 어떤 대학의 졸업장인지가 인생에 커다란 영향을 미친다. 무엇보다 소득수준을 크게 좌우하며 사회적 존중에도 적잖은 비중을 차지한다. 따라서 학생들은 좋은 대학에 진학해야만 한다는 압박에 시달리고, 기대만 못한 성적표를 받아들 때 엄청난 좌절과 두려움에 휩싸이게 되는데, 이것이 공부 스트레스의 핵심이다.

북쪽 학생들에게도 공부 스트레스가 있기는 하겠지만, 한국에 비하면 거의 없다고 해도 괜찮을 정도다. 북쪽 학생들이 공부 스트레스에 시달리지 않는 것은 무엇보다 대학 졸업이 인생을 좌우하지 않아서다. 탈북자 김지이 씨는 이렇게 말한다.

> 대학에 다니는 사람을 대단하다고 여기기는 하지만 모두가 꼭 대학에 가야 한다고 생각하지는 않습니다. 대학에 못 갔다고 해서 취업을 못 하거나 불평등한 대우와 무시를 받을 걱정도 없어요. 공동체가 부여한 자기 일을 하면 되니까요. (…) 모든 인민이 공동체 구성원으로서 똑같이 중요하다는 걸 학교에서 배웠어요. 가장 중요한 배움인 것 같아요.[1]

북에서는 대학 졸업장이 있다고 해서 월급을 특별히 많이 받지도, 사회적 존경을 받지도 않는다. 학생들 역시 시험을 좀 못 본다고 해서 '대학 떨어지면 좋은 직장을 못 가져' '내 인생은 망했어'와 같은 생각은

하지 않으며, 그러다 보니 남측보다는 공부 스트레스가 훨씬 적다.[2]

북에서는 또한 대학 진학이 입시로만 결정되지 않는다. 일반적으로 고등학교를 졸업하고 곧바로 대학에 입학하는 학생들—직통생이라고 부른다—은 10% 정도의 최우등생들뿐이다. 대학 입학자의 90%는 기업소·공장·협동농장 등 각종 기관에서 일하다가 혹은 군 생활을 하다가 온 사람들이다. 이들은 각각의 조직이 육성해야 할 유능한 인재로 점찍어 대학에 보낸 사람들이다.[3] 이렇게 학교 성적과 관계없이 대학에 들어가는 길이 열려 있기 때문에 북의 학생들은 그만큼 공부 스트레스를 덜 받는다.

한국 학생들 절대다수는 사교육을 따로 받는다. 그리고 이는 학생만이 아니라 교육비를 부담하는 부모에게도 막대한 스트레스 요인으로 작용하고 있다. 한국에서 공교육이 붕괴되고 사교육 세상이 도래한 것은 대학 진학이 그만큼 중요하기 때문인데, 북에서는 대학 진학에 목숨을 걸 필요가 없으므로 사교육이 존재하지 않는다. 북쪽 학생들은 아예 사교육이라는 말을 알지 못하거나 남쪽과는 아주 다른 의미로 받아들인다. 예컨대 "(북에) 사교육이 있나요?"라는 질문에 북의 청년들은 다소 엉뚱한 대답을 내놓는다.

> "만약 본인이 희망한다면 그 분야에 따라서 소조 활동을 하면서 지식을 습득할 수 있도록 되어 있습니다."
> "우리 대학에서는 우리 학부만 하더라도 전공 분야에 해당하는 교수 선생들 및 박사 교원 담당과 함께 교육활동을 합니다."

"제 경우에는 강의를 받고 오후에는 해당 강좌의 선생님을 만나서 오늘 선생님의 강의를 듣는데 이런 부분을 잘 모르겠다고 하면 개별적으로 다시 설명을 해줍니다."

"대학에서는 또 우리 교원 선생님들이 학생들을 몇 명씩 맡아서 개별 보충수업을 하고 그럽니다."[4]

여기서 확인할 수 있듯이, 북의 학생들은 사교육을 일대일 교육이나 개인 보충수업 등으로 이해한다. 사교육이 존재하지 않는다는 반증인 셈이다. 아이들은 학교와 소조 수업이 끝나고 나면 자연스럽게 친구들과 논다. 진천규 기자 역시 북쪽 아이들이 남쪽 아이들과 "다른 점이 있다면 (…) 수업이 끝나면 (…) 학원을 전전하지 않고 대개 친구들과 어울려 놀거나 함께 시간을 보낸다는 것"[5]이라고 말하고 있다.

한국 학생들은 대학 입학을 계기로 부모에게 심리적 부채를 지는 경우가 많다. 부모가 사교육비와 등록금을 대느라 고생한 것을 알기에, 설사 부모가 티를 내지 않더라도, 어쩔 수 없이 부채감을 떠안게 되는 것이다. 앞서도 언급했듯이, 부모가 자식을 위해 희생하고 자식이 부모에게 경제적으로 의존하는 것은 부모-자식을 지배-종속 관계나 의존관계 혹은 부채감이 얽힌 관계로 전락시킨다. 북은 이런 점에서 자유롭다. 북의 부모들은 자식의 교육비는 물론이고 대학 등록금도 걱정할 필요가 없다. 무상교육 덕분이다. 2018년 남북정상회담 기간에 대통령 부인 김정숙 여사가 평양음악종합대학을 견학하면서 최태영 총장에게 등록금이 얼마냐고 묻자 그는 "등록금이 무슨 말씀입니까?

저는 무슨 말인지 모르겠습니다"라고 대답했다. 이 문답은 남과 북의 교육환경 차이를 잘 드러내준다.

한국에서는 대학에 진학한다고 해서 고민이 끝나지 않는다. 대학생들은 재학 기간 내내 취업 고민, 즉 미래의 생존문제를 걱정하면서 가슴을 졸이는데 그 스트레스가 정말 만만찮다. 그러나 북의 대학생들은 적어도 취업 걱정은 할 필요가 없다. 이들은 졸업할 때 희망하는 직장 세 군데를 적어내는데, 대개 그중 한 곳으로 발령받는다.[6] 이에 대해선 홍콩 언론인 장쉰 또한 "북한 대학생은 일을 찾기 위해 고민하지 않는다. 졸업 뒤 정부가 업무를 배치해준다"[7]고 언급한 바 있다.

진로의 결정권자가 누구인가

한국인들을 괴롭히는 주요한 스트레스 요인 중 하나는 진로 선택과 관련이 있다. 흔히 한국에는 진로나 직업 선택의 자유가 있다고 말하지만, 실제로 원하는 진로나 직업을 선택하는 한국인들은 많지 않다. 통계청이 실시한 2017년 사회조사에 따르면 청소년들의 직업 선택 요인은 적성이나 흥미(39.7%), 수입(24.6%), 안정성(16.9%), 보람(7.9%) 등이다. 대학생의 경우에는 수입(32.9%)과 적성·흥미(28.7%)였고, 선호하는 직장은 공기업·국가기관·대기업의 순으로 나타났다.[8] 이 조사는 한국인들이 청소년 시기만 해도 적성·흥미·보람 등(합쳐서 약 49%)을 돈이나 생존(수입+안정성: 41%)보다 더 중시하지만, 나이가 들수록 수입을 더 중시하게 된다는 것을 보여준다.

한국인들 가운데 자신이 원하는 일을 하면서 살아가는 이는 극소수다. 대부분은 돈이 되니까 혹은 돈을 많이 벌려고 어떤 직업에 종사할 뿐이고, 일을 하는 목적 역시 돈을 벗어나지 못한다. 그러다 보니 한국인들의 직장 생활, 노동 생활은 전혀 즐겁지가 않다. 근무 내내 틈만 나면 시계를 쳐다볼 정도로 일을 지겨워하는 경우가 대부분이다. 현재 하는 일이 정말 하고 싶은 일이 아니고, 자신이 주인이 되어서 하는 일도 아니기 때문이다.

흔히 북에는 진로나 직업 선택의 자유가 없다는 말이 있는데, 정작 북쪽 사람들은 거기 동의하지 않는다. 그들은 자신의 능력과 희망에 기초해 자유롭게 진로나 직업을 선택할 수 있다고 주장한다. 능력과 희망은 밀접한 관계다. 일반적으로 사람들은 능력이 있는 분야를 희망한다. 북에서는 소학교 시절에 선생님들이 학생들의 재능을 파악해 소조활동에 참여시킨다. 음악에 소질이 있는 아이들은 음악소조에 보내고, 운동에 소질이 있다면 체육소조에 보내는 식이다. 음악에 자질이 있지만 미술을 배우고픈 경우도 있을 것이다. 이런 경우에도 본인이 완강히 요구하면 미술소조로 갈 수 있다. 하지만 대부분은 자기한테 재능이 있는 분야의 소조에서 활동하는 것이 더 재미있고 유리하기 때문에 선생님의 추천을 받아들인다. '농구 황제' 마이클 조던이 잠시 야구선수로 전업해서 화제가 된 적이 있다. 그는 농구를 하면서도 야구선수로 뛰고 싶은 소망을 품었고, 재능도 있다고 믿었기 때문에 기어이 야구선수가 되었다. 그러나 조던의 야구 성적은 형편없었기 때문에 결국 그는 다시 농구선수로 돌아왔다. 이 에피소드는 재능이 없거나 부족한 직종을 지망하는 것도 가능하지만, 현실적으로 좋은 결과를 낳기 어렵다는 것을 보여준다.

한국인들의 진로와 직업 선택의 자유를 제한하는 요인 중 하나는 부모다. 한국 부모들은 아이들의 진로와 직업, 나아가 인생에 난폭하게 개입한다. "저 가수 될래요" "소설가가 되고 싶어요"라고 말했다가 부모한테 "굶어 죽으려고 작정했냐?"는 핀잔을 들은 청소년들의 하소연을 흔히 접할 수 있는 곳이 한국이다. 부모들이 자식의 인생을 지배하려 하거나 자식의 인생에 개입하는 인권침해를 버젓이 자행하는 것은 무엇보다 불안하기 때문이다. 이는 미국 저널리스트 앨리나 터겐드 Alina Tugend의 진단처럼 신자유주의적 자본주의 사회의 공통된 심리이기도 하다. "부모들은 앞으로 자리가 충분하지 않을 거라며 점점 더 안절부절못하는 듯하다. 좋은 대학이나 대학원 또는 최고의 회사에 들어갈 자리가 부족하다는 것이다."[9]

장기 불황에 빠져든 신자유주의적 자본주의 사회에서 생존이 얼마나 힘든 것인지, 무시당하며 사는 것이 얼마나 고통스러운지를 잘 아는 부모들은 너무나 불안해서 아이들을 가만히 놔두지 못한다. 즉 한국 부모들은 자식이 대학에 못 갈까 봐, 취직을 못 할까 봐, 장차 무시당하면서 살까 봐 너무나 불안해서 자식의 인생에 난폭하게 개입할 수밖에 없다는 것이다. 반면에 "대학 전공을 선택할 때도 부모님과 별로 상의하지 않았다"[10]는 파르타넨의 말을 통해 알 수 있듯이, 북유럽 부모들은 자식의 인생에 거의 개입하지 않으며 자기 결정권을 최대한 존중한다. 북유럽 부모들이 특별히 마음씨가 착해서 그런 것은 아니다. 그들이 자식의 인생에 개입하지 않는 것은 불안하지 않아서, 특히 미래가 불안하지 않아서다.

북의 부모들도 자식을 두고 불안해할 일은 거의 없기 때문에 자식의 진로나 직업 선택에 거의 개입하지 않는다. 진로 결정을 누가 하느냐는 질문에, 김책공업종합대학교 학생 홍은아 씨는 "그런 문제는 다 자기가 결정하는 문제라고 생각합니다. 물론 부모님들과 선생님들의 의견을 참고해서 할 수는 있겠지만, 이상적으로는 자기가 결정하는 문제라고 생각합니다"라고 대답했다. 북쪽의 다른 청년들 또한 진로나 직업 선택은 자기가 결정하는 문제라고 여긴다.[11]

북에서 당사자인 학생 이외에 진로 결정에 영향력을 미치는 존재는 교사다. 이는 무엇보다 북의 튼튼한 공교육 체제와 관련이 있다. 한국이나 미국과는 달리 북에서는 교사가 굉장히 존경받는 직업인 데다가 본인들도 높은 자긍심을 가지고 있다. 선생님은 학생들에게 거의 엄마 같은 존재로 학생들은 부모보다 선생님을 더 따르고 존경한다고 한다.[12] 공교육이 건재한 북유럽 사회에서도 교사에 대한 학생이나 사회의 존경심은 높은 편인데, 파르타넨은 미국 영화에서 상류층 부모가 교사를 깔보는 장면이 나오는 것을 보고는 "핀란드 영화에서는 이런 장면을 찾기 어렵거니와, 교육 수준이 높은 가정에서 교사라는 직업을 내려다보는 것도 말이 되지 않는다"고 비판하기도 했다.[13]

북이나 북유럽에서 교사들이 높은 권위를 지니며 사회적 존경을 받는 까닭은 무엇일까. "생활비는 적게 받지만, 남측과 달리 사회적 존경과 예우가 가장 높은 직업"[14]이라는 말에서 알 수 있듯 북에서도 교사의 월급은 그다지 높은 편이 아니다. 마찬가지로 학사나 석사 학위를 가진 핀란드 내 다른 직종 종사자에 견줘 교사의 급여는 평균 수준이며, 법률가와 의사에 비해서는 상당히 낮다.[15] 이것은 교사의 권위가 월급이 많아서가 아니라 기본적으로 공교육 시스템에 대한 신뢰에서 비롯되는 것임을 보여준다. 북에서는 자식의 교육을 교사에게 전적으로 일임한다. 교육은 학교와 교사 소관이지 부모 소관이 아니라고 생각한다는 것이다. 따라서 김련희 씨의 다음 증언에서 알 수 있듯이, 북에서는 부모와 자식이 공부나 진로 등으로 갈등을 경험하는 일이 거의 없다.

> 학생과 교원 간의 갈등은 있을 수 있어도 학생과 부모 간의 갈등은 있을 수 없어요. 왜냐하면 부모는 자기 자식이 어떤 소조에 가서 무엇을 하는지 처음엔 잘 몰라요. (…) 우리들은, 부모의 의무는 애들을 그냥 사랑으로, 정성으로 상처 없이 이쁘게 키우는 것이 부모라고 말을 하거든요. (…) 애가 어떤 재능이 있으니까 너는 뭐가 되어라, 뭐를 해라 캐치할 권리가 없다고 생각을 해요. 할 수가 없으니까. 그건 학교에 무조건 맡겨야 해요.[16]

북에서는 초등학교 5학년 동안 담임교사가 바뀌지 않기 때문에[17] 사실 담임 이상으로 아이들을 잘 아는 사람은 없다고 할 수 있다. 따라서 학생과 부모는 대체로 담임교사의 조언을 신뢰하고 기꺼이 받아들인다. 선생이 어려서부터 학생들의 재능을 파악해 그것을 키우도록 배려하고, 자신의 재능에 기초해 진로를 선택하는 북의 교육 방식은 최소한 사회적 차원에서는 인재를 대단히 효율적으로 활용하는 시스템이라고 할 수 있다.

남북의 직업 만족도

오직 돈을 벌기 위해 일하는 한국인들의 직업 만족도는 매우 낮다. 심지어 고연봉에 사회적 존중도 최고 수준인 의사조차 만족을 느끼는 비율이 20%에 머문다. 북쪽 사람들도 모두 다 자신이 원했던 혹은 원하는 일을 할 수는 없을 테고, 그에 따른 좌절을 경험할 것이다. 하지만 그 좌절의 정도는 한국에 비해서는 크게 낮다고 할 수 있다. 의대를 지망했지만 시험성적이 좋지 않아서 포기했다는 김련희 씨는 이렇게 말한다.

> 그래도 의사가 하고 싶다? (…) 자기가 머리 나쁜 걸 알아야죠. 포기할 수밖에 없어요. (…) 의사가 인생의 전부는 아니에요. 또 의사가 된다고 해서 특출나게 달라지는 것도 아니고, 그냥 해보고 싶었던 것이지. (…) 인생의 무게가 달라지는 것은 자기 직업에 빨리 들어가서 급수를 높여서 위치를 찾는 게 기본이거든요. (…) 자기가 잘하는 분야에 가야 기술이 높아지는 거잖아요?[18]

요약하자면, 좀 슬프기는 하겠지만 나에게는 공부머리가 없다, 즉 공부에는 재능이 없음을 받아들이고 재능이 있는 분야에서 두각을 나타내는 것이 현명하다는 말이다. 마이클 조던처럼 야구에 재능이 없음을 빨리 인정하고 농구팀으로 돌아가는 것이 현명하지 않겠냐는 말이다. 북에서도 직업을 바꿀 자유는 있다. 예를 들어 식당 봉사원이 교사가 될 수 있는데, 물론 그러기 위해서는 해당 분야에서 일할 자격을 획득해야 한다. 직업 변경에 관한 질문에 북의 한 어린이종합식료공장 판매원은 다음과 같이 대답했다.

> 직업을 바꾼다 하면은 그 분야의 자격을 자기가 얻어야 하지 않습니까? (…) 제가 만약 작가가 되고 싶다 하면 원격으로 김일성종합대학 문학대학 같은 곳에서 문학 수업을 받을 수 있습니다. (…) 만약 내가 이걸 하고프다 하면 문학수업을 받고 작품을 내서 당선되고, 이렇게 해서 소질을 인정받고 자격을 받을 수 있단 말입니다. 따라서 본인의 열성과 노력에 달린 일입니다.[19]

동종 분야에서 직장을 옮기는 것은 훨씬 간단한데, 희망하는 직장에 가서 본인을 고용하겠다는 채용증을 발급받으면 누구든 직장을 옮길 수 있다.[20] 개성공단의 한 공기업 직원은 업체에서 강하게 요청해서 해고되는 북의 노동자는 어떻게 되느냐는 질문에 대해 이렇게 대답했다. "본인이 선택을 할 수 있어요. 가고 싶은 회사가 있다고 하면 그곳에 배치해줍니다."[21] 참고로 북쪽에서는 이직이 매우 드문 편인데, 북쪽 사람들은 돈을 벌기 위해서가 아니라 국가가 부여한 임무를 수행하기 위해 직장을 다닌다고 생각해서 이직을 임무 방기로 여기기 때문이다. 반면 돈을 위해서 직장을 다니는 한국이나 미국에서는 이직이 빈번하고, 그것은 기업의 생산성을 떨어뜨리는 원인이 되고 있다.

북쪽 사람들은 일할 나이, 사회에 진출할 때가 되면 희망하는 직장 세 곳을 적어내고, 대체로 그중 한 군데로 배치된다. 어쨌든 대개 자신의 재능과 희망—물론 공부에 재능이 없는데 교수가 되겠다는 등의 비현실적인 희망은 제외해야 할 것이다—을 고려한 직업이기에 만족도가 높은 편이다. 한 한국인이 북의 옥류아동병원 의사에게 "선생님은 아이들을 좋아해서 소아과 의사가 되신 건가요?"라고 묻자, 그는 "물론입니다. 저는 원래부터 아이들을 몹시 좋아합니다. 아이들에 대한 사랑과 더불어 조국의 미래에 대한 의무감으로 이 일을 정성으로 하고 있습니다"[22]라고 대답했다.

직업에 따라 사람을 차별하고 무시하는 풍조가 없는 북에서는 기피 직종이 존재하지 않는다. 그러나 북쪽 사람들이 꺼려하는 한 가지 직업이 있는데 그것은 일명 노가다, 즉 건설 현장의 일용잡부다. 그래서 북 정부는 해당 업무에 사람들을 배정하지 못하며, 그 결과 북에는 일용잡부라는 공식 직종이 없다. 물론 누군가는 반드시 해야 할 일이기 때문에 군인[23] 혹은 노력동원에 나온 사람들이 맡아서 한다. 어쩌면 이것이 북에서 군대가 일상적으로 건설사업에 투입되는 이유, 노력동원이 필요한 이유로 볼 수 있을 것이다.

북쪽 사람들에게는 자기 일을 계속 하다가는 끝이 좋지 않을 거라는 두려움도 없다. 자기 분야에서 계속 급수만 올리면 되고, 노후가 국가 차원에서 보장되기 때문이다. 김련희 씨는 북쪽 사람들이 직업이나 일에서 스트레스를 받는 경우는 거의 없다면서 다음과 같이 말했다.

> 거기에서는 포기라던가, 자살. 그런 걸 이해할 수가 없는 거예요. 내 직업의 끝이 힘들어서 포기한다는 것이 무슨 말이지? 내가 힘들어진다는 것이 무슨 상황이지? 이해가 안 돼요. 그냥 나한테 맡겨진 분야에서 그냥 충실하면 되는 거예요. 아무것도 달라지는 것이 없어요.[24]

긍지와 자부심의 값어치

오로지 돈을 벌기 위해서 일하는 사람은 좀처럼 직업인으로서의 긍지를 갖기가 힘들다. 한국에서 학자다운 학자, 의사다운 의사, 기자다운 기자, 공직자다운 공직자를 찾아보기 어렵게 된 것은 돈 때문에 학자, 의사, 기자, 공직자가 되기 때문이다. 이에 비하면 북쪽 사람들은 직업을 국가가 부여한 임무, 국가를 위한 일로 간주한다. 물론 자신의 재능과 희망을 고려해 직업을 선택하지만, 그것은 국가를 위해 더 잘할 수 있는 분야를 선택하기 위해서이지 돈을 위해서가 아니다. 국가와 사회를 위해 직업 활동을 한다는 믿음은 북쪽 사람들이 직업인으로서의 긍지와 자부심을 가질 수 있게 해주는 주요한 동기다.

자기 직업에 긍지를 가지면 노동은 단순히 돈을 벌기 위한 시간 때

우기나 고역이 아니라 신성하고 즐거운 활동이자 자아실현의 수단이 될 수 있다. 북에서 노동이란 '자본주의 사회의 개인적 노동이 아닌 공동체를 위한 사회적 노동'이고, 직장 일이란 '사회구성원으로서 국가가 부여한 공적 임무를 수행하는 것'이므로, 사람들은 일에서 보람을 느낀다는 것이다.[25] 개성공단의 한 기업 관리자는 이에 대해 "직장과 직업, 노동의 개념이 우리하고 다릅니다. 분명한 것은 그들은 국가적 조치에 의해 직장에 배치받은 거니까요"[26]라고 말하기도 했다. 북쪽 사람들은 돈을 더 줄 테니 초과 근무를 해달라는 말을 아주 싫어하는데, 그런 제안을 국가적 임무를 수행하는 자신의 긍지를 모독하는 것으로 간주하기 때문이다. 가령 개성공단에서 한국 기업주들은 남쪽에서 그랬듯이 여섯 시에 퇴근해야 하는 북쪽 노동자들한테 "오늘 갑자기 일이 생겨 두 시간 연장근무를 해야 할 거 같습니다. 1인당 몇 달러씩 더 줄 테니 일 좀 더 합시다"라고 말하곤 했는데, 북쪽 노동자들은 이를 자신들을 돈으로만 보는 태도로 생각해서 싫어한다는 것이다.[27] 이 때문에 김진향 이사장은 한국의 기업주들에게 다음과 같이 충고하기도 했다.

> "남측의 원청업체에서 급하게 주문이 들어왔습니다. 이번 일을 잘하면 향후 더 많은 주문을 받을 수 있을 거 같으니, 함께 좀 더 일합시다."
>
> 이렇게 함께 더 잘해보자는 책임감을 중점에 두고 이야기하면 바로 이해합니다. 노동해야 하는 이유만 정확히 설명하면 충분히 수긍

하는데 모든 것을 돈으로 연결지으려고 하니까 오해가 생기는 거예요.[28]

북쪽 사람들의 직업적 긍지와 자부심은, 일을 대하는 그들의 태도에서도 확인할 수 있다. "북녘 의사들의 새로운 지식과 기술을 향한 갈망은 대단했다"[29]는 전언에서 알 수 있듯, 각종 지원·협력 사업을 위해 북과 접촉해본 한국인들은 북쪽 사람들의 책임감이나 열의에 감탄하는 경우가 많다. 남측이 북에 연필 생산시설을 제공하면서 6박7일간 기술 이전을 하던 때의 일이다. 첫날에 북쪽 사람들은 조별로 자기가 전수받을 기술을 남쪽이 제공한 매뉴얼에 따라 꼼꼼히 학습한 상태로 참여했고, 사출기에는 새 기술을 배우려는 일꾼들이 몰려들어서 장사진을 이루었으며, 서로 돌아가며 질문을 하는 바람에 동석한 사출 기술자가 답변하느라 목이 쉴 정도였다. 이런 광경을 본 어린이어깨동무의 윤창식 대표는 "새로운 기술을 배우기 위해서는 기본 기술과 열의가 필요한데 (북쪽 사람들이) 이 두 가지를 잘 갖추고 있었다"고 평했다.[30] 북과 여러 차례 협력사업을 진행했던 이기범 교수는 북쪽 기술자와 노동자의 태도에 대해 다음과 같이 평한다.

북녘 기술자들은 자기가 맡은 일에 책임감과 긍지가 높아서 새로운 지식과 기술을 열의 있게 배운다. 컴퓨터에 통달한 어느 기술자에게 어떻게 배웠는지 물으니, 컴퓨터가 없어서 교본을 통째로 외웠다는 답을 듣고 놀란 적도 있다. 남녘 기술자들은 자기들이 가르쳐준 기술을 밤새 익혀 다음날 익숙한 솜씨로 해내는 북녘 노동자들을 보면서 보람을 많이 느낀다고 이구동성으로 말한다. 물론 가끔 지나친 의욕을 부려 혼자 해보다가 부품을 망가트리는 경우가 있긴 하다.[31]

의약품 제조 기계를 지원하기 위해 방북했던 한 전문가는 남쪽 사람들이 장비와 함께 미리 보내준 도면에 따라 바로 작업할 수 있게 조립해놓고, 작업 중 전기가 끊겨 공정이 중단됐을 때도 이튿날 바로 작업을 재개할 수 있게 밤을 새워서라도 준비해놓는 북의 기술자와 노동자를 보고는 "북한 사람들의 열의는 우리를 깜짝 놀라게 하고 감동시켰다"[32] 고 말했다. 또한 의료분야에서 북과 다수의 협력사업을 진행했던 공무원 김진숙 씨는 이런 소감을 피력하기도 했다.

북한 제약 전문가들은 새로운 지식과 기술에 목마른 사람들처럼 하나라도 더 들으려고 하고, 남한 전문가들도 그 열기에 호응해 자기 회사의 경험과 노하우를 아낌없이 풀어놓는다. 이런 광경은 매번 깊은 감동을 준다.[33]

북쪽 사람들은 직업적 긍지와 자부심을 일을 통해서만이 아니라 말로 직접 표현하기도 한다. 최재영 목사는 북의 택시기사들이 가지고 있는 직업의식에 대해 이렇게 말한다.

택시기사들은 자신들이 외화를 벌어 애국한다는 긍지가 넘쳤다. 대부분의 인민들은 육체노동에 종사하지만 자신들은 시원한 바람을 맞으며 돈도 벌고 여유롭게 일한다는 자부심도 컸다.[34]

북쪽 사람들이라고 해서 모두 다 긍지와 자부심을 갖고 일하지는 않을 것이다. 그러나 적어도 "왜 그 일을 합니까?"라는 질문에, "밥 먹고 살아야지 별수 있나요?"라고 답변하는 일은 거의 없을 것이다. 통상적으로 사람은 하루 중 3분의 1을 일하면서 보낸다. 따라서 일에서 긍지와 보람을 느끼는지 여부는 행복에 큰 영향을 미칠 수밖에 없다. 이런 점에서 자신이 국가와 공동체가 부여한 임무를 수행하고 있다는 믿음, 그리고 그에 따른 보람은 북쪽 사람들의 행복에 상당한 기여를 할 것이다.

남북의 노동시간과 노동 강도

한국은 노동시간이 길고 노동 강도가 세기로 유명하다. 그럼에도 대부분의 한국인들은 북쪽 사람들이 훨씬 더 오래, 더 힘든 일을 할 것이라는 선입견을 가지고 있다. 그러나 북에서는 시장도 저녁 6시면 문을 닫을[35] 정도로 8시간 노동제가 철저히 지켜지고 있다. 일반적으로 북쪽 사람들은 아침 9시에 일을 시작해서 저녁 6시가 되면 무조건 일을 끝낸다. 특별한 상황이 아닌 한 연장근무는 불법이다. 일이 끝나면 15분 정도 청소를 하고 15분 정도 생활총화를 하고 나서 퇴근한다. 공연이나 체육대회 같은 일정이 잡혀 있으면 1시간 정도 연습을 하지만 어떤 경우에도 8시나 8시 반이면 집으로 돌아간다.[36]

북이 8시간 노동제를 엄격하게 시행하고 있음은 다수의 한국인을 통해 확인된 분명한 사실이다. 경수로 건설작업에 참여했던 한 인사는 협상 중에 '하루 열 시간 근무' 얘기를 조심스럽게 꺼냈다. 그러자 북측 인사는 "북쪽 사람들은 하루 여덟 시간 근무가 몸에 배어 있기 때문에 운전원 설득에 어려움이 있을 것"이라며 "역시 남쪽 사람들은 열심히 일 하누만" 하면서 협조하겠다고 대답했다.[37] 개성공단 역시 마찬가지다. 개성에서 남쪽으로 나오는 마지막 출경 시간이 5시였다. 이에 공단 내 한 기업의 관리자는 출퇴근하기 쉬운 파주시로 이사를 했는데, 집에 도착해도 5시 40분밖에 되지 않았다. 덕분에 그는 저녁 시간에 아이들과 놀아주고 아내와 쇼핑도 하면서 살 수 있었다. 그런데 이후 개성이 아닌 남측 본사에서 근무하게 되자 집에 빨리 가야 8시 반이고, 9시나 10시에 퇴근할 때가 많아졌다. 더욱이 주말에도 근무하는 날이 생기면서 가족과 함께하는 시간이 개성공단 시절에 비해 오히려 줄어들었다. 이 때문에 그의 아내는 남편이 본사에서 근무하는 것을 좋아하지 않는다.[38]

노동시간이 정확하게 지켜지는 것은 사회적으로 큰 의미가 있다. 김련희 씨는 경북 영천에 있는 플라스틱 재활용 회사에 취업했을 때의 경험을 전한다.

보통 아침 8시부터 밤 10시까지 일했고 밤 12시나 새벽 2시에 퇴근하는 경우도 많았죠. 자본주의에서 살다 보니까 걸음걸음이 돈이더라구요. 그런데 잔업을 하면 월급이 따블이 들어와요. 어쩔 수 없이 돈의 노예가 되더라구요. 그러다 문득 이런 생각이 들었어요. 나는 혼자니까 상관없는데, 가정살림 하는 사람들이 지금 가면 가족은 어떻게 유지할까? 이게 정말 의문스러웠어요.[39]

김련희 씨의 정당한 의문처럼 장시간 노동의 후유증은 단지 노동자만 황폐화시키는 것에 그치지 않는다. 장시간 노동은 가족을 파괴하는 주범이다. 한국은 가장들의 장시간 노동에 힘입어 경제가 빠르게 성장했고 물질적으로도 풍요로워졌다. 하지만 그 대가로 한국인들은 일 중독자가 되었고, 아이들은 아빠 얼굴조차 제대로 보기 힘들어졌다. 비유하자면 한국은 빵과 아빠를 바꾸고, 스마트폰과 가족을 바꿔치기한 셈이다. 반면에 북은 좀 더디게 갈지라도 빵과 아빠를 바꾸려 하지 않았다. 노동시간이 길지 않으면 저녁이 있는 삶이 가능하고, 가족과의 유대가 돈독해진다. 물질적으로는 덜 풍요로울지 몰라도 다들 더 행복하게 살 수 있다.

북에서는 노동시간뿐만 아니라 노동 강도도 약하다. 북에서 영양관리연구소 기술자들을 지켜본 한 한국인은 그들의 노동 강도를 이렇게 묘사한다.

기술직들은 연구소에 출근해서 내부 회의를 먼저 한 뒤 아침 열 시쯤 공사장으로 나와 일을 시작한다. 한 시간 반 정도 지나면 정리하고 점심을 먹으러 간다. 도시락을 싸오는 사람도 있지만 거의가 집에 가서 먹는 눈치다. 점심을 먹고 오후 두 시쯤 다시 나와서는 두 시간 정도 더 일하고 마무리한다. 실제 일하는 시간은 네 시간 안팎인 셈이다.[40]

한국에 온 탈북자들은 하나같이 한국의 노동시간과 노동 강도에 혀를 내두른다. 한 탈북자는 "한국에 와서 보니까 일의 강도가 정말 셌습니다. 어떻게 일하나 싶었어요. 북쪽에 있을 때는 일을 하더라도 노동 강도를 세게 해서 일하지 않았어요. 공장 나가면 재미있다는 생각이 들 정도였으니까요. 그렇게 일했는데 여기서 어떻게 노동을 하겠어요. 여기는 진짜 뼛골이 삭을 정도로, 정신이 나갈 정도로 일해야 하더라고요"[41]라고 말한다. 개성공단에서 남쪽의 노동자들이 일하는 모습을 동영상으로 보여주자 북의 노동자들은 "영상을 빨리 돌리는 것 아닙네까?"라고 하면서 믿을 수 없다는 반응을 보였다고 한다. 이와 관련해 개성공단의 관리기관에서 근무했던 한 한국인은 이렇게 말했다.

북측 근로자들은 고도의 경쟁을 크게 해본 적이 없어요. 그리고 해고의 위험도 없습니다. 남측처럼 일을 더 한다고 해서 성과급을 받지도 않죠. (…) 탈북자들이 가끔 그런 말을 합니다. "남측에 내려와서 일하는 것처럼 북측에서 했으면 노력영웅 되었을 겁니다"라고요.[42]

자본주의 사회의 관점에서는 북의 노동 강도가 비정상적으로 약하다고도 볼 수 있을 것이다. 북을 방문한 일본의 노동운동가들이 공장을 비롯해 여러 곳을 견학한 후에 공통적으로 말하는 소감이 '북에서는 노동력을 쓸데없이 낭비한다'는 것이다. 그들은 일본이라면 두세 사람이 담당할 만한 일에 다섯 사람 혹은 열 사람이나 배치되어 있다고 지적하며, 북의 노동현장이 목가적이고 노동자들은 모두 한가롭다고 말한다.[43] 일본에서 자본에 대항해 싸우고 있는 노동운동가들이 이런 지적을 할 정도면 북의 노동 강도가 어떠한지 충분히 짐작할 수 있다. 개성공단의 한 관리자는 "한 라인에 남측에서는 열두 명이 필요하다면 개성에서는 열다섯 명을 넣는 식으로 해요"라고 말했고, 자동차 정비 업무를 했던 한 관계자는 "북측 근로자들은 마음에 여유가 있는 건지 성격이 느긋한 건지, 일할 때 절대 서두르지 않아요. 언젠가 자동차 미션 내리는 작업을 일곱 명이 달라붙어서 하는데 두 명만 일을 하고 다섯 명은 얘기만 하는 거예요. 그런 모습을 보고 있으면 속이 터지죠"[44] 라고 말했다.

자본주의 한국의 관점에서 북의 노동 강도는 분명 무르다고 할 수 있다. 반면에 사회주의 북의 관점으로 볼 때 한국의 노동강도는 가히 살인적이다. 북에서는 노동 강도를 낮추기 위해 지속적으로 기계화·자동화를 추진해왔는데, 한국과는 달리 위험한 노동, 더러운 노동, 힘든 노동을 해야 하는 분야부터 기계화·자동화하고 있다.[45] 예컨대 노동자들의 부담을 덜어주기 위해 한국에서라면 생각지도 못할 장소에 화물용 에스컬레이터를 설치하는 식이다. 이를 한국에서는 대단히 비효율적인 행위로 여기겠지만, 돈보다 사람을 중시하는 북쪽에서는 당연한 처사로 받아들인다.

법정 노동시간이 잘 지켜지고 노동 강도가 약한 것에 더해 북쪽의 노동자들은 직장에서 노래도 부르고 춤도 추고, 짬짬이 체조도 하며, 다양한 취미생활까지 한다. 그래서인지 대부분의 북쪽 노동자들은 직장에 나가는 것, 일하러 나가는 것이 재미있다고 말할 정도로 즐겁게 노동 생활을 한다. 중국의 지린성 투먼에 파견 나온 북의 여성 노동자들을 관찰한 한국의 김승재 기자는 다음과 같은 목격담을 전한다.

> 아침 6시 30분. 여성 근로자들이 경쾌한 음악에 맞춰 춤을 추기 시작했다. 상대를 바꿔가며 서로 손을 잡고 돌리는 모습이 가볍고 익숙해 보였다. 앳돼 보이는 여성부터 나이가 들어 보이는 여성까지 연령층은 다양했다. 표정은 대부분 밝았다. 특히 20대 젊은 여성들 표정이 인상적이었다. 음악과 춤이 흥겨워 얼굴에 웃음꽃이 피어올랐다.[46]

한국에서는 북쪽 사람들이 강제노동에 시달린다고 알려져 있는데, 그것은 사실이 아니다. 물론 북에는 노력봉사가 제도화되어 있어서 누구나 일정 기간은 농사일을 돕거나 건설 현장 등지에서 노력봉사를 해야 한다. 하지만 북쪽 사람들은 그것을 말 그대로 '봉사'로 받아들이지 강제노동이라고 생각하지 않는다. 김진향 이사장은 "북측에서는 그런 강제동원은 하지 않습니다. (…) 그들의 삶은 조직과 공동체 안에서 꾸려지기 때문에 우리 공동체의 일이라면 마땅히 나가봐야 한다고 생각하는 겁니다"[47]라고 말한다. 재미교포 신은미 씨가 농촌으로 노력봉사를 다녀왔다는 북의 안내원에게 농사일이 힘들지 않느냐고 묻자 그녀는 "힘들지요, 오마니. 그렇지만 쌀밥을 먹으면서 모내기 한 번 안 해서리 되겠습네까. (…) 정말 보람이 있습네다"[48]라고 대답한다.

충분히 살펴보았듯, 집단주의를 신념화한 북쪽 사람들은 공동체에 필요한 일이라면 기꺼이 하려고 하며, 그 일에 긍지를 가진다. 예를 들면 평양시민이라면 누구나 전차電車에 얽힌 일화와 추억 한두 가지를 가지고 있는데, 공통점은 궤도전차 공사에 동참한 일을 큰 보람으로 여긴다는 것이다.[49] 북에서 학생들을 가르쳤던 수키 김 역시 한 학생이 다섯 살 때 양동이로 물을 날랐던 것을 기억하고 있으며, 그것을 너무 자랑스럽게 말해서 "나는 그가 이것을 애국주의적 행동으로 생각하고 있다는 것을 알 수 있었다"[50]고 전한다.

정리하면 이렇다. 북쪽 사람들은 공부, 직업, 노동 관련 스트레스가 별로 없는 사회에서 살고 있다. 그렇다면 북쪽 사람들의 표정이 대체로 밝은 것 또한 이렇듯 스트레스가 적은 현실과 연관 지어 생각해볼 수 있지 않을까?

마음

남과 북,
어디가 더
불안할까?

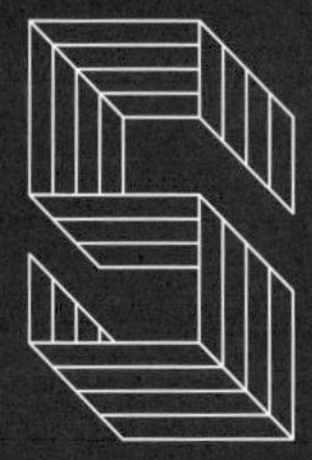

정신장애 비율과 범죄율은
정비례한다. 이것은 정신장애가
범죄의 원인이라는 의미가 아니라
이 두 가지가 동일한 사회적 근원을
가지고 있다는 말이다.

최근 몇 년 간 청년층을 중심으로 '존나 버티자'라는 말을 줄인 '존버'라는 말이 유행하고 있다. 한국의 청년들은 값비싼 대학등록금, 청년실업, 주거난 등을 생각하면 앞날이 막막하게 느껴지고 불안해진다고 하소연한다. 사실 자본주의는 대중의 만성적인 불안과 근심·걱정을 동력으로 삼는다. 자본주의 사회에서 불안과 근심에서 자유로운 사람은 거의 없다. 기업가는 파산을 걱정하고, 노동자들은 실업을 걱정하며, 학생들은 입시 전쟁에서 패배해 젊어서부터 인생의 낙오자라는 낙인이 찍힐까 봐 걱정한다.

신자유주의적 자본주의 사회에서 불안은 한층 격해진다. 가난한 사람만이 아니라 중산층 이상도 여기에서 전혀 자유롭지 않다. 파르타넨은 미국 중산층의 불안에 대해 다음과 같이 설명한다.

> 차츰 알고 보니 미국은 모든 게 그런 식이었다. 뭐든 늘 조심할 수밖에 없다. 돈을 얼마나 벌고 있든 간에 돈이 부족해지지 않을까 늘 걱

정해야 한다. (…) 기업들이 은근슬쩍 표시한 복잡하고 난해한 세부항목에 늘 노심초사해야 한다. (…) 국세청 웹사이트에서 내 세금 현황을 알아보려고 했지만, 이내 머리를 쥐어뜯었다. (…) 결국 회계사에게 돈을 주고 맡겼다. 내 고국에서는 결코 그런 적이 없었다.[1]

'좀버'는 불안을 이길 수 없다

개인들이 치열한 생존경쟁을 하면서 살아가는 사회에서는 불안과 근심·걱정이 사라질 수 없다. 연애, 결혼, 자식, 교육, 해고, 노후, 교통사고, 범죄 등 근심거리는 정말이지 끝이 없을 정도다. 자본주의 사회에 불안과 관련된 정신장애가 광범하게 퍼지는 것은 필연이다. 파르타넨은 이렇게 회고한다.

미국에서 새로 만난 지인들과 조금 친해지고 보니, 놀랍게도 다들 나처럼 때로는 나보다 더 심각하게 불안감에 시달리고 있었다. 거의 모두가 버거운 일상을 감당하느라 부단히 애썼는데, 치료를 받고 약을 복용하는 사람도 있었다. 미국 국립정신보건원이 추산하기로, 미국의 성인 다섯 중 한 명은 불안장애를 앓으며, 가장 흔히 처방되는 정신과 약물은 불안 치료제였다.[2]

그래도 명색이 민주주의의 탈을 쓰고는 있는지라, 자본주의 사회의 지배층은 중세처럼 채찍질로 일을 강제할 수는 없다. 자본주의는 대신 새로운 발명품을 내놓았는데, 그것이 바로 불안과 근심이다. 즉 자본주의 사회는 사람들을 불안과 근심 속으로 떠밀어 일을 하지 않을 수 없게끔 만드는 사회라는 것이다. 이런 점에서 불안과 근심을 현대판 채찍, 무형의 채찍이라고 할 수 있다. 물론 자본주의 사회는 채찍질뿐만 아니라 당근도 사용한다. '열심히 노력하면 부자가 될 수 있다' '당신도 대박 날 수 있다'는 환상을 유포해 일을 열심히 하도록 만드는 것이다.

> 자본주의 사회에서 빚어지는 생존경쟁과 일상적인 근심은 곧장 근로대중에게 채찍이 되어 생명을 건 노력을 요구합니다. (…) 당근도 주어집니다. (…) 바로 이런 과정들을 통해 사람들은 점점 더 물욕에 매달리고 물욕의 포로가 되어갑니다.[3]

자본주의 사회를 뒤덮고 있는 불안과 근심은 본질적으로 자본주의 국가의 무책임, 구체적으로 짚자면 사회안전망의 부재에서 비롯된 것이다. 핀란드에서 미국으로 이민을 간 파르타넨은 점차 불안이 심해지는 것을 느꼈고, 처음에는 그것을 이민 탓으로 돌렸다. 그러나 주변의 미국인들이 '갈수록 불안하고 불행해지고, 개인과 사회 모두 무언가 잘못되었다'고 점점 더 자주 토로하는 것을 목격하면서 자신의 불안 또한 미국인이 되어서, 즉 미국에서 살게 되었기 때문임을 알게 되었다.[4] 이것은 같은 자본주의 사회이지만 국가의 책임에 관해 사회주의적 요소를 많이 도입하고 있는 북유럽이 미국보다는 훨씬 덜 불안한 사회라는 것을 보여준다.

사회주의 국가인 북은 불안과 근심이라는 면에서 한국과 같은 신자유주의적 자본주의 국가는 물론이고 북유럽보다도 양호하다. 북은 국가가 전 국민의 생존을 책임지고 보장하기 때문에 불안과 근심이 기승을 부릴 수 없다. 더욱이 북은 사람들 사이의 관계까지 매우 양호한 사회다. 고독과 불안은 아주 밀접한데, 일반적으로 고독할수록 더 불안해지고 그렇지 않을 때 불안에 내성이 강해진다. 경제형편이 가장 어려웠던 1990년대에 북에 장기 체류했던 차재성 씨는 북쪽 사람들의 얼굴에서 삶에 찌든 표정을 찾기 어려웠다고 말하면서 그 원인을 '관계'에서 찾고 있다.

> 평소 대상사업국 김 동무의 얼굴에서는 삶에 찌든 표정은 볼 수 없었다. 내가 본 북한 사람들 거의가 그랬다. 그들은 '사회주의 자립적 민족경제'를 건설한다는 일념으로 경제적인 어려움을 버텨나갔다. 북한이 취하고 있는 난관극복 방법은 편향된 시각으로 보면 바람 앞의 촛불처럼 곧 꺼질 듯하지만 실제로는 그렇지 않을 수도 있다. 북한의 내적 응집력, 곧 집단적 상호책임감은 바깥에서 생각하는 것보다 훨씬 강한 것 같았다.[5]

자본주의 사회 구성원들이 느끼는 주요한 불안과 걱정은 노후, 즉 미래에 대한 불안과 걱정이다. "수많은 미국 대중에게 심지어 부유한 이들에게조차 가장 만연한 두려움은 은퇴 즈음에 돈이 바닥나는 것이다"[6]라는 말처럼, 노후가 보장되지 않으면 그 누구도 미래를 낙관할 수 없고 불안에서 자유로워질 수도 없다. 북유럽의 노후보장은 튼튼하기로 유명하다. 한데 북은 그런 북유럽보다 더 철저하게 노후를 보장하고 있다. 앞에서도 살폈듯이, 북에는 자식이 없는 노인들은 양로원에서 함께 생활하게 보장하고 사회적으로도 노인을 우대하는 기풍이 있어서 누구도 노후를 걱정하지 않으며, 당연히 노후준비도 하지 않는다.[7] 북에서는 연로보장 제도에 따라 여성은 55세, 남성은 60세에 은퇴하며 이후부터는 연금을 받으면서 여유롭게 여생을 보낼 수 있다.[8] 개중에는 은퇴를 달가워하지 않는 이들도 많다. 경제적 이유와는 상관없이 일을 더 하기를 바라는 노인들도 많다는 것이다. 이에 따라 본인이 희망하고 건강이 받쳐준다면 80대까지도 현직에서 왕성하게 활동할 수 있다.[9] 북의 정부 관리나 전문가들 중에 고령자가 많은 것은 이 때문이다.

정신장애와 심리 산업

김련희 씨와의 인터뷰에서 내가 북쪽 사람들의 가장 큰 걱정이 무엇이냐고 묻자, 그녀는 한참을 생각하더니 "글쎄요?"라고 말했다. 질문을 바꿔서 북에 있을 때 가장 많이 걱정했던 것이 무엇이었냐고 묻자 "딸이 아파서 걱정을 꽤 했죠"라는 답이 돌아왔다. 물론 북쪽 사람들도 고난의 행군 시기에는 굶어 죽을지 모른다는 걱정을 했다고 한다. 그러나 그 시기를 제외한다면 북쪽 사람들이 공통적으로 불안해하거나 근심하는 것, 즉 불안의 사회적 근원은 없는 것 같다.

한국인들은 예전부터 북쪽 사람들이 미국의 공격, 특히 핵공격에 대한 불안이 심할 것이라고 예상했다. 그러나 의외로 전쟁에 대한 불안이나 공포도 심하지 않은 것 같다. 전운이 고조되던 2010년에 북을 방문했던 의사 오인동은 "어쨌거나 평양의 거리는 작년 북핵실험 때처럼 평온하기만 했고, 《로동신문》은 연일 각 산업분야에서 총진군하고 있는 모습과 그 성과를 보여주려 애쓰고 있었다"[10] 고 말했다. 북미 간 긴장이 극단으로 치달았던 2017년에 북을 방문했던 진천규 기자 역시 "이들에게서 전쟁에 대한 불안이나 공포는 전혀 느껴지지 않았다"[11] 고 말하고 있다. 이는 전쟁을 하더라도 과거에 당한 것을 되갚아주겠다는 의지가 불안을 압도해서일 수도 있고, 미국과 싸워도 이길 수 있다는 자신감의 발로일 수도 있다. 그러나 전쟁 불안을 약화시키는 가장 큰 요인은 국가와 공동체에 대한 신뢰, 즉 사회주의 대가정이라고 부를 정도로 좋은 '관계'에서 찾을 수 있다. 언급했듯이, 좋은 관계는 불안에 대한 내성을 크게 높여주기 때문이다. 이것은 김련희 씨에게 미국의 핵 위협에 대한 불안을 물었을 때, 그녀가 내놓은 답변을 통해서도 확인할 수 있다.

> "그런 것 걱정하는 사람 없어요. 모든 국민들이 국가를 100% 믿고 의지해요, 일심단결이 있으면야 뭐가 무서워요. 전쟁에 대한 두려움 없어요."[12]

어떤 사회가 공유하는 불안과 공포의 정도에 대해, 또 그 불안과 공포가 무엇에서 기인하는가를 가장 확실하게 보여주는 것은 '피해망상'의 내용이다. 다시 말해 불안과 공포가 심한 어떤 사회가 제아무리 괜찮은 척 하더라도 절대로 감추거나 속일 수 없는 것이 정신장애, 특히 피해망상이라는 것이다. 정신장애나 피해망상은 무의식적으로 발생하고 작동하므로 국가나 권력이 그것을 의식적으로 조절하거나 통제하는 게 불가능하다. 대표적으로 2000년대 이전까지 한국인들에게는 냉전적 피해망상 혹은 공안 권력기관에 대한 피해망상이 있었다. '간첩이 나를 죽이려 한다' '안기부(현재의 국정원)가 내 귀에 도청장치를 심었다' 등이 그런 것들이다. 그러나 2000년에 남과 북이 6·15공동선언을 채택한 이후부터 이런 피해망상은 거의 찾아볼 수 없게 됐다. 이것은 6·15를 기점으로 한국인들이 북에 대한 공포, 공안기관에 대한 공포에서 해방되었음을 의미한다. 반면 이때를 전후로 개인이나 집단 간 갈등이 심해짐에 따라 한국인들의 피해망상은 '이웃이 나를 감시한다' '여성들이 나를 괴롭힌다' 등으로 바뀌었다.

이런 현상은 북에도 그대로 적용할 수 있다. 북쪽 사람들이 제아무리 부인하고 아닌 척 하더라도 불안과 공포가 심하다면 정신장애, 특히 피해망상을 통해 드러날 수밖에 없다는 것이다. 1970년대에 북을 방문했던 독일 작가 루이제 린저Luise Rinser는 북의 관리들에게 조현병(정신분열증) 환자가 얼마나 되느냐고 물었다. 정신병 현황을 통해 북의 속살을 파악하기 위해서였을 것이다. 질문을 받은 북쪽 관리들은 한참을 생각하더니 한 명이 있다면서, 그녀에게 산에서 호랑이를 만나서 정신이 나간 사람에 대한 얘기를 해줬다. 나도 김련희 씨에게 유사한 질문, 즉 북에 정신장애 환자가 얼마나 있는지, 혹은 그와 관련해 들은 바가 있는지 물어보았다. 마침 그녀의 어머니가 한국의 정신과에 해당하는 정신예방과 의사여서 다음과 같은 이야기를 들을 수 있었다. 근무하던 병원에 한 여성이 입원해 있었는데, 실연을 한 그녀는 큰 나무 앞에 서서 "○○ 동무, 있잖아요"라면서 계속 이야기를 하더라는 것이다. 그녀는 남자친구한테 전달해달라며 의사에게 편지를 부탁하기도 했는데, 그 편지에는 알아볼 수 없는 숫자나 기호만 잔뜩 적혀 있었다. 이것이 김련희 씨의 어머니가 경험했던 유일한 조현병 사례였다. 이 말이 사실이라면 북쪽 사람들은 피해망상을 비롯한 정신장애를 거의 앓지 않으며, 특히 중증 정신장애인 조현병 환자는 극히 드물다고 결론 내릴 수 있을 것이다.

북에도 우울증이나 조울증이라는 말은 있다. 북의 사전에는 '슬픔증'이라는 말이 있지만, 이는 실제로는 우울증이라는 말을 쓴다.[13] 또한 사전에는 '기쁨슬픔병'이라는 말이 있지만 실제로는 조울증이라는 말을 사용한다.[14] 흥미로운 사실은 일부 탈북자들이 우울증이라는 말을 남쪽에서 처음 들어봤다며 북에는 그런 말이 없다고 주장한다는 것이다. 이는 거짓말이라기보다는 실제로 북에는 우울증을 앓는 사람이 드물어서 그런 용어를 접할 기회가 없었기 때문이라고 봐야 할 것 같다. 잘 알려져 있듯이, 우울증과 자살은 비례 관계다. 따라서 만일 북에 우울증을 앓는 사람이 거의 없다면 자살자도 그만큼 적을 것이라고 추측할 수 있다.

《YTN》 라디오 방송 〈한뼘차이〉의 진행자 중 한 명인 탈북자 한송이 씨는 한국에 와서 우울증이나 불면증이라는 말을 처음 들어봤으며, 북에서는 자살자를 본 적도, 누군가가 자살했다는 말도 들어본 적이 없다고 말했다. 상당수의 다른 탈북자들한테서도 동일한 얘기를 들을 수 있다. 그래서인지 김련희 씨는 한국에 와서 초등학생이 자살했다는 기사를 접하고는 '남쪽 사람들이 집단적으로 미친 거 아닌가?'라는 생각까지 했다고 한다.

더 많은 연구와 조사가 필요하겠지만, 북은 가난하므로 당연히 자살률이 높을 것이라는 단순한 도식은 버려야 한다. 상당수 한국인들은 돈이 곧 행복이라고 믿기 때문에 가난한 나라 사람들이 자살을 많이 할 것이라고 믿는 경향이 있다. 한 방송국 프로듀서는 한국보다 가난한 나라들의 자살률이 한국보다 훨씬 낮은 것을 이해할 수 없다면서, 그 이유를 내게 물어보기까지 했다. 한국이 가난한 나라들보다 자살률이 훨씬 높은 것은 관계의 파탄, 즉 고독 때문이다. 경제적 풍요와 무관하게 사람들 사이의 관계가 한국보다 좋다면, 자살률이 한국보다 낮을 수밖에 없다. 나는《자살공화국》이라는 저서를 통해 자살의 기본 원인이 '고독'에 있음을 논증한 바 있다. 북은 고독할 새가 없는, 고독과는 거리가 먼 사회이다. 이런 점에서 북쪽에 우울증을 앓는 사람이 거의 없고 자살자도 거의 없다는 것은, 북이 고도의 집단주의 사회임을 감안하면, 그리 놀랄 일이 아니라고 해야 할 것이다.

고독과 거리가 멀고 불안이나 근심거리도 별로 없다면 우울증을 비롯한 정신장애가 고개를 쳐들기는 어렵다. 북쪽 사람들이 정신장애에서 비교적 자유롭다는 것은 사실이라고 판단되는데, 이는 정신병원이 전국적으로 하나밖에 없는 것을 통해서도 짐작할 수 있다. 북에서는 정신예방과 병원을 '49호'라고 부른다고 한다.[15] 앞에서도 말했지만, 정신장애만큼은 국가에서 인위적으로 통제할 수가 없다. 정신장애를 앓지 말라고 사람들을 때리고 고문하고 협박한다고 해서 병이 사라지겠는가. 오히려 더 심각해지기만 할 것이다. 그러면 국가는 그런 사람들을 어떻게든 관리하고 치료해야만 하므로 정신의학 분야가 발달할 수밖에 없다.

미국을 비롯한 자본주의 국가들에서는 심리치료 분야가 나날이 번창하고 있는데, 이것은 자본주의 사회 구성원들이 점점 더 많이 불안과 공포에 시달리고 있음을 의미한다. 달리 말하면 자본주의 체제가 사람들을 정신장애로 이끄는 반인간적이고 병적인 사회라는 것을 의미한다. 참고로, 자본주의 사회 가운데서도 북유럽이 미국이나 한국보다는 정신장애 비율이 낮고, 심리치료나 힐링산업도 덜 발달했다. 그것은 북유럽이 불안이나 근심이 훨씬 적은 복지국가이기 때문이다. 북에는 심리상담이나 힐링산업이라는 것이 아예 존재하지 않는다. 불안이나 근심에서 자유롭다는 것을 논외로 하더라도, 고민이 생기면 주변 사람이나 조직이 상담을 해주기 때문이다. 가령 고부간 갈등이 생기면 인민반이 상담을 해주고 도와주며, 그래도 해결이 안 되면 분가시킨다.[16] 자신의 고민이나 고통을 털어놓고 의논할 만한 누군가가 항상 주위에 있다면, 전문 심리상담가는 그다지 필요하지 않다. 심리상담가를 찾아가는 사람들은 그 누군가가 없는 이들이기 때문이다.

정신장애와 범죄

정신장애 비율과 범죄율은 정비례한다. 이것은 정신장애가 범죄의 원인이라는 의미가 아니라 이 두 가지가 동일한 사회적 근원을 가지고 있다는 말이다. 병든 사회는 사람의 정당한 욕구들을 끊임없이 좌절시킨다. 안전에 대한 욕구, 사랑과 관계에 대한 욕구, 자유의 욕구, 양심의 욕구, 자기존중의 욕구 등이 반복적으로 좌절될 때, 직접적으로 표출되는 반응은 분노다. 자식은 부모가 자신을 사랑해주지 않을 때 분노하고, 사회구성원은 공동체가 자신을 차별하고 무시하면 분노한다. 그런데 이런 분노가 문제의 원인을 해결하는 쪽으로 건강하게 표출되지 못하면 사회적 차원에서는 정신장애와 범죄가 증가한다. 즉 분노가 자기 자신을 공격해 우울증을 비롯한 정신장애가 심해지는 동시에, 분노가 엉뚱한 대상을 향해 부적절한 방식으로 분출되는 과정에서 일탈이나 범죄가 심해진다는 것이다. 결국 정신장애와 범죄는 분노의 건강한 해결이 가로막힐 때 초래되는 동전의 양면과 같은 사회현상이다. 따라서 만일 사회에 정신장애가 별로 없다면 범죄도 심각하지 않을 것이라고 추측할 수 있다.

북에도 당연히 여러 종류의 범죄가 발생한다. 가장 흔한 범죄는 소매치기나 절도이고 간혹 가벼운 사기 범죄도 발생한다. 진천규 기자는 북에 승객들의 돈주머니를 터는 소매치기가 있으며, 대동강변에서 가짜 산삼을 진짜로 속여 파는 어린 학생들에게 당한 적이 있다는 사기 피해 경험담을 소개하기도 했다.[17] 그러나 북에 심각한 사기 범죄는 거의 없다. 북쪽 사람들이 돈에 대한 욕망이 별로 없는 데다가 사기를 칠 만한 건수—예컨대 북에서는 부동산 매매가 불가능하다—가 거의 없어서다.

북에서 범죄는 어쩌다 한번 발생하는 희귀한 사건일 뿐이다. 즉 일상적으로 경계하거나 걱정해야 할 정도로 범죄가 흔하지는 않다는 말이다. 장쉰은 북쪽 사람들이 범죄피해에 거의 무신경하다는 점을 다음과 같이 말하고 있다.

> 도둑이 매우 적어 주택 창문에 도둑 침입을 막는 방범창을 설치할 필요가 없다고 한다. 공공장소의 여자 화장실에는 줄이 매우 길어 문밖까지 늘어서기 일쑤다. 아마 아시아 국가에서 흔히 볼 수 있는 풍경일 것이다. 그런데 여성들이 자신의 가방을 문밖에다 걸어두고 화장실에 들어가는 장면이 곧잘 보였다. 도둑맞을 걱정을 전혀 않는다는 것이 매우 놀라웠다.[18]

한국인들은 창문에 방범창을 달고 현관문에 잠금장치를 설치하고도 안심하지 못한다. 자전거를 타고 가다가 잠깐이라도 길가에 세울 때면 반드시 열쇠를 채워놓는다. 반면에 북쪽에서는 집에 방법창을 달지도, 자전거에 열쇠를 채우지도 않는다. 이것만 보더라도 북쪽에서의 범죄율이 한국에 견줘 대단히 낮다는 사실을 알 수 있다.

북에서도 살인이나 성폭행 같은 강력범죄가 발생하지만 그 빈도가 대단히 낮다고 한다. 한국 언론들은 북에서 인신매매 범죄가 성행하고 있다고 말하기도 하는데, 이 또한 신뢰하기 어렵다. 물론 고난의 행군기와 그 후유증이 남아 있던 시기까지는 여성을 중국으로 유인하거나 납치해 중국인에게 팔아먹는 인신매매 범죄가 제법 발생했다. 물론 이런 범죄에 대한 처벌은 대단히 엄격하다. 다음은 한 탈북자의 증언이다.

> 인신매매라고 하면, 북쪽에 있는 여자들에게 중국 친척 만나게 해주겠다고 속여 중국에 데리고 갔다가 한족에게 파는 것입니다. 잡히면 바로 사형이죠. 북에서 인신매매하면 돈으로 사람을 팔았다는 측면에서, 외세에 우리 민족을 팔았다는 차원에서 민족반역자가 됩니다. 따라서 인신매매 범죄를 저지른 사람들은 갈 데가 남쪽밖에 없죠.[19]

중국인을 상대로 한 인신매매는 있을 수 있지만, 북쪽 사회 안에서 인신매매는 거의 불가능하다. 김련희 씨에게 인신매매에 관한 질문을 하자 그녀는 의아해하며 "사람을 왜 사요?" "사람을 사서 뭐 해요?"라고 되물었다. 내가 매춘업소나 원양어선 등에 판다고 말하자 김련희 씨는 웃으면서 "아! 우린 팔아먹을 데가 없잖아요"라고 말했다.[20] 북에는 매매춘 행위나 성매매 업소가 없고 개인이 소유한 유흥업소나 어선도 없다. 설사 사람을 납치한다고 해도 팔아먹을 곳도, 살 곳도 없으므로 인신매매 범죄가 발생하기 힘든 것이다.

탈북자들이 한국에 와서 가장 크게 충격을 받는 범죄는 두 가지라고 한다. 하나는 부모형제 간에 돈 때문에 서로를 죽이거나 상해를 입히는 범죄다. 김련희 씨는 이렇게 말했다. "여기에 와서 제일 깜짝 놀란 게 부모가 자기 자식을 죽일 수 있다는 게, 나는 정말 깜짝 놀랐어요. 가능하구나, 저게."[21] 다른 하나는 타인에 대한 무차별적 증오범죄 혹은 인간혐오 범죄다. 김련희 씨는 한국에 와서 증오범죄가 있다는 것을 알게 된 후부터 계속 두려움에 떨게 되었다면서 다음과 같이 말했다. "드라마에서 일부러 교통사고를 내거나 지나가는 사람 입을 막아서 산속으로 끌고 가고, 감금하고. 이런 건 상상을 못 했던 거죠. 아! 저런 게 어떻게…. 와, 대낮에도 진짜 코 베어 갈 수 있겠구나. (…) 길 가다가 우연한 사고가 아니라 고의적인 사고를 당할 수도 있다는 게 너무나 두려웠었어요."[22] 북에는 강력범죄가 거의 없고 인간혐오 범죄는 아예 없기 때문에 북쪽 사람들은 범죄의 피해자가 될까 봐 두려워하면서 살지 않는다. 실제로 평양의 밤거리는 세계에서 가장 안전하다고 할 수 있다.[23]

범죄: 처벌이냐 예방이냐

끊임없는 반공·반북 선전 속에서 살아온 한국인들은, 북을 잘못이나 범죄에 아주 가혹한 처벌을 가하는 무서운 곳이라고 생각한다. 경수로 건설에 참여했던 차재성 씨도 이런 편견을 가지고 있었다. 어느 날 현장에서 한 한국인이 북 최고지도자의 사진이 실려 있는 노동신문을 훼손하는 중대 사건—북에서는 최고지도자의 사진 훼손을 가장 큰 범죄 중 하나로 간주한다—이 발생했다. 가혹한 처벌을 우려했던 한국의 관계자는 "훼손자를 찾아서 어떻게 하려느냐"고 물었다. 그러자 북쪽 관계자는 "인민들 앞에서 공개 사과시키고 강제 출국시키겠다"고 대답했다. 차재성 씨는 이 말을 들었을 때의 느낌에 대해 "나도 모르게 비죽 웃음이 났다. 사형이나 아오지 탄광을 생각하고 있었다면, 지나친 오해였을까"라고 회고한다.[24]

남과 북은 범죄를 대하는 태도에서 큰 차이가 있다. 첫째, 한국은 범죄가 발생한 후에 체포해서 처벌하는 것에 주력하지만 북은 의료분야처럼 범죄를 예방하는 것을 더 중시한다. 호담당 의사에게 담당구역이 있듯이, 북의 경찰에게도 담당구역이 있다. 경찰은 자기 구역에서 범죄가 발생하지 않아야 특진을 할 수 있고, 상금도 받을 수 있다. 반면에 자기 구역에서 범죄가 발생하면 불이익은 물론이고 처벌까지 감수해야 한다. 그래서 한 달에 한 번 열리는 인민반 회의에는 호담당 의사만이 아니라 경찰도 참여해서 주민들에게 '무엇무엇을 주의하라'는 식으로 범죄예방 활동을 한다.

둘째로 한국은 범죄자를 거의 예외 없이 처벌하지만 북은 두 번 정도까지는 반성의 기회를 주고 그래도 교정되지 않으면 그때 법적인 처벌을 한다. 사회구성원을 법의 심판대에 세우기 전에 소속 조직과 당 차원에서 교화하는 단계를 거치는 것이다. 즉 북은 공동체 안에 사람들을 교화하기 위한 여러 단계가 있고 마지막 수단으로 법 앞에 세운다.[25] 법적 처벌은 최후의 수단인 셈이다. 김진향 이사장은 "사실 북측에서 평범한 인민들이 재판을 받아 법에 따른 처벌을 받는 경우는 거의 없습니다. (…) 법적 처벌을 받기 전에 각자가 속한 공동체 안에서 자아비판과 성찰의 과정을 거치며 반성하게 되죠"[26]라고 말한다.

만일 누군가가 처음으로 범죄를 저질렀다면 그 사실이 초급 소속단체에 통보되어 그는 일주일마다 진행하는 생활총화에서 비판받는다. 잘못을 뉘우치지 않고 다시 범죄를 저지르면 이번에는 부문 위원회—초급단체 10개 정도의 모임이다—회의, 즉 100-200명 정도 되는 사람들 앞에서 비판을 받는다. 그런데도 또 다시 범죄를 저지른다면 마침내 경찰로 넘겨져 법적 처벌을 받게 된다. 물론 살인 같은 강력범죄를 저지를 경우에는 곧바로 경찰로 넘겨진다.[27] 이렇게 북에서는 범죄를 저지르더라도 한두 번까지는 비판받는 걸로 끝나기 때문에 한국에 온 탈북자들은 단순히 실수했는데 경찰서에 갈 수 있고, 구속까지 될 수 있다는 것을 굉장히 두려워한다. 북의 처벌 문화에 익숙해져 있는 그들은 '몰라서 실수할 수 있으니 그럴 때 진심으로 뉘우치면 공동체가 용서해줘야 한다'고 생각하기에 한국의 처벌관행이 너무 가혹하다고 말한다.[28]

〈이빨 두 개〉라는 다큐멘터리 영화에서도 북이 처벌보다는 반성이나 교육을 더 중시한다는 것을 확인할 수 있다. 영화에는 한국으로 넘어온 북의 아이가 친구와 싸우다가 이를 부러뜨린 사건이 소개된다. 한국에서는 그런 일이 벌어질 경우 통상적으로 합의해서 치료비를 물어주거나 경찰서를 찾아 고소한다. 반면에 북에서는 그런 일이 발생해도 진심으로 사과하고 반성하면 처벌을 받지 않고 끝난다. 즉 반성하면 법적 처벌은 받지 않으며, 부러진 이는 국가가 무상으로 치료해주니까 돈을 물어주지도 않는다는 것이다. 이런 문화 속에서 살아왔기 때문에 한국에서 살고있는 탈북자들은 "남측에선 모든 문제를 법으로만 처리하려고 해서 무섭고 불안하다"[29] 고 말하는 것이다.

사실 '법대로 하자'는 말은 서로 사이가 좋지 않거나 원만하게 합의할 수 없을 때 하는 말이다. 다시 말해 사람들 사이의 관계가 나쁠수록, 사회적 분쟁이나 갈등이 심할수록 법이 전면에 나서게 되고 법 조항도 복잡다단해진다. 사람들 사이의 관계가 좋을수록, 사회적 분쟁이나 갈등이 적을수록 법은 최후의 수단으로만 기능하게 되고 법 조항 역시 단순해지기 마련이다.

°권력

모든 폭정은
심리적 흔적을
남긴다

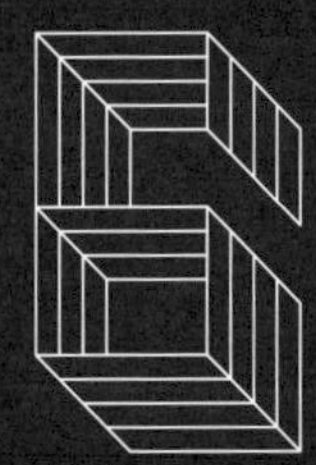

어떤 정권이 사람들을 70년 넘게
학대해왔다면 그들의 마음속에는
필연적으로 두려움과 경계심,
무력감과 수동성, 우울과 비관,
자기 검열과 억압, 폭력과 분노 등의
심리가 자리 잡고 있을 법하다.
따라서 이제부터는 북쪽 사람들에게
이런 심리가 존재하는지를
살펴보기로 한다.

사회주의를 증오하고 적대시하는 자본주의 진영은 북의 정권을 인민을 탄압하고 착취하는 폭압정권으로 묘사해왔다. 권력에 반대하는 사람들을 감시하고, 투옥하고, 고문하고, 죽이며 사람들을 가혹한 강제노동으로 내몰아 착취하는 정권이라는 것이다. 과거 한국의 만화영화 〈똘이 장군〉이 묘사한 북 정권의 모습이 이와 똑같다. 프랑스의 역사학자 피에르 리골로Pierre Rigolo는 1997년에 발간한《공산주의 흑서Le livre noir du communisme》에서 다음과 같이 주장한 바 있다.

> 10만 명의 북한 주민이 노동당의 숙청으로 살해당하고, 150만 명이 강제수용소에서, 50만 명이 기근으로, 그리고 10만 명이 식량 부족으로 살해당했다.[1]

동시대 한국의 통합방위본부 역시 "처참한 경제파탄으로 유랑민과 거지의 수가 1996년 1만3000여 명에서 1997년에는 무려 23만 명으로 증가하였다"고 주장하며, 이런 대량 유민들은 결국 김정일 정권에 대한 잠재적 적대세력의 핵심이 될 것이라고 결론지었다.[2] 한국에서는 북 정권이 주민들의 전화통화까지 단속한다면서, 그 까닭을 사람들끼리 소통을 시작하면 폭동과 혁명이 일어날 우려가 있어서라고 설명했다.[3] 물론 북은 이런 주장들을 완전한 날조이자 거짓말이라고 일축하며, '정권의 주인은 인민이고 북 정권은 인민을 위해 복무하는 인민정권'이라고 말하고 있다. 북과 자주 접촉한 상당수의 한국인들도 북의 정권이 폭압정권이라는 주장은 사실이 아니며, 북쪽 사람들이 지도자와 정권을 지지하고 있다고 말한다. 과연 어느 쪽의 주장이 사실일까?

북 정권의 성격에 대해서는 여러 경로와 방법으로 확인할 수 있을 것이다. 나는 심리학자로서, 북의 정권이 폭압정권인지 아닌지를 확인하는 대단히 효과적이고 정확한 방법, 즉 신뢰할 만한 심리학적 방법이 있다고 생각한다. 어떤 심리학자가 아동학대 가정에 사실 여부를 확인하기 위해 방문했다고 해보자. 당연히 부모들은 학대하지 않았다고 거짓말할 것이고, 아이들 역시 부모가 무서워서 진실을 말하지 않을 가능성이 높을 것이다. 그럼에도 불구하고 심리학 전문가들은 아이들의 표정과 언행, 그리고 부모와 아이들의 관계, 집안 분위기 등에서 아동학대 여부를 금방 알아낼 수 있다. 간단히 말하자면, 아동학대가 존재한다면 아이들을 통해 어떻게든 드러나기 마련이라는 것이다. 마찬가지로 만일 북의 정권이 폭압정권이라면 그 증거는 그 무엇보다 북쪽 사람들을 통해서 분명하게 드러나기 마련이다. 정권에 의해 일상적으로 감시당하고, 혹사당하고, 죽임을 당하는 등 끔찍한 학대를 당한다면, 북쪽 사람들은 학대 가정의 아이들처럼 전형적인 피학대 심리를 갖게 될 수밖에 없다. 따라서 이런 점들을 살펴보면 서방세계와 북의 주장 가운데 어느 쪽이 옳은지 확인할 수 있다.

북쪽 사람들을 접촉해본 이들은 대부분 그들이 착하고 순수하고 소박하고 겸손하다고 입을 모은다. 경수로 사업차 북에 장기 체류했던 차재성 씨는 북쪽 사람들을 "소탈하고 겸손한 사람들, 삶의 무게가 무쇠같이 짓눌러도 풀빛 같은 아름다움을 간직한 사람들"[4]이라고 표현한다. 1990년대부터 2000년대까지 북을 여러 차례 방문했던 의사 오인동 씨는 "내가 확인한 것은 그곳에도 우리와 똑같은, 아니 더 순박하고 수수한 고향 사람 같은 인간들이 살고 있다는 가슴 뻐근한 사실이었다"[5]라고 전한다. 십여 년간 북쪽 사람들과 일상적으로 부대꼈던 개성공업지구지원재단 김진향 이사장 역시 북쪽 사람들을 이렇게 묘사한다.

> 기본적으로 북측 사람들은 남측 사람들보다 타인에 대해 예의 바르고 호의적이며 순수하다. 순박하고 선하고 진실하다. 때 묻지 않은 그런 순박함 때문에 때로는 사람과 사람 간의 갈등 해결방식이 다소 투박하고 세련되지 못하게 나타나는 경우도 없지 않다. (…) 개인적 경쟁심은 별로 없다. 다만 집단적 경쟁심은 남다르다.[6]

여러 증언을 종합해보면, 북쪽 사람들은 마치 과거 한국의 농촌 사람들처럼 때 묻지 않은 선량함과 순수함을 가졌다고 말할 수 있다. 그런데 과연 이것이 폭압정권 치하에서 살고 있는 사람들의 모습일까? 일상적으로 감시당하고 두들겨 맞고 착취당하면서 살면 사람은 선량하고 순수해지는 것일까?

어떤 정권이 사람들을 70년 넘게 학대해왔다면 그들의 마음속에는 필연적으로 두려움과 경계심, 무력감과 수동성, 우울과 비관, 자기 검열과 억압, 폭력과 분노 등의 심리가 자리 잡고 있을 법하다. 따라서 이제부터는 북쪽 사람들에게 이런 심리가 존재하는지를 살펴보기로 한다.

두려움: 경계와 긴장의 흔적

'일진'이 지배하는 어떤 교실을 한번 떠올려보자. 아마 학생들은 일진에게 맞을까 두려워하며 매사에 경계할 것이고, 잔뜩 긴장한 채 일진과는 눈도 마주치지 못할 것이다. 공포가 뒤덮은 사회에서 이런 심리적 반응은 필연이고 이를 감추는 것은 불가능하다. 따라서 북쪽 사람들이 폭압정권하에서 살아왔다면 무엇보다 그들은 겁에 질려 있을 것이다. 그런데 그런 징후는 발견하기 어렵다. 만일 북쪽 사람들이 겁에 질려 있고 권력을 두려워한다면 '까라면 까야지'라는 순응이 몸에 배어 있지 정부 관리나 상급자의 지시에 토를 달거나 거부하기는 힘들 것이다. 그러나 북쪽 사람들은 간부나 윗사람의 말이라고 해도, 내키지 않을 땐 따르지 않는 경우가 많다. 수키 김이 북을 떠나면서 기념사진을 찍을 때의 일이다. 사람들이 자리를 잡고 있을 때 키 큰 학생 하나가 수키 김 바로 뒤에 섰는데, 촬영을 하던 교사가 뒷줄로 옮기라고 아무리 요구해도 꼼짝도 하지 않았다고 한다.[7] 북쪽 노동자들도 정부 관리의 말을 잘 듣지 않는 경우가 많다. 개성공단의 한 공기업에서 근무했던 이는 "북측 간부들의 어려움이 무엇이냐?"는 질문에 이렇게 대답했다.

> 근로자들에 대한 통제가 잘 안 되는 경우들이 있죠. 예를 들면 근로자들은 공휴일에도 특근을 하고 싶어 해요. 하루라도 나와서 일하는 게 쉬는 것보다 좋다는 거죠. 그래서 휴일로 지정해도 근로자들이 기업과 협의해서 출근하는 경우가 적지 않아요.[8]

북쪽 노동자들이 관리자의 통제를 거부할 뿐만 아니라 한국 기업과 독자적으로 협의하고 출근 여부를 정할 수 있다는 것은 그들이 권력을 별로 두려워하지 않는다는 반증이다. 북과 협력사업을 진행했던 한 한국인은 북측 당국이 권력으로 모든 것을 할 수 있지는 않다면서, 북의 정부기관은 어떤 결정을 내린 후에도 현장 책임자들의 동의가 필요하며, 만일 일이 약속대로 이루어지지 않으면 현장에서 민화협(북의 정부 기구)에 항의가 이어지고, 상부 당국에도 문제를 제기한다고 밝혔다.[9] 즉 북에서는 정부기관의 일방적인 지시가 통할 수 없고, 기관이 일을 잘못하면 아래서부터 항의와 신소가 빗발친다는 것인데, 이런 사례 역시 사람들이 권력을 두려워하지 않는다는 것을 보여준다.

북쪽 사람들 속에서는 또한 '경계심'이나 '긴장감'도 거의 발견하기 힘들다. 만일 권력에 의해 감시당하고 고문당하는 게 북의 일상이라면, 당연히 북쪽 사람들은 바짝 긴장한 채 세상을 경계하면서 살아갈 것이고, 사회 저변에 지독한 긴장감이 흐를 것이다. 공안 통치가 극심했던 박정희 정권과 전두환 정권 시기 한국 사회에는 항상 지독한 긴장감이 흘렀다. 당시에는 주요 거리나 학교 주변, 지하철역 입구 등 곳곳에 경찰이 있어서 지나가던 사람들을 불시에 검문해 가방에서 뭐라도 나오면 연행하곤 했다. 대학생이었던 나도 학생회에서 만든 신문을 무심코 가방에 넣고 가다가 불심검문에 걸려 경찰서 유치장 신세를 진 적이 있다. 그 후로는 교문을 나설 때마다 가방에 뭐가 들어 있는지 확인했고, 길을 걸어갈 때도 사방을 경계하곤 했다. 당시에 한국인들은 이렇게 초긴장 상태로 살아야만 했다. 북의 정권이 박정희나 전두환 정권 정도로만 사람들을 학대했어도 북쪽 사회에는 강한 긴장감이 흐르고 있을 것이다.

김련희 씨는 한국에 와서 형사에게 '휴대폰은 물론 50*m* 주변 공중전화까지도 다 도청된다'는 말을 듣는 순간 숨이 턱 막혔다면서, 당장 혼자 살아가는 것도 막막한데, 감시까지 당한다고 생각하니 자신도 모르게 긴장하게 되었다고 말했다.[10] 이것은 그녀가 북에서 살고 있을 때는 감시당한다는 느낌을 받은 적이 없었음을 의미한다. 실제로 북쪽 사람들은 외부인이나 정부기관 관계자 등을 경계하지 않으며, 그들이 가까이 다가가도 긴장하지 않는다. 북에 장기 체류했던 차재성 씨는 동료들과 함께 한국으로 치면 촌구석이라고 할 수 있는 함경남도 강상

리의 인민학교에서 열리는 마을운동회에 구경을 갔다. 그런데 그의 예상과는 달리 북쪽 주민들은 그들을 보고도 별로 당황해하지 않았을 뿐만 아니라 거의 신경을 쓰지 않았다.[11] 북에서 오래 살았던 일본인 타미야 다카마로 역시 북쪽 사람들이 남의 눈치를 보지 않으며 경계심도 없음을 인상 깊게 전한 바 있다.

> 북한에 와서 우리가 가장 감동한 것은 북한 사람들의 언동 그 자체에 대해서였습니다. 모두가 소박하고 거짓이나 속임이 없으며 위선이라곤 없습니다. 보기에 따라서는 아주 직선적이고 단도직입적이라고 할 만큼 겉으로는 이렇게 말하면서 마음속으로는 저렇게 생각하는 식의 언동은 전혀 느낄 수 없습니다.[12]

속내를 직선적으로 드러내는 솔직함은 권력을 경계해야 하는 사회, 눈치를 보면서 살아야만 하는 사회, 솔직하게 말을 했다가는 경을 치르는 사회에서는 절대 일반화될 수 없다. 흥미로운 사실은 많은 이들의 예상과는 달리 군사국가라고 불리는 북이 오히려 한국보다도 긴장감이 약하다는 것이다. 이는 판문점 방문 과정을 통해서 확인할 수 있다. 남과 북 양쪽을 통해 판문점을 가본 이들은 한국에 비해 북의 방문 절차가 훨씬 간단하고 통제도 덜하다고 말한다. 장쉰은 북한을 통해 판문점에 들어가는 편이 한국을 통해 들어가는 것보다 상대적으로 더 수월하다고 말했고,[13] 일본 언론인 시게무라 도시미쓰 역시 두 경로를 비교한 바 있다.

(북에 있을 때-인용자) 판문점에도 가보았다. 한국 쪽에서 판문점을 갈 때의 수속의 번잡함과 소요시간을 생각하면 예상외로 간단했다. (…) 꽤 나이 들어 보이는 군인이 서류를 검토한 후 간단히 통과시켜주었다. 놀라운 것은 평양에서 판문점까지 검문소가 여기 한 곳밖에 없다는 사실이다. 과거 한국은 북으로 향하는 도로의 이곳저곳에 검문소가 있었다.[14]

현재는 상당히 완화되었지만, 한국에서는 오랫동안 판문점을 방문할 때 사진 촬영이 엄격히 금지되었다. 사진 촬영은 공동경비구역JSA 내에서뿐만 아니라 민간인 통제구역 내(임진강 통일대교 검문소 이후)에서의 버스 이동 중에도 금지된다. 반면 북쪽에서는 소지품과 복장, 촬영 등에 대한 제약이 전혀 없다. 또한 한국에서 판문점을 방문하는 사람들은 '견학 중 부상이나 사망 등 사고가 일어나도 일체 보상을 요구하지 않는다'는 서약서에 서명해야 하며, 출발 24시간 내에는 음주와 촬영이 금지되고 휠체어·지팡이·우산 등의 소지품도 금지된다. 판문점 내에서는 한국군 병사 뒤에 두 줄로 서서 이동해야 하며, 손을 흔들거나 소리 내어 웃는 행위도 금지된다. 복장에 관해서도 놀라울 만큼 세세한 사항들이 정해져 있으며, 실제로 복장 심사를 한다. 이 밖에도 한국에서는 북으로의 망명을 저지하기 위해 원칙적으로 개별 방문은 허용하지 않으며, 단체방문조차도 신청 후 심사·승인까지 반년 이상 기다려야 할 때가 많다.[15] 또한 한국에서는 11세 미만 어린이의 판문점 방문은 금지되어 있지만, 재일교포 유미리 씨는 북쪽에서 열 살 아들과 함께 판문점을 방문할 수 있었고, 모자는 한국에서는 금지된 샌들을 신고서 인민군 장교에게 허가를 받아 자유롭게 사진 촬영도 할 수 있었다.[16] 요컨대 한국은 판문점 방문객을 지독할 정도로 통제하지만 북은 그렇지 않다는 것이고, 이는 남북에 내재된 긴장감의 차이로 나타난 현상으로 볼 수 있다.

남북 간 긴장감의 차이는 공항 풍경에서도 드러난다. 최근에는 한국도 상당히 자유로워졌지만 1990년대까지만 해도 그렇지가 않았다. 시게무라는 김포공항과 평양공항의 긴장감의 차이를 이렇게 묘사했다.

> 평양공항에는 서울의 김포공항과 같은 긴장감이 없다. 과거 김포공항에서는 비행기 안에서 촬영이 엄격히 금지되었다. 비행기가 착륙하기 전에 사진 촬영을 금한다는 안내방송이 반드시 나왔다. 활주로에 사진기를 들이대면 금방이라도 체포될 것 같은 분위기였다.
> 그러나 평양공항에서는 아무리 사진을 찍어도 누구도 뭐라 하지 않는다. 비행기 안에서 조마조마한 마음으로 사진기를 들어도 스튜어디스가 아무 말도 하지 않는다. (…) 이 점만큼은 언제 가봐도 이해되지 않는다. 한반도에서 사진 촬영이 가장 자유로운 공항이 바로 평양공항이다.[17]

물론 북미 간 긴장이 심각했고, 북이 국가적 위기 극복을 위해 총력을 기울이던 과거에는 북 정부 또한 방북 외국인들을 엄격히 통제한 바 있다. 서방세계는 이를 근거로 북이 통제사회라는 보도를 내보내곤 했다. 그러나 긴장이 완화되고 북이 위기에서 벗어남에 따라 이런 일들은 크게 완화되었다. 휴대폰 금지 조치가 사라진 것이 대표적인 예다.

지금까지 살펴보았듯이, 북쪽 사람들은 타인은 물론이고 국가권력을 두려워하거나 경계하지 않으며, 눈치를 보는 일이 없이 솔직하게 말하고 행동한다. 나아가 북쪽 사회에는 긴장감도 거의 없다. 만일 북의 정권이 정녕 폭압정권이라면 이런 것들은 가능하지 않을 것이다.

무력감: 자기 불신의 흔적

아내가 미용실에서 파마를 하고 오자 남편이 인상을 쓰며 "머리가 그게 뭐야! 다 풀고 와"라고 말한다. 아내가 외출하려고 옷을 차려입자 남편이 얼굴을 찡그리며 "옷이 뭐 그래, 딴 걸로 다시 입어"라고 말한다. 이런 식으로 남편이 아내를 몇 년간 통제한다면 어떻게 될까? 아마 아내는 머리를 하거나 외출할 때마다 남편한테 물어보고 나서야 어떤 행동을 하게 될 것이다. 스스로 결정을 내려봤자 또 어떤 행동을 해봤자 아무 소용이 없다는 것을 반복적으로 경험한 결과 무력해지기 때문이다. 자유를 제약받거나 구속당하면 사람은 필연적으로 무력감에 젖게 된다. 무력해지면 권리의식이 희박해진다. 스스로에게 머리 모양과 옷차림을 선택할 권리가 있다는 것을 아예 잊어버리고 살게 되는 것이다. 또한 웬만해서는 자신이 결정하거나 앞에 나서지 않는 식으로 수동적인 태도가 몸에 배게 된다.

정권이 끊임없이 사람들을 간섭하고 통제했다면 북쪽 사람들은 무력감에 권리의식이 빈약해지고 수동적인 태도로 살아가고 있을 것이다. 따라서 북쪽 사람들의 권리의식과 수동성을 검토해보면 북의 정권이 과연 폭압정권인지 아닌지를 확인할 수 있다. 권리의식에 대해 먼저 말하자면, 북쪽 사람들의 권리의식은 대단히 높은 편이다. 국가가 나한테 매달 먹을 것과 입을 것 등을 꼬박꼬박 줘야만 하고, 그런 것들을 국가로부터 받을 권리가 있다고 생각하는 한국인은 아마 없을 것이다. 반면에 북쪽 사람들은 자신이 국가로부터 배급받을 권리가 있다고 생각한다. 배급이나 약속과 관련된 북쪽 사람들의 권리의식에 대해 개성공단에서 근무했던 한 관리자는 다음과 같이 말한다.

> 배급사회인 북측에서는 아무리 많은 양을 지급받더라도 여간해서는 '감사하다'거나 '많다'고 표현하지 않는다고 합니다. 본인에게 할당된 몫을 당연하게 지급받는 것이라고 생각해요. 호의로 한 번 지급한 물품이나 협의된 몫에 대해서는 기업의 경영상태가 어려워져도 꼭 받으려고 합니다. 약속으로 보죠.[18]

북쪽 사람들은 할 말이 있으면 꼭 하고야 마는 편인데, 이 또한 높은 권리의식이 뒷받침될 때 가능한 행위다. 이런 성향은 1990년대 경수로 건설 현장에서 함께 일했던 남과 북의 일꾼들 사이에서 잦은 마찰음을 만들어내기도 했다. 예컨대 북쪽 노동자들은 한국측 현장기사의 일방적인 작업지시에는 못마땅해 하며 따르지 않았다.[19] 한번은 한국의 현장기사가 작업설명을 하면서 북의 노동자에게 손가락질한 것이 발단이 되어 두 사람이 드잡이하는 사건이 발생했다. 이때 북쪽 노동자는 한국인들과 동등한 입장에서 협조해 일하는 것인데 일방적인 지시를 받으면 기분이 나쁘다면서 한국측 현장기사한테 "돈에 팔려온 놈이 무슨 말이 많으냐"고 거친 말을 하기도 했다.[20] 북쪽 사람들의 권리의식이 높다는 것은 개성공단에서 근무했던 한 한국인의 경험담을 통해서도 확인된다.

> 예를 들어 아침에 일을 하다가 갑자기 기계가 고장이 났다고 가정해 보세요. 기계를 수리하여 정상으로 돌리는데 1시간이 걸렸다면 남측(기업) 입장에서는 바로 이어서 일을 해야 한다고 생각하는데, 북측(근로자)의 사고는 많이 달라요. 휴식 시간이 되면, 기계가 돌아가지 않아 생긴 휴업 시간을 고려하지 않고 쉽니다. 이런 일이 생기면 남측 주재원들은 북측 근로자들에게 "이런 게 사회주의의 병폐이며 비효율의 극치"라고 한마디씩 하는데, 북측 근로자들은 "기계가 고장 나서 수리하는 건 우리 책임이 아니"라고 맞받아칩니다. (…) 엄밀히 보면, 남측의 노동법규를 적용한다 해도 북측 근로자들의 말이 맞습니다.[21]

한국에서는 위와 같은 경우가 발생할 때 노동자들이 관행적으로 일을 더 한다. 권리 주장을 두려워하기 때문이다. 한국에서는 법적으로 상사의 퇴근 여부와 무관하게 직원의 정시 퇴근이 보장되지만 현실에서는 잘 지켜지지 않는다. 직장생활에서 할 말이 있어도 참는 경우가 대부분이다.

북쪽 사람들은 할 말이 있으면 참지 않고, 권리를 적극적으로 주장하는 편이다. 진천규 기자는 평양 거리의 여중생들의 사진을 찍었다가 학생들의 항의에 곤욕을 치렀다. 평소에도 남조선 기자에게 불만이 많았다는 북의 중학생들은 '미리 양해를 구하지 않고 무조건 찍었다'고 항의하면서 사진을 삭제할 것을 요구했다. 북의 안내원이 나서서 학생들을 달랬지만 요지부동이어서 20여 분이나 설득한 후에야 겨우 무마할 수 있었다. 진천규 기자는 이 일에 대해 "사진기자로서는 곤혹스러운 상황이었지만 한편으로 아이들의 당돌한 태도가 반갑기도 했다. 이렇게 당당하게 자신의 권리를 주장할 줄은 전혀 예상하지 못했기 때문이다"[22]라고 기록했다. 그의 말처럼 학생들의 당당한 모습을 확인하는 것은 반가운 일이다. 그것이야말로 북쪽 사람들의 권리의식이 높다는 근거, 즉 그들이 무력감에 젖어 있지 않다는 생생한 증거이기 때문이다.

북쪽 사람들은 수동성과도 거리가 멀다. 북쪽 사람들이 적극적으로 자기표현을 하고 질문을 한다는 것은 방북 경험이 있는 많은 이들의 공통된 기억이다. 진천규 기자가 모란봉공원에서 만난 새내기 대학생은 기자의 질문에 수줍어하면서도 자기 생각과 주장을 뚜렷이 밝혔다.[23] 평양과기대학을 참관했던 장쉰은 "수업이 끝나자 수십 명의 학생이 잇달아 교탁 앞을 둘러싸고 교수에게 이것저것 질문하기 시작했다.

교수는 많은 질의에 답하느라 분주해 보였다"[24]는 소감을 남긴 바 있다. 북쪽 사람들은 뭘 하라는 요청에 주저하는 일도 없다. 개성공단의 한 한국인은 공장에서 한가할 땐 노래자랑 같은 것을 하곤 했는데, 북의 노동자들은 빼는 법이 없다며 다음과 같이 말했다.

> 남측에서는 노래하라고 하면 안 한다며 빼고 그러는데 북측에서는 그런 게 없습니다. 매우 적극적이에요. "어이, 와서 노래해!" 그러면 얼른 와서 하는데, 참 잘해요. 정말 꾀꼬리같이 잘하죠. 구연동화도 시켜봤는데, 잘하더군요. 구연동화 내용 중에 "노력동원에 일하러 나오라고 할 때는 아프다고 안 나오더니 배급 줄 때 되니까 잽싸게 1등으로 왔군요"라며 풍자하는 것을 보고 많이 웃었습니다.[25]

무력감이 초래하는 최악의 후유증은 '자기 불신'이다. 스스로에게 아무 힘도 없다는 느낌, 즉 혼자서는 상황을 바꿀 수 없다는 무력감이 궁극적으로 자기 불신으로 이어지는 것이다. 학대당하며 살아온 시간이 길어질수록 자기 불신이 심해지는 것은 이 때문이다. 북쪽 사람들이 무력하지 않다는 것은 그들에게서 자기 불신의 흔적을 찾기 힘든 반면, 자기 확신이나 자신감의 기미는 쉽게 발견할 수 있다는 데서도 확인할 수 있다. 타미야 다카마로는 이렇게 말한 바 있다.

> 북한 사람들을 보면 자신들의 힘을 굳건히 믿고 있다는 생각이 듭니다. (…) 가령 발전된 다른 나라와 자기 나라를 비교할 때에도 우리나

라에서는 아직 질 좋은 것을 만들지 못하지만 앞으로는 반드시 질 좋은 것을 만들게 되고야 말 것이라는 식으로 자기 자신을 굳게 믿고 있습니다.[26]

놀라운 것은 고난의 행군 이후에 북쪽 사람들의 자신감이 떨어지기는커녕 오히려 상승했다는 것이다. 최근에 북쪽 사람들은 전례 없는 자신감을 드러내며 "고난의 행군까지 한 마당에" "고난의 행군까지 이겨냈는데"라는 말을 자주 입에 올린다고 한다. 전 국가적 위기를 극복한 사람들에게서 무력감이 줄어들고 자신감이 상승한 대목은 북의 미래를 밝힐 심리적 자산으로 작용할 것이 분명하다.

우울과 비관: 분노의 흔적

폭압정권 치하에서 살아가는 사람들이 유쾌하고 명랑하기란 불가능하다. 물론 그런 사회에서도 병적인 환락과 유희는 있겠지만, 절대다수는 우울하고 비관적일 수밖에 없다. 학대 가정에서 자라는 아이들, 독재국가 국민들의 표정에 그림자가 드리우는 것은 필연이다.

북쪽 사람들의 기본 정서는 우울이나 비관과는 거리가 멀다. 오히려 명랑이나 유쾌함에 가깝다. 정서는 무엇보다 사람의 얼굴 표정으로 확인할 수 있다. 두 번에 걸쳐 북을 여행한 재일교포 작가 유미리에게 한 일본인이 물었다. "유미리 씨, 그 나라 사람이 행복한가 불행한가는, 대개 시내를 걸어보면 알 수 있겠죠? 시내 전체 분위기의 명암이라든가, 걸어가는 사람들의 표정이라든가. 어떻게 생각해요?" 그러자 유미리는 "조선 전국을 걸어 다니며 구석구석까지 다 돌아본 것은 아니지만 한 번 갔던 장소에 한해 말하자면, 놀랄 정도로 모두 밝고 여유로운 모습들이었습니다. 웃는 사람들이 많았습니다"라고 대답했다.[27] 의사 오인동 역시 2010년의 방북을 회고하며 "평양에도 하이힐 신은 여성들이 그렇게 많은 줄 처음 알았다. 걷는 모습들이 모두들 밝고 명랑했다. 어두운 표정이나 지친 걸음걸이는 찾아볼 수 없었다. (…) 그들의 생동감 넘치고 자유분방한 모습은 누가 연출하고 시켜서 만들어지는 것이 아니다"라고 말했다.[28] 이밖에도 북을 방문하거나 북쪽 사람들을 접촉했던 이들은 대부분 사람들의 표정이 밝았다고 기억한다.

북쪽 사람들의 정서가 밝다는 것은 또한 그들이 농담을 즐긴다는 사실에서도 확인할 수 있다. 북의 안내원이 재미교포 신은미 씨의 남편에게 자신의 아내가 등장하는 동영상을 보여주자 그는 "이런 탈피(마른 명태) 같은 남자가 뭐가 좋다고 저 예쁜 색시가 결혼을 했을까?"라며 농담을 던졌다. 그러자 그 안내원은 "그럼 이모부(신 씨의 남편을 지칭)는 어떻게 이런 고운 이모를 만났습네까? 공항에서 처음 뵙는데 딸하고 나오시는 줄 알았디 뭐"라는 농담으로 받아쳤다.[29] 북 정권의 타도를 주장하는 반북주의자 수키 김도 북의 학생들이 농담을 무척 즐기는 모습을 관찰할 수 있었다. 틈만 나면 여자 얘기를 꺼내는 준호라는 학생이 있었는데, 그는 젊은 외국인 여선생에게 남자의 어떤 면을 보는지 물어보고는 그녀가 몇 가지를 답변하자 "제가 그 모든 것을 다 갖췄습니다!"[30]라며 짓궂게 농담하는 학생이다. 그런데 어느 날 식사시간에 평소에는 조용히 있던 류정민이라는 학생이 준호를 가리키며 이렇게 말했다. "정말 웃기는 건 이 애가 이렇게 말하지만 평생 여자친구가 없었다는 거죠. 얘는 여자들과는 재앙입니다." 영어 수업에서 'Disaster'(재앙)라는 말을 배운 류정민이라는 학생이 그 말을 이용해 농담을 한 것이다. 이 말에 모두가 웃음을 터뜨렸고 'Disaster'는 그해 여름 학생들 사이에서 유행어가 되었다. 학생들은 어떤 상황에서든 재앙이라는 단어를 집어넣는 말장난을 즐겼는데, 어떤 때는 '재앙 음식'이라든지 '재앙 시험'이라고도 했다.[31] 아마 북쪽 사람들이 서로 농담을 주고받으면서 즐거워하는 사례를 들자면 끝이 없을 것이다.

북쪽 사람들의 정서가 밝다는 것은 그들이 예상치 못한 상황이나 시련이 닥쳐도 신경질이나 짜증, 분노가 아니라 웃음이나 농담으로 반응하는 것에서 더욱 확실하게 드러난다. 재일교포 유미리 일행이 교예 공연을 보러 갔을 때의 일이다. 일행은 일정에 맞춰 도착했으나 황당하게도 공연이 이미 시작되어 입장할 수 없다는 말을 들었다. 공연 시작시간이 평소보다 30분 당겨졌는데, 박승일이라는 북의 안내원이 이를 미처 파악하지 못해 헛걸음을 하게 된 것이다. 그런데 통역을 맡고 있던 북의 여성 안내원은 운전수와 한동안 이야기를 주고받고는 한숨을 크게 내쉬더니 웃음을 터뜨렸다. 덩달아 운전수까지 웃음 소리를 내자 마침내 유미리 일행도 함께 웃기 시작했다. 유미리 씨는 이때의 느낌을 "서커스를 볼 수 없게 되었다는 낙담보다도, 시간이 변경된 걸 모르고 깜빡한 게 참으로 '박승일 씨답다'는 걸, 차에 타고 있던

전원이 웃음으로 동의했다는 사실이 즐겁고 유쾌했던 것이다"라고 회고한다.[32]

1990년대 경수로 건설 현장에서는 이런 일도 있었다. 당시 북쪽은 건설 현장에서 근무하는 한국인들을 접객할 초대소 복지관을 건설하고 있었다. 남쪽 사람들이 많이 이용할 것이라는 큰 기대를 품고 밤낮없이 땀 흘려 복지관을 짓고 있었는데, 완공을 얼마 앞두고 건물에 화재가 발생했다. 그런데 불타버린 공사 현장을 안타까운 마음으로 바라보던 차재성 씨에게 옆에 있던 안내원은 "남쪽 사람들이 몰래 와서 고의로 불을 낸 것 아니냐"면서 농담을 건넸고, 신축공사를 맡고 있던 지배인 또한 낙담하는 기색 없이 재건을 위해 다시 돌격대를 불렀으므로 곧 복구될 것이라고 말했다.[33] 2018년에는 대중들도 북쪽 사람들이 농담을 즐긴다는 사실을 직접 확인할 수 있었다. 전세계에 생중계된 남북정상회담에서 김정은 국무위원장은 평양냉면을 먼 곳에서 어렵게 가져왔다고 무심코 말했다가 "멀다고 하면 안 되갔구나"라며 농담을 던졌고, 이 말은 한동안 유행어가 되기도 했다.

북쪽 사람들의 정서가 밝다는 것은 또한 놀이를 통해서도 확인할 수 있다. 나는《실컷 논 아이가 행복한 어른이 된다》라는 책에서 부모가 우울하지 않아야 아이들이 마음껏 뛰논다는 것을 논증한 바 있다. 우울하고 비관적인 부모일수록 아이가 마음껏 놀도록 놔두기가 힘들다. 이는 무엇보다 우울할 때 옆에서 흥겨운 잔치를 벌이면 견디기 힘든 것과 같은 이유에서이고, 아이의 미래를 비관해 공부를 강요할 수밖에 없어서이기도 하다. 어떤 사회의 우울 역시 아이들이 마음껏 뛰놀고 있는지를 통해서 명쾌하게 확인할 수 있다. 북의 아이들은 시공간을 불문하고 잘 논다. 개선청년공원 등지에서는 아이스크림을 입에 물고 신나게 뛰어다니는 아이들을 볼 수 있고,[34] 극장에서는 공연 도중에 중학생들이 이리저리 뛰어다니며 천진하게 장난치는 장면을 볼 수 있다.[35] 북쪽 아이들은 무더운 날씨에는 분수대 물에 뛰어들거나 나무 위로, 담벼락 위로 아슬아슬하게 오르내리며,[36] 추운 겨울에도 집 밖에서 잘 뛰어논다.[37] 북을 방문했던 한국인들은 심지어 고난의 행군 시기에도 아이들이 즐겁게 노는 모습을 볼 수 있었는데, 이기범 교수는 이에 대해 "가난과 추위의 고달픔은 아랑곳하지 않은 채 재잘거리며 정겹게 뛰놀고 장난치는 모습을 어디에서나 볼 수 있었다. 몹시 반가웠다. 길에서 마주치는 아이들은 아무도 남쪽에서 올라온 손님들을 피하거나 불편해하지 않았다"고 회고한다.[38] 진천규 기자 역시 최근 북쪽 아이들을 본 소감을 다음과 같이 피력한다.

> 솔직히 고백하면, 나는 은연중에 북녘의 아이들이 불안하고 움츠린 모습일 거라고 생각하고 있었다. 조금만 더 제재를 가하면 북한이 굶주림에 지쳐서 손을 들고 나올 것이라는 바깥세상의 논리에 나 역시 젖어 있었다. 그래서 가장 어리고 힘없는 아이들에게 불안이라는 그늘이 드리워져 있을 거라고 생각했던 것이다.
> 그런데 현실에서 마주한 아이들의 모습은 내 예상을 빗나갔다. 불안하고 위축된 모습이 아니라 오히려 표정에는 자신감이 넘치고 행동도 아주 자연스러웠다.[39]

즐겁게 뛰어놀고, 타인을 경계하거나 불편해하지 않는다는 것은 북의 아이들이 아이들답게 티 없이 자라나고 있음을 의미한다. 이는 또한 북의 부모들이 우울하지 않다, 즉 어른들의 정서 역시 밝다는 것을 의미한다. 북에서는 아이들만이 아니라 어른들도 잘 논다. 북의 유원지나 명승지에 가보면 노래와 춤은 기본이고 배구 같은 스포츠나 기차놀이 따위를 즐기는 어른들을 쉽게 목격할 수 있다. 수키 김은 북쪽 학생들의 농구 경기를 보며 "뜨거운 7월의 저녁 그들은 내가 어디에서도 보지 못한 열정으로 경기를 했다. 그들은 서로에게 농담을 퍼부었고 웃음을 터뜨렸으며 아낌없이 땀을 흘렸고 젊은이답게 우아하고 아름답게 움직였다"고 묘사하기도 했다.[40] 중국 투먼에서 북쪽 여성 노동자들을 취재했던 김승재 기자 역시 다음과 같이 말했다.

> 열악한 환경, 열악한 식사였지만 불만의 기색은 보이지 않았다. 식사를 마친 뒤에는 오히려 포만감 때문인지 얼굴에 웃음이 가득했다. 팔짱을 끼고 대화를 나누는가 하면, 얼음조각을 이리저리 발로 차며 장난을 치기도 했다. 빙판길에서 기차놀이를 하며 빙빙 돌다 한 명이 넘어지자 모두 한꺼번에 넘어져 버렸다. 까르르르 한바탕 웃음이 터진다. 얼굴마다 천진난만함이 묻어났다. 20대 여성에게서만 느낄 수 있는 푸릇푸릇한 젊음이었다.[41]

우울은 본질적으로 분노의 원인을 향해 분출되지 못한 분노가 스스로를 공격함으로써 발생하는 정신장애다. 즉 우울증을 구성하는 기본 감정 중 하나는 분노이기 때문에 우울한 사람들은 짜증을 많이 내고 냉소적이며, 간헐적으로는 심하게 화를 낸다. 북쪽 사람들이 우울과는 거리가 멀다는 것은 그들에게서 화, 신경질, 짜증, 분노 등을 관찰하기 어렵다는 데서도 확인할 수 있다. 가령 북쪽에는 과음을 하는 사람이 거의 없고, 술에 취해 타인이나 세상을 욕하거나 고래고래 소리를 지르는 사람이 없다. 개성공단 관리기관의 한 관계자는 북쪽 사람들이 "화내거나 싸우는 모습을 본 적이 없어요. 대체로 차분하고 심성도 좋아요. 그리고 다들 머리가 정말 좋은 것 같아요"라고 말하기도 했다.[42]

자기검열과 억압: 말조심의 흔적

생각 조심, 말조심, 입조심을 해야만 하는 사회에서 살아가는 사람들은 머리 회전이 원활하기 힘들다. 정상적인 사고가 어렵다는 말이다. 사람들에게 통일을 주제로 1분간 자유롭게 발표할 기회를 주되, '민족'이라는 단어를 사용할 때마다 1000만 원씩 벌금을 부과한다고 가정해보자. 제아무리 달변가라도 머리가 굳어서 어떤 말이든 쉽사리 꺼낼 수가 없을 것이다. 검열과 억압이 사고능력을 마비·저하시킨다는 것은 여러 심리학 연구들을 통해 증명되었다. 사고능력의 저하는 곧 언어능력의 저하를 의미한다. 사람은 언어적 사고를 하며 사고와 언어는 흔히 동일시될 정도로 밀접하기 때문이다. 결론적으로 생각을 잘하고 말을 잘하려면 단지 머리만 좋은 걸로는 부족하고 자기검열과 억압이 없어야 한다. 일반적으로 자유롭게 살아온 사람들, 즉 자기검열과 억압에서 자유로운 사람들이 창의적인 사고를 하고 언변도 뛰어난 것은 이 때문이다. 마찬가지로 북쪽 사람들이 70여 년 넘게 자기검열과 억압 속에서 살아왔다면 그들의 사고력과 언어능력은 심각하게 저하돼 있다고 봐야 할 것이다.

북쪽 사람들의 사고력은 우수하다. 이는 무엇보다 그들의 뛰어난 언변을 통해서 확인할 수 있다. 북의 관리들과 회담해본 한국인들과 미국인들은 대부분 그들의 언변이 매우 뛰어나다는 데 동의한다. 정세현 전 통일부장관은 김득준이 북쪽 단장을 맡았던 남북체육회담에 대해 다음과 같이 회고한다.

> 북측 단장이 (…) 언변이 아주 좋아 노련하고 능수능란하게 회담을 자기 페이스로 운영했습니다. (…) 수석대표가 PD도 하고 작가도 하고 탤런트도 하고 모니터까지 다 해야 하는데, 우리 수석대표는 해당 분야 전문가라고 해서 권력을 업고 밀고 들어오다 보니까 막상 회담석상에서는 그런 걸 잘 못하는 경우가 많았죠.[43]

전 백악관 안보보좌관 리처드 앨런Richard V. Allen이 자신이 만나본 북의 당국자들을 "인내심이 많고 똑똑한 북한의 협상대표들"[44]이라고 표현한 데서도 알 수 있듯이, 미국에서도 북의 관리들은 언변이 뛰어난 것으로 정평이 나 있다.

2002년에 북의 화학공업상 박봉주가 경제시찰단을 이끌고 동대문

시장을 방문한 일이 있었다. 그가 상인들에게 질문도 많이 하고 메모도 열심히 하는 것을 지켜본 한 남쪽 기자가 "뭘 그렇게 많이 묻고 열심히 적습니까?"라고 물었다. 그랬더니 박봉주는 "기자 선생, 거 질문 좀 하지 마오. 난 지금 눈은 두 개밖에 없는데 볼 건 너무 많소"라고 재치 있게 응수했다.[45] 북 관리들의 언변이 뛰어나다는 것은 그들이 두뇌가 좋을 뿐만 아니라 자기검열과 억압에서 자유로움을 시사한다. 그렇다면 평범한 북쪽 사람들은 어떨까? 만일 공식석상에 등장하는 당국자들은 특권층이라서 검열과 억압에서 자유로울 뿐 일반인들은 그렇지 못하다면, 그들의 언변은 그다지 뛰어나지 않을 것이다. 그런데 북과 접촉했던 한국인들은 지위고하를 막론하고 북쪽 사람들의 언변이 뛰어나다고 이야기한다. 개성공단의 한 기업에서 생산라인을 관리했던 이는 이렇게 말한다.

> (북쪽 노동자들이-인용자) 음담패설만 잘 하는 게 아니라 농담이나 말장난 자체를 좋아하고 또 잘해요. (…) '말빨'이 세다고 할까? 대부분 달변이고, 말을 받아치는 데 아주 능숙해요. 그래서 말싸움을 하면 남측 사람들이 못 이긴다니까요. 이유는 모르지만 대부분의 북측 근로자들이 말을 잘 하고 재미있게 받아치는 능력들이 있어요.[46]

북쪽 사람들이 전반적으로 언변이 뛰어난 것은 자기검열과 억압이 없는 사회분위기, 그리고 생활총화와 같은 조직 내 민주주의로 인한 토론 훈련 덕분으로 볼 수 있다. 또한 교육도 여기에 긍정적인 영향을 미쳤을 것으로 짐작된다. 김지이 씨에 의하면 한국은 객관식이나 단답형 시험을 보지만 북에서는 대부분 서술형·구술형 시험을 보며, '사회주의에 대하여 논하라'는 식으로 문제를 미리 알려준다.[47] 일종의 오픈북 시험을 보는 셈이다. 객관식보다는 주관식 시험이 사고력이나 언어능력을 높이는 데 유리함은 두말할 필요가 없다.

북쪽 사람들이 육담을 즐긴다는 사실은 한국에도 잘 알려져 있다. 육담이란 한국으로 치면 음담패설이라고 할 수 있는데, 음담패설은 부정적인 느낌이 강한 반면 육담은 그렇지 않다. 작가 목수정은 북에서는 성생활이나 성관계를 '몸잔치'라고 부른다면서 이 표현을 칭찬한 바 있다. 아무튼 북쪽 사람들은 육담을 무척 좋아하고 즐긴다. 어느 정도인가 하면 명승지 안내원의 공식적 해설에도 육담이 등장할 정도다.[48] 북이 대단히 경직된 사회라는 선입견이 있는 한국인들은 북쪽 사람들의 육담을 접하고는 깜짝 놀라곤 한다. 개성공단의 한 관리자는 "북측 근로자들과 지내면서 의외였던 것은 성적 농담(음담패설)에 대해 개방적이고 표현의 수위가 높다는 거였어요"[49]라고 말했고, 또 다른 관리자 역시 다음과 같은 경험담을 전하고 있다.

> 북한은 음담패설이 일상화되어 있어요. 남자나 여자나 성에 관한 농담을 자주 하는 것 같아요. 처음에 저도 깜짝 놀랐어요. 젊은 아가씨들도 거리낌 없이 하는 거예요. 한번은 근무 중에 졸고 있는 여자 근로자한테 밤에 대체 뭘 했기에 조냐고 별생각 없이 물었는데, "밤에 전투적으로 했습네다"라고 진지하게 답해서 당황했죠. 농담이 아니

고 진담이었어요.[50]

북쪽 사람들이 육담을 즐기는 것을 어떻게 이해해야 할까? 우선 육담 문화가 북에서 성을 금기시하거나 억압하지 않음을 반영하는 현상이라는 것만큼은 분명하다. 더불어 성에 대한 억압은 정치적 억압과 비례 관계인 경우가 많다는 데 주목할 필요가 있다. 중세는 말할 것도 없고 프로이트가 활동하던 시절에 오스트리아 정권은 성, 특히 여성들의 성을 심하게 통제하고 억압했다. 당시 오스트리아는 반혁명의 거점이자 반동 통치의 상징이었다. 이것은 성에 대한 억압이 독자적이기보다는 다른 억압들 가운데 하나로 작용한다는 것을 의미한다. 쉽게 말해 다른 분야는 자유로운데, 유독 성문제만 억압하는 경우는 없다는 말이다. 사회 전반적으로 억압이 심한 사회는 성에 대해서도 억압할 가능성이 높고, 그렇지 않은 사회는 성문제에서도 열린 태도를 가질 가능성이 높다. 이 때문에 프롬은 성적 생활은 사회생활의 반영이라고 주장했던 것이다. 아무튼 북쪽 사람들은 성생활을 자연스러운 행위이자 즐거운 놀이로 간주하기 때문에 여러 농담 중 하나로 육담을 즐긴다고 추측할 수 있다. 나아가 이것은 북이 전반적으로 억압이 없는 사회임을 보여주는 하나의 증거로도 볼 수 있을 것이다.

북쪽 사람들이 육담을 즐기는 것은 또한 부부 간 성생활이 원만함을 반영하는 현상일 수 있다. 북에는 부부가 규칙적으로 성생활을 즐길 수 있게 하는 객관적 조건이 보장되어 있다. 나날이 혼인율이 떨어지고 있는 한국과 달리 북의 성인들은 적령기가 되면 다들 결혼을 한다. 여자들은 24-26세, 남자들은 28-30세 사이에 대부분 배우자를 맞는다. 북에서는 여자가 스물아홉만 돼도 '어이구, 저거 고철값이네'라는 말을 듣는다고 한다. 북에서는 결혼한 부부에게 우선적으로 주택이 배정되고 기러기 아빠나 주말부부 현상이 없으며, 노동시간이 칼같이 지켜진다. 따라서 북에서 부부는 늦어도 저녁 8시 반이면 만나서 같이 시간을 보내게 된다. 이런 조건들 덕분에 그날을 달력에다 표시하는 한국의 부부들과는 달리 북의 부부에게 성생활은 그야말로 일상생활이 된다.[51] 따라서 성생활을 북쪽 성인들이 자주 입에 올리고 농담의 소재로 삼는 것은 당연하다고 할 수 있다. 여러 심리학 연구들에 의해 밝혀졌듯이, 성생활에서 이야기되는 각종 문제들은 대부분 심리사회적인 요인에 의한 것이지 순수한 육체적 문제에서 비롯된 게 아니다. 발기불능이나 불감증 등도 대체로 심리사회적 요인에서 비롯되는 무력감이나 증오심 등과 관련이 있지 단순한 호르몬 문제가 아니라는 것이다. 어쨌든 북에서 부부간의 성생활이 대체로 원만하고 즐거우며 그것이 육담 문화로 표현되는 것이라면 북의 성인들은 각종 스트레스, 특히 부부 간 갈등에서 자유롭다고 추측해도 무방할 것이다.

육담 문화는 또한 북쪽 사람들 사이의 관계가 대단히 좋다는 것을 반영하는 현상일 수 있다. 한국의 경우에도 음담패설은 아주 친밀하고 가까운 사이에서만 가능하다. 예를 들면 절친인 고등학교 동창생들끼리 만나거나 함께한 시간이 쌓여 어지간히 친해져야만 음담패설을 하는 식이다. 잘 모르거나 친하지 않은 사람에게 음담패설을 했다가는 상대방을 불쾌하게 만들 수 있고, 법적인 문제로까지 번질 수 있다. 북쪽이라고 해서 잘 모르는 사람, 친하지 않은 사람한테까지 마구 육담을 할 리는 없다. 따라서 북쪽 사람들이 조금만 얼굴을 익히게 되면 서로 육담을 주고받는다는 것은 적어도 그들이 서로를 아주 가깝게 느끼기 때문이라고 짐작해볼 수 있다.

지금껏 여러 측면에서 살펴보았지만 북쪽 사람들의 심리에서는 폭압정권의 흔적을 발견할 수 없다. 따라서 권력이 국민을 일상적으로 감시하고 때리고 고문하고 죽일 때, 사람들이 착해지고 순수해지고 당당해지고 유쾌해지고 명랑해진다는 인과법칙이 존재하지 않는 한, 북의 권력은 폭압정권이 아니라고 보는 것이 합리적이다. 혹여라도 아이들을 학대하면 아이들이 착하고 순수해질 것이라는 생각 따위는 절대로 하지 않기를 바란다.

국가

북한 붕괴론,
30년 묵은
인디언 기우제

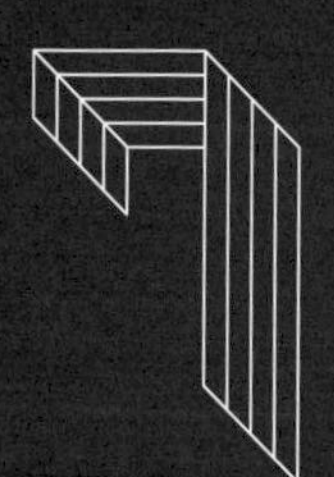

끈질긴 생명력을 자랑하는
북한 붕괴론에는 두 가지 결정적인
헛점이 있다. 첫째는 북의 인민들이
북 정권을 반대한다는 전제이고,
둘째는 북에는 국제적 봉쇄를
견뎌낼 힘이 없다는 전제다.

《북한의 협상전략Over the line》의 저자 척 다운스Chuck Downs는 "강압에 기초한 어떠한 정치체제도 결국에는 실패할 것이라는 결론은 타당한 이유를 가지고 있다"고 말했다. 그는 소련의 붕괴를 예로 들며 다음과 같이 주장했다.

> 크렘린의 지도자들은 매우 중요한 사안에 대해 종종 잘못된 정보를 가지고 있었다. (…) 왜냐하면 정보기관이 상관에게 거짓말을 하고 그릇된 정보를 제공하고 있기 때문이다. 외부로부터의 압력이나 민중봉기가 없더라도, 독재자의 이념적인 요구를 만족시키기 위해 공식적으로 허용되고 용인되는 기만과 거짓은 결국 북한을 붕괴시킬 것이다.[1]

다운스는 북의 정권이 "억압만으로는 영원히 버틸 수 없을 것"[2]이라고 힘주어 말하면서 결국 북은 멸망할 것이라고 주장했다. 사실 전제

조건을 배제한다면 그의 말은 옳다고 할 수 있다. 즉 국민을 억압하고 착취하는 폭압정권이 국민들의 반발에 의해 불안정해지고 멸망할 수밖에 없다는 것은 명백한 진리다. 이른바 '북한 붕괴론'이 끊임없이 제기되고 있는 까닭도 바로 여기에 있다.

북한 붕괴론

북한 붕괴론은 오래전부터 제기돼왔다. 그리고 사회주의 진영 몰락 이후 국제적 포위와 더불어 고난의 행군까지 겪게 되면서 북의 붕괴는 그 누구도 부정할 수 없는 기정사실이 되었다. "오늘날 제아무리 북한이 부인하더라도 전 세계 사람들은 공산주의 진영 대부분이 붕괴된 것처럼 결국에는 북한도 무너지고 말 것이라고 믿고 있다"[3]는 말이 보여주듯, 1990년대부터 북의 붕괴는 단지 시간문제라는 견해가 한국과 서방세계에 널리 퍼졌다.

북을 건국한 김일성 주석이 서거하자 한국과 서방세계에서는 '3-3-3 붕괴설'이 유행했다. 북이 빠르면 3일 혹은 3개월 안에, 길어봐야 3년 내로 붕괴할 것이라는 말이었다. 사실 미국이 1994년 1차 북핵문제를 다룬 제네바 기본합의서에 도장을 찍은 이유 중 하나는 북이 곧 붕괴하리라고 믿었기 때문이었다. 실제로 제네바 협상의 미국측 수석대표였던 로버트 갈루치Robert L. Gallucci 동아태 차관보는 북에게 너무 많이 양보했다는 지적에 "곧 무너질 나라하고 어떤 약속을 한들 무슨 상

관이냐?"는 식으로 반박하곤 했다.[4]

이후에도 북의 붕괴를 전망하는 미국 당국자와 주한미군사령관의 발언이 잇달았다. 1996년 게리 럭Garry Ruck 주한미군사령관은 미하원 안전보장위원회 세출위원회에서 북의 붕괴에 대해 "붕괴할 것인가 아닌가의 문제가 아니라 언제인가라는 시기의 문제이다"라고 진술했고, 커트 캠벨Kurt Campbell 국방부 부차관보는 미국을 방문한 일본 의원단에게 "북은 6-7개월 버틸까 말까 하는 상황이다"라고 장담했다.[5] 물론 이들의 호언과는 달리 북은 붕괴되지 않았을 뿐만 아니라 연이은 핵실험과 미사일 발사 등으로 오히려 미국을 압박하기 시작했다. 그럼에도 불구하고 북한 붕괴론은 이후로도 꾸준히 제기됐고 한국과 서방세계에는 여전히 그것을 믿는 이들이 적잖다. 2006년 10월 일본의《후지신문》은 북이 대기근 이후에 붕괴될 것으로 예측했고, 다른 일본 매체들도 '북한 군대의 변절' '북한에 반 김정일 책자가 유행한다'는 등의 허위보도를 내보냈다.[6] 그러나 이렇듯 끈질긴 생명력을 자랑하는 북한 붕괴론에는 두 가지 결정적인 헛점이 있다. 첫째는 북의 인민들이 북 정권을 반대한다는 전제이고, 둘째는 북에는 국제적 봉쇄를 견뎌낼 힘이 없다는 전제다.

정통성은 어디서 오는가?

한국과 서방세계는 북의 지배 권력이 폭압정권이라는 전제를 절대로 양보하지 않는다. 그것이 사실이라면 왜 북쪽 사람들은 정권에 반대해 싸우지 않느냐는 상식적인 의문이 제기될 수밖에 없다. 북쪽 사람들이 반정부 운동을 벌였다는 증거는 없다. 북에서는 4·19혁명, 광주민중항쟁, 6월항쟁, 촛불항쟁과 같은 민중항쟁이 발생하지 않은 것이다. 만일 벌어졌다면, 인공위성을 비롯한 여러 탐지 수단에 의해 세계에 널리 알려져 반북선전에 적극 활용되었을 것이다. 그러나 이제는 미국을 비롯한 서방세계도 대부분 인정하듯이, 지금까지 북에서는 민중항쟁이나 반정부 운동이 발생하지 않았다.

한국인들이 북쪽 사람들을 깔보고 경멸하는 이유 중 하나는 '너희들은 폭압정권에 학대당하면서 살고 있는데, 왜 저항하지 않느냐?'는 인식과도 관련이 있다. 만일 북의 권력이 폭압정권이 맞다면 북쪽 사람들은 자유에 대한 갈망과 같은 인간 본성을 상실한 좀비 집단이 분명하다. 반대로 북쪽 사람들이 좀비가 아닌 인간이 맞다면 북의 지배 권력 또한 폭압정권이 아니라고 보는 게 합리적이다. 북의 건국 주역은 일본제국주의에 맞서 무장투쟁을 전개했던 이들이었다. 북쪽 사람들은 또한 초강대국 미국과 전쟁을 벌이고, 반세기 넘게 대치할 정도로 자주의식이 강한 이들이다. 이런 북쪽 사람들이 자기들을 핍박하는 정권에만 아무런 저항도 못한다는 것은 설득력이 없지 않을까?

한국인들은 인정하지 않겠지만, 북의 정권은 인민들에게 배척당하기보다는 지지받을 요소를 훨씬 더 많이 가지고 있다. 그중에서도 핵심은 정통성이 있다는 것이다. 남과 북을 불문하고, 우리 민족은 정권의 정통성을 엄청나게 중시한다. 한반도에서 정통성이 없는 정권이 끊임없는 국민적 저항에 시달리다가 종국에는 붕괴된 것은 바로 이 때문이다. 한국만 보더라도 민주주의를 유린했던 이승만·박정희·전두환 정권이 강력한 국민적 저항으로 붕괴되었고, 21세기에 '무당정치'를 자행했던 박근혜 정권 역시 같은 길을 걸었다. 외국인들은 잘 이해하지 못하지만, 한국인들은 정통성이 없는 정권을 절대로 용납하지 않는다. 일본 언론인 시게무라 도시미쓰는 다음과 같이 말했다.

> 대다수 한국인들에게 그들이 과거 한국의 대통령이었다는 기성사실은 별로 의미가 없다. 한국에서 기성사실에 대항하는 논리는 '대의명분'과 '정통성'이다. 한국인의 정치판단에는 항상 이 둘이 따라다닌다. 두 전직 대통령은 권력을 잡을 명분도 정통성도 없었다는 논리다. 요컨대 정통성론과 대의명분은 권력에 대항하는 두 개의 무기였던 것이다. 일본에서는 특별히 정권의 정통성이 문제시되는 경우가 없었다. 그러나 한국에서는 항상 정통성이 문제시되어 명분 없는 행동과 결정은 부정된다.[7]

정통성과 대의명분은 동전의 양면이라고 할 수 있다. 정통성이 있다는 것은 대의명분이 있다는 말이고, 대의명분은 결국 정통성의 다른 말이기도 하다. 그렇다면 정통성 여부를 결정하는 기준은 무엇일까? 단군이 홍익인간을 건국이념으로 내세운 것이 상징하듯, 한국인들에게 정통성의 핵심은 국민 즉 사람이다. 국민의 뜻을 대변하지 않는 정권, 국민을 중시하지 않는 정권은 정통성이 없다고 판단한다는 것이다.

이 때문에 조선 시대의 지배층은, 실제 현실 정치가 어쨌든 간에 백성을 위한 정치와 만인을 이롭게 하는 정치를 내세웠다. 오늘날도 마찬가지다. 한국인들은 민의를 대변하지 않는 정권에는 정통성이 없다고 판단하고 강력하게 저항해왔다. 이런 점에서는 같은 민족인 북쪽 사람들도 다를 바 없을 것이다. 지금까지의 논의를 적용하면 북쪽 사람들이 정권에 저항하지 않는 것은 그들이 정권에 정통성을 부여하고 있다는 걸 의미한다. 북의 정권이 정통성을 지닌다고 보는 이유는 다음과 같다.

첫째, 북의 정권은 민족자주에 대한 민심을 대변한다. 우리 민족의 높은 자주성은 잘 알려져 있다. 대표적 반북 인사인 척 다운스조차 김일성 주석을 '널리 알려진 전설적 항일투사'[8]라고 표현한 것에서 알 수 있듯이, 북 정권의 주체는 항일투사들이다. 또한 북쪽 사람들의 시각에서 볼 때, 북의 정권은 미제국주의에 굴복하지 않고 맞서 싸우면서 민족의 자주성을 지켜냈다. 이것이 정권에 정통성을 부여하게 만드는 기본적인 출발점이다. "1990년대 초 이후의 각종 경제적 곤란 속에서도 북한 정권이 여전히 그 정통성을 잃지 않고 대부분의 주민들에게 충성의 대상이 되는 하나의 담론적 이유는, 바로 주권에 대한 근대적 열망의 누적이 아닌가 싶다. 주권을 지키기 위해서라면 고난의 행군도 마다하지 않는 자세 역시 주권을 오랫동안 유린당해 온 근현대사의 산물이다"[9]라는 박노자의 지적은 이 점을 정확하게 짚고 있다. 민족의 자주권을 철저히 고수하는 북 정권의 태도는 북쪽 사람들만이 아니라 일부 한국인들에게도 깊은 인상을 남긴다. 재미교포 의사 오인동 씨는 민족자주의 가치를 포기하지 않는 북의 모습에서 느낀 감동을 다음과 같이 표현했다.

> 그동안 미국에 살면서 뼈아프게 느낀 것은 우리의 '엽전의식'과 서구에 주눅 드는 저자세, 그리고 아부근성이었다. 특히 미국 시민으로 살아가는 나에게 미국을 다녀가는 한국인들의 숭미사대의식은 참으로 역겨운 것이었다. (…) 그런데 우리 겨레의 앞날을 위해 내가 그토록 바라오던 자주의식을, 북녘 땅에서, 이 어렵고 불쌍하다고 하는 땅에서 접하고 있다.[10]

박노자 역시 한국의 지배층의 대미 사대주의를 비판하며, "솔직하게 말하자면, 성조기에 대한 일방적인 '충성'을 과시하는 한국 지배자들을 보고 있노라면, 차라리 중국과 미국 사이에서 자국 실리 극대화 노선을 잘도 걷고 있는 북한의 노련한 외교술이 부럽기만 하다"[11]고 말하기도 했다. 그런데 어떤 정권이든 민족자주의 입장을 견지한다는 것은 사회 구성원 일반의 지지와 떼어놓고 생각할 수 없다. 과거 조선이나 오늘날 한국의 지배층이 사대주의에 빠진 까닭은 무엇보다 그들이 민중의 지지를 받지 못해서다. 지지 기반을 상실한 지배층은 정권을 지켜줄 외세에 의존하게 된다. 억압과 착취를 일삼는 반민중적 정권일수록 사대주의가 심한 것은 이 때문이다. 반면에 민중의 지지를 받는 정권은 민중의 힘을 믿고 그것을 동원하면 되기 때문에 외세에 맞설 용기를 낼 수 있다. 이순신이 객관적 열세에도 명나라 군대에 의존하지 않고 자력으로 일본군과 맞서 싸우려고 한 것은 그가 과대망상에 사로잡힌 나르시시스트여서가 아니라 백성의 지지를 받고 있어서였다. 마찬가지로 북의 정권이 건국 초부터 일관되게 자주적인 입장을 고수한 것은 민중의 지지 덕분이었다. 결론적으로 북의 지배층은 민족자주에 대한 민중의 열망을 대변했고, 민중은 그에 걸맞은 정치세력을 지지했다는 게 정권 정통성의 핵심 요인이라고 할 수 있다.

둘째, 북의 정권은 사회주의 정권이다. 이는 북의 정권이 기본적으로 사회주의 이념을 실현하기 위한 정치를 한다는 의미다. 사회주의는 자본가계급이 아닌 노동자·농민을 비롯한 민중의 이익과 요구를 대변한다. 따라서 사회주의 정권은, 그것이 가짜가 아니라면, 다수 민중을 위한 정치를 하기 마련이다. 북은 정권을 수립하자마자 친일파, 즉 매판자본가와 매판지주가 소유하고 있던 기업과 토지를 국유화했고, 노동자·농민을 비롯한 민중의 권리를 보장하는 법을 제정했다. 또한 지주계급을 청산한 기초 위에 농민들의 세기적 숙망이었던 토지개혁을 단행했다. 해방 직후에 북의 정권이 누구를 위한 정치를 했는지는 당시 월남자들 면면을 통해 확인할 수 있다. 해방 이후 38선을 넘어 남으로 내려온 사람들은 대부분 친일파와 지주, 자본가였다. 이것은 북의 정권이 친일파, 지주, 자본가가 싫어할 만한 정치를 했다는 것을 명확히 보여준다. 그런데 친일파, 지주, 자본가들은 원래 극소수였으며 그마저도 대부분이 월남했다. 이렇게 사회주의에 반대할 만한 사람들의 이탈은 북쪽 인구의 절대다수가 정권을 강력히 지지하게 만드는 결과를 낳았다.

북의 정권은 한국전쟁 이후에도 무상의료·무상교육·무상주택과 같은 사회보장제도와, 국민의 기초 생존을 국가가 보장하는 배급제를 실시했다. 이런 정치는 절대다수가 정권을 계속 지지하게 만드는 주요한 요인으로 작용했다. 북은 1970년대 무렵부터 '사람이 모든 것의 주인이며 모든 것을 결정한다'는 철학에 기초한 주체사상을 국가이념으로 공식화했고, 그에 따라 '인민대중이 모든 것의 주인이 되고 모든 것이 인민대중을 위해 복무하는 인민대중 중심의 사회주의 사회의 건설'을 당과 국가의 목표로 내세웠다. 북의 버스와 택시 등에서는 "인민을 위해 복무합시다"[12]라는 표어를 쉽게 볼 수 있다. 어떤 이들은 북의 정권이 말로만 '인민'을 내세우는 것 아니냐고 반문하기도 한다. 그러나 그 경우에는 불만과 반발이 더 심해지기 마련이다. 자식들은 자신들에게 사랑한다는 말을 하지 않으며 실제로도 무정한 부모보다는 입만 열면 자식 사랑을 외치면서 실제로는 무관심한 부모를 더 미워하기 마련이다. "차라리 말이나 하지 말지"라며 위선적인 부모를 더 미워하게 된다는 것이다.

'인민을 위한 정치'의 사례 중 하나로 고아에 대한 정책을 잠깐 살펴보기로 한다. 한국전쟁 당시 북에서는 10만 명의 고아가 발생했다. 참고로, 한국은 전쟁고아들을 해외에 수출하는 방식으로 문제를 해결했다. 북 정부 역시 전쟁 직후에는 고아들을 돌볼 여력이 없었기에 아이들을 루마니아·체코·폴란드 같은 동유럽 국가나 소련·몽골 등지로 내보냈지만 반드시 교사들을 딸려서 보냈다. 장차 아이들을 북으로 데려올 생각이었기 때문이다. 그에 따라 루마니아에 3000명의 전쟁고아와 인솔교사를 보냈다가 전후 복구가 끝난 후에 모두 되찾아왔고, 폴란드에도 2000명의 전쟁고아들을 보냈다가 1959년에 되찾아왔다. 이런 식으로 북은 고아들을 모두 데려와서 국가가 책임지고 키우고 교육했다.[13] 현재도 북의 정부는 15개 육아원에 3000여 명, 12개의 애육원에 2000여 명, 15개 초·중등학원에 7000여 명의 고아들을 수용해 양육·교육하고 있다.

결론적으로 북의 정권은 외세에 굴복하지 않는 민족자주적 입장을 고수해왔고, 전체 국민들의 생존을 국가가 보장해주는 인민을 위한 정치를 실시해왔다. 이 때문에 북쪽 사람들은 정권의 정통성을 인정하며 지지하고 있다. 여기에 더해 원칙적으로 생산수단의 사적 소유가 금지된 북에서는 자본가·지주계급이 형성될 수 없다. 이것은 한국과 서방세계의 희망과는 달리 북에 정권 반대 세력이 등장할 수 없는 토대로 작용하고 있다.

국가는 어디에 있는가?

국가권력에 대한 지지 혹은 신뢰는 '국가는 어디에 있는가?'라는 국민들의 질문에 국가가 답을 내놓을 때 가능해진다. 한국인들의 정권·권력에 대한 신뢰도는, 2014년 OECD 통계에 의하면 34%에 불과하다. 이것은 인도(73%), 러시아(64%) 등에 비해 한참 낮은 수치다. 또한 사법제도를 신뢰하는 한국인은 27%밖에 없는데, 이것 역시 노르

웨이(83%), 일본(65%) 등에 비해 저조한 수치다. 한국에서는 젊은층일수록 정치권력에 대한 불신이 더 심하다. 2016년 한국언론진흥재단이 영국 로이터저널리즘 연구소와 공동으로 진행한 '한국 뉴스생태계의 현주소를 보여주는 10가지 지표'에 따르면 35세 미만 응답자들 중에서 뉴스를 신뢰하는 사람은 10%에 불과했다. 2014년《동아일보》설문조사에서는 중고생 129명 가운데 86명이 소속 정당과 무관하게 '모든' 정치인을 불신했다.[14] 한국인들이 국가권력을 불신하는 주요한 이유 중 하나는 세월호 참사에서 극명하게 드러났듯이 국민들이 국가를 절실하게 필요로 할 때, 즉 국민들이 '국가는 어디에 있는가?'라고 절규할 때 국가가 아무 대답도 해주지 않아서다. 이와 관련해 박노자는 백남기 농민의 사망 사건을 언급하면서 다음과 같이 개탄했다.

> 세월호뿐인가? 형식적 '민주화'가 이루어진 뒤의 그 어떤 인명 상실을 부른 참사를 봐도, 피해자는 있으나 정부나 공무원 조직 안에서 책임자는 없다. (…) 국가에 의한 시민 살인에서 책임자가 이 정도 뻔뻔스러울 수 있는 형식상 민주주의 국가가 과연 한국 이외에 더 있는가?[15]

한국인들은 취업이 안 되고, 해고당해 길거리에 나앉고, 억울한 일을 당하고, 심지어 재난을 당해도 국가로부터 거의 아무런 도움도 받지 못한다. 반면에 북의 정권은 국민들의 기본적인 생존을 보장해주고 있을 뿐만 아니라 재난 피해자들을 적극적으로 지원했다. 2004년 평안북도 룡천에서 질산암모늄을 실은 화차가 폭발하는 대형사고가 발생했다. 이 폭발로 건물과 주택은 물론이고 많은 인명피해가 발생했다. 그러자 북의 정부는 국가적 역량을 투여해 즉각 복구작업을 시작했고, 룡천의 아이들은 평소에 아이들이 제일 가보고 싶어했던 원산 야영소로 보내 휴식을 취하도록 배려했다.[16] 2005년에 룡천을 방문했던 장쉰은 1년 만에 피해복구가 끝난 현장을 둘러보고는 다음과 같이 감탄했다.

> 이곳은 2004년 세계적 관심을 받았던 대폭발의 현장이다. 폭발로 생긴 큰 구멍은 이미 말끔히 정리가 되었고, 반년이 되지 않아 100여 채의 새 건물이 들어서 몰라보게 달라졌다. 이것이 중앙집권적인 사회주의 국가의 역량이다.[17]

2018년에는 북중 국경지대에 큰 수해가 닥쳐 대규모의 이재민이 발생했다. 당시 국가과제로 려명거리 건설에 총력을 집중하고 있던 정부는 해당 공사를 과감하게 중단하고 현장의 인력과 기자재를 모두 수해지역으로 급파했다. 그 결과 짧은 기간에 수해복구를 끝낼 수 있었고, 수해 이전보다 훨씬 더 살기 좋은 고장으로 만들었다. 재난에 대처하는 남과 북 정부의 차이에 대해 북의 어린이종합식료공장 판매원인 리금별 씨는 이렇게 말했다.

> 세월호 참사를 비롯해서 사건들이 일어나고, 뉴스 등을 보면 '정말이

지, 정부(남쪽 정부를 말한다)가 정말 인민들을 위해 뛰고 있는가?' 이렇게 생각하지 않습니다. 우리는 라선시에서 큰물 피해가 났을 때 원수님께서 흙길을 헤치고 가셔서 군인 건설자를 만나 보시고 그랬는데, 이런 부분과 대비해볼 때 '이거 정말 우리와 다르구나!' 싶습니다.[18]

북쪽 사람들은 실생활을 통해서 국가권력이 절대다수의 국민을 위해 존재하고 있다고 느끼고 있다. 물론 고난의 행군 시기에는 국가의 존재를 느끼기 힘들었겠지만, 사람들은 대부분 고난의 행군이 정부의 책임이라고 생각하지 않는다. 국가권력을 비롯한 사회시스템에 대한 북쪽 사람들의 신뢰는 대단히 높은 수준에 도달해 있다. 더군다나 그 신뢰는 하루 이틀 사이에 급조된 게 아니고, 긴 세월에 걸쳐 튼튼하게 쌓아올려진 것이다.

조선로동당은 특권집단인가?

북은 조선로동당이 이끌고 가는 사회다. 사회주의 정당은 자본주의 정당과는 크게 다르다. 선거를 통한 집권이 목표인 자본주의 정당과는 달리 사회주의 정당은 인민들을 지도해 혁명을 완수하는 것을 목표로 삼는다. 흔히 전위정당 이론이라고 불리는, 사회주의 정당에 관한 주요 이론은 러시아혁명을 이끌었던 레닌에 의해 만들어졌다. 레닌은 사회 내의 전위, 즉 최고로 우수한 사람들—통상적으로 사회주의 사상으로 철저히 무장하고 선전 및 조직 능력과 같은 여러 역량을 갖춘 이들—로 정예정당을 만들어 사람들을 지도하고 올바른 길로 이끌어나가야 한다고 주장했다. 레닌이 제창한 이론은 러시아혁명을 통해 그 효과가 입증되었다.

러시아혁명기에 노동자·농민·병사들 사이에 만들어진 당조직은 각각 노동자들을 자본가를 반대하는 파업투쟁으로, 농민들을 반지주투쟁으로, 병사들이 총구를 지배층에게 돌리도록 이끌었다. 물론 사회주의 혁명이 성공하기 전까지 러시아의 사회주의 정당(볼셰비키)은 비밀 지하조직이었다. 이처럼 사회주의 정당은 누구에게나 문호가 열린 자본주의 정당과는 다르다. 사회주의 정당은 사회의 최정예들을 엄선해서 당에 받아들인다. 그럼으로써 사회의 최정예부대가 된 사회주의 정당은 대중을 잘 지도하고 이끌며 혁명을 추진해나간다.

레닌의 정당 이론에 비추어보면 조선로동당의 성격을 대략 짐작할 수 있다. 조선로동당은 한국의 제도권 정당들과 같은 국가 권력기관—북의 국가 권력기관은 인민위원회이다—이 아니다. 북의 사회주의 이론에 따르면, 조선로동당은 국가권력을 통해 대중을 지도하지 않으며 또 그래서도 안 된다. 오직 정치적 방법, 북의 표현을 빌자면 '사람과의 사업'을 통해서 대중을 지도해야 한다. 만일 레닌이 이끌던 사회주의 정당이 대중한테 외면받았다면 러시아에서의 사회주의 혁명은 실패했을 것이다. 일제강점기에 김일성이 이끌던 유격대나 당조직이 대중의 지지를 받지 못했다면 항일 무장투쟁 대오는 궤멸했을 것이다. 그만큼 사회주의 정당에게 대중의 지지는 절대적 생명선이다. 일본 적군

파 출신으로 북에 오랫동안 거주하면서 조선로동당을 비롯해 북 사회를 관찰했던 타미야 다카마로는 다음과 같이 말했다.

> 당의 정치적 지도는 법에 의해 제정되거나 나아가 권력에 의지하여 행정적으로 시행되는 것이 아니라, 오직 사람과의 사업을 통해 보장된다는 것이 조선로동당의 당건설 원리입니다. (…) 인민대중에게 유리된 당은 이미 당이 아니라 하나의 개별적인 집단에 지나지 않습니다. (…) 당은 권력에 의존하는 것이 아니라 인민대중에 의거해야만 하는 것입니다.[19]

지금까지의 논의에 비추면 조선로동당이 사람들을 감시하고 탄압한다는 일각의 주장은 거짓이다. 국가권력도 아닌 사회주의 정당이 인민을 탄압한다면, 그 당은 지도력과 권위를 상실해 사회주의 혁명을 더 이상 이끌고 갈 수 없기 때문이다. 이 주제와 관련해 김진향 이사장은 "우리가 하는 가장 큰 오해는 조선로동당을 '감시자'라고 생각하는 겁니다. (…) 조선로동당의 주된 역할은 공동체 구성원을 일상적으로 교화하고, 조직하고, 설득하는 겁니다"[20]라고 말한 바 있다.

조선로동당은 폭군이 아니며 특권층은 더더욱 아니다. 특권층이라고 하면 뭔가 특혜를 누려야 할 텐데, 당원에게만 주어지는 특혜가 없기 때문이다. 당원이라고 월급이나 배급이 더 늘어나는 것도 아니다. 오히려 당비를 납부해야 한다. 특혜는커녕 눈사태나 물난리 같은 재난이 닥칠 때 제일 앞에 나서야 한다. 건설 현장 등에서는 당 간부가 맨

앞에서 "당원들은 나를 따라 앞으로!"라는 구호를 외치면 당원들이 그를 따르고, 일반 주민들이 당원들 뒤를 따르는 풍경을 흔히 볼 수 있고, 이것이 사회적 전통으로 굳어져 있다.[21] 북에서 당원이 어떤 역할을 담당하는지는 고난의 행군 시기에 가장 많이 죽은 사람들이 조선로동당원들이었다는 사실을 통해서도 짐작할 수 있다.[22] 김진향 이사장은 보편적으로 공동체에 지속적으로 헌신·봉사하는 사람들이 당원이 된다며[23] 다음과 같이 말한다.

> 북측 사람들은 조선민주주의인민공화국을 두 번 세웠다고 말합니다. 첫 번째는 항일무장투쟁을 했던 독립운동가 1세대인 백두혈통이 국가를 건설했고, 두 번째는 90년대 고난의 행군 시절 38만 명이 굶어 죽는 와중에 당원들이 보여준 책임감과 헌신으로 공동체를 살렸다는 거죠.[24]

대부분의 북쪽 사람들은 당원이 되기를 바란다. 나아가 이를 최고의 영광으로 여긴다. 그들은 왜 특혜는커녕 고생길이 훤한 당원이 되고자 하는 것일까? 단순하게 대답하자면, 명예 때문이다. 북에서 당원 자격은 '사회로부터 조국과 인민을 위해 필요한 사람이라는 보증서'이자 '공동체로부터 신임을 받고 있다는 일종의 사회적 보증서'와 다름없다. 다시 말해 돈이나 특권이 아니라 자신의 존엄과 집단에서의 명예를 위해 당원이 되려고 하는 셈이다.[25]

조선로동당이 특권층이 아니라면 정부의 고위관리들이 특권층일까? 북의 고위관리들을 접해본 한국인들은 대부분 그 모습을 이렇게 묘사하고 있다.

> 내가 지금껏 만난 북한 고급관리들은 대부분 초라한 행색을 한 50대 이상의 남성들이었다. 얼굴은 새까맣고 대부분이 삐쩍 말랐으며 바짝 올려 깎은 머리는 가르마도 없이 '올백'이었다. 그리고 그들은 대개 인민복을 입고 있었다. 높은 사람처럼 보이지는 않았다.[26]

북에서 고위관리의 모습은 검게 그을린 얼굴, 마른 체형, 인민복 등으로 특징지을 수 있다. 이렇게 초라한 행색이다 보니 길에서 마주치더라도 고위관리라는 것을 알아보기가 힘들다. 재미교포 의사 오인동 씨는 평양 거리를 걷다가 인민복 차림의 한 남자가 작은 가방을 들고 걸어가는 것을 보았다. 그런데 옆에 있던 안내원이 그의 옆구리를 쿡 찌르며 강능수 문화상이라고 조용히 일러주었다고 한다. 오 씨는 북의 신문에서 이름을 본 적이 있는 문화상(남쪽으로 치면 문화부장관)이 비서도 없이 혼자 길을 걸어가는 것을 보고는 의아해 할 수밖에 없었다.[27] 아마도 그 광경이 북의 고위직에 대한 한국 사회의 선입견과 달라서였을 것이다. 이런 사례들, 가령 허름한 숙소에 찾아와서 담화를 나눴던 사람이 나중에 알고 보니 한국으로 치면 청와대 비서관급의 고위관리였다는 등의 사례들은 상당히 많다.[28] 북의 고위관리들은 적어도 외양이나 언행으로는 전혀 특권층이라고 부를 수 없는 사람들이다. 물론 관료주의나 세도에 젖은 관리나 간부도 존재하겠지만, 당과 정부는 건국 이후부터 지속적으로 관료주의와의 투쟁을 호소하고 강화해왔다. 그래서인지 북에서는 고위직으로 갈수록 관료주의를 발견하기 힘들다. 타미야 다카마로는 이를 두고 "우리가 북한에서 확실히 알 수 있는 것은 상급 간부들은 관료주의를 하지 않는다는 것입니다. 윗물이 맑으면 아랫물도 맑아집니다"라고 말하기도 했다.[29]

어떤 이들은 자본을 축적한 부유층이 등장하고 있다는 보도를 근거로 북에도 특권층이 있는 것 아니냐고 말하기도 한다. 국어사전은 특권층을 "사회적으로 특권을 누리는 신분이나 계급"으로 정의하면서 특권 계급과 같은 말로 간주하고 있다. 자본주의 사회에서 특권층이 권력기관과 언론 등을 지배하며 '유전무죄 무전유죄'와 같은 각종 특혜를 누릴 수 있는 것은, 그들이 부와 국가권력을 독점하고 있어서다. 독점자본가계급이 특권층이 되는 것도 이 때문이다. 하지만 북에서는 돈이 많다고 입당이 쉬워지는 게 아니다. 즉 돈의 힘으로 권력을 거머쥘 수 있는 사회가 아니다. 북은 조선로동당, 즉 당원들이 이끌어가는 사회주의 사회이기 때문이다.

한국인들은 북이, 토지나 자본과 같은 생산수단을 소유한 계급 혹은 사회집단의 형성이 불가능한, 사회주의 국가임을 이해할 필요가 있다. 북쪽 사람들 중에서 일부는 돈을 꽤 많이 벌 수 있을 것이다. 그렇다고 해서 그들이 기업이나 공장, 토지와 같은 주요 생산수단을 소유할 수 있는 것은 아니다. 또한 은행 등을 개인이나 특정 집단이 소유할 수도 없으며, 돈을 투자할 주식시장 등이 존재하지도 않는다. 상당 부분 자본주의화한 중국과는 달리 북은 여전히 생산수단의 사적 소유를 금지하는 사회주의 원칙을 고수하고 있기 때문이다. 이는 북에 부자가 늘어난다고 해도 그들이 유의미한 사회 계급이나 집단이 되어 권력을 장악할 수 없다는 것, 즉 자본주의 사회의 독점자본가계급이 될 수는 없다는 것을 의미한다. 결론적으로 북에서는 돈을 많이 모은 사람이 좀 더 풍요로운 생활을 누릴 수는 있겠지만, 사회적 부와 권력을 독점한 특권층이 될 수는 없다. 더욱이 북은 결코 돈 앞에 머리를 조아리는 사회가 아니라는 점도 잊지 말아야 할 것이다.

부르주아 독재와 프롤레타리아 독재

한국인 대부분은 자본주의 체제의 정치를 민주주의로, 사회주의 체제의 정치를 독재라고 생각한다. 그런 선전을 끊임없이 들으면서 살아왔고, 또 그렇게 믿어야만 했기 때문이다. 반면 사회주의 국가 사람들은 자본주의 체제의 정치야말로 독재이고, 사회주의 체제의 정치가 민주주의라고 생각한다. 사회주의 이론의 창시자인 마르크스는 국가를 계급독재 실현을 위한 도구로 인식했다. 즉 자본주의 사회에서 국가란 민중에 대한 자본가계급의 독재를 실현하는 수단일 뿐이라는 것이다. 오늘날 자본주의 사회의 현실을 보면 이런 마르크스의 주장을 부정하기 어렵다. 사회주의자 타미야 다카마로는 “자본주의 국가는 정권교체가 이루어지기 때문에 민주적이라고 말하지만 이제까지 한 번도 자본가, 독점자본가를 대신해서 인민정권이 들어선 적이 없습니다”

라고 말했다.[30] 자본주의 사회가 민주주의를 표방하고는 있지만, 정작 민중정권이나 인민정권은 등장할 수 없다는 것이다. 그렇다면 다당제를 보장하고 있는 한국에는 과연 민중정권이 들어설 수 있을까? 박노자는 "과연 남한에서 선거제 민주주의 틀 안에서 정치경쟁의 권리를 보장받은 야당이 어디까지 혁명적 발상을 들고 나올 수 있을까?"라는 유사한 질문을 던지며 이렇게 말했다.

> 2014년 말에 헌법재판소는 통합진보당을 해산시키고 정당 등록을 취소시키는 폭거를 감행했다. 그때 보수언론들은 통진당을 마치 혁명정당쯤 되는 양 묘사했다. 한데 실제로 통진당의 강령을 보면, 혁명은 커녕 구미권이나 일본의 온건 (우파) 사민주의 정당들과 큰 차이가 없었다.[31]

미국은 과거 사회주의 정당이나 정치운동을 무자비하게 탄압해 이들 정치세력을 전멸시킨 후에 오늘날의 양당제를 정착시켰다. 미국의 공화당과 민주당은 모두 자본가계급의 이익을 대변하는 정당일 뿐이다. 한국도 마찬가지다. 1950년대 한국의 지배층은 조봉암 선생을 간첩으로 몰아 처형하고 그가 이끌던 진보당을 해산시켰다. 진보정당의 기나긴 암흑기 끝에 21세기 들어서서 유럽의 우파 사민주의 정당과 유사한 통합진보당이 창당되었지만 지배층은 종북몰이를 통해 이 당 또한 해산시킨 바 있다. 한국의 정치 지형을 규정해온 —오직 극우와 우익 정치세력만을 허용하는— 여야 체제나 다당제란 진보·사회주의 세력의 절멸 위에 만들어진 기만적 체제일 뿐이다. 박노자는 북은 일당 독재이지만 남은 다당제라는 사실에서 자긍심을 느끼는 한국인들을 비판하며 이렇게 말했다.

> 우리는 민주화에 긍지를 지니지만, 민주화된 한국에서 현실적인 정치적 선택의 폭은 딱 초강경보수부터 온건보수까지다. 극소수 대기업의 사익만을 챙겨주는 재벌공화국의 기본구조를 본질적으로 바꾸려는 정치인은 주류 정치무대에 진출하지 못하도록 설정되어 있는 이 시스템은, 과연 민주주의가 맞는가? 몇 개의 대기업이 민주주의를 가장하면서 사실상 영구적으로 한 나라를 통치하는 모델을 왜 유일정당 통치보다 더 민주적이라고 생각해야 하는지, 나는 잘 모르겠다.[32]

다당제라고 해도 자본주의 국가 구성원들은 절대다수를 대변하는 정당을 만들지도 못하고, 그런 정당에 투표하지도 못한다. 어느 당이 집권하든 근본적으로 달라지는 것이 없다면, 국민들은 정치에 무관심해질 수밖에 없다. 바로 이때, 지배층을 대변하는 정당들은 "국민 과반수의 지지도 받지 못하는 정당이 장기적으로 집권해갈 수 있는 것, 이것이 바로 민주적인 선거제도가 가진 유용함일 것입니다"[33]라는 논리를 내세우며 장기집권에 들어간다. 북의 한 관리는 "남측에서는 투표율 50%를 간신히 넘겨서 그 중 50%의 지지로 서울시장이 된다고 하면, 전체 시민 중에서는 약 25%의 지지만으로 선출된 건데, 그런 걸 진짜 민주주의 제도라고 할 수 있는 겁니까?"[34]라고 말하기도 했는데, 이런 비판을 부정하기 어려운 것이 현실이다.

자본주의 국가가 부르주아(자본가계급) 독재로 민중을 억압한다면, 사회주의 국가는 프롤레타리아(노동자계급) 독재로 자본가계급을 억압한다. 북에서는 이를 '인민 독재'라고 표현한다. 어쨌든 마르크스 이론에 따르면 두 체제 모두 독재이긴 마찬가지지만, 자본주의와 달리 사회주의는 인민을 위한 독재정치를 실시한다는 것을 감추지 않는다는 특징을 보인다.

> 사회주의는 프롤레타리아 독재라는 사실을 숨기지 않습니다. (…) 자본주의는 부르주아 독재라는 것을 숨깁니다. (…) 자본주의 국가는 인민대중에 대해서는 독재를 하지만 자본가계급, 독점자본가계급을 위한 정책, 즉 자신들을 위한 정책은 민주주의적으로 결정합니다.[35]

이와 반대로 사회주의 국가는 지주나 자본가계급에 대해 독재를 하지만 민중을 위한 정책은 민주주의적으로 결정한다.

어떤 사회의 정치가 민주적인지 여부를 미국의 기준에 따라서 판단하는 것은 오류다. 다당제 등 형식적인 민주주의 제도 자체가 기준이 되어서는 안 된다는 말이다. 민주주의란 말 그대로 민중이 주인이 되는 정치, 민중의 이익과 요구를 대변하는 정치다. 이런 기준에서 보면 한국이 북보다 더 민주적인 사회라고 말하기는 어렵다. 이것은 민의의 대변자라 할 국회의원 성분만 보더라도 알 수 있다. 2016년 기준 한국의 가구당 평균 재산은 3억6000만 원이지만, 국회의원들의 평균 재산은 약 41억 원이다. 즉 한국의 국회의원은 그들을 뽑은 유권자보다 약 11배나 더 부유하다. 또한 30세 이상 인구 가운데 대졸자 비율은 40%이지만, 국회의원들 중에 고졸은 거의 없고 과반이 대학원 이상 학력 소지자다.[36] 한국에서 "전형적인 국회의원이란 상당한 재산을 보유한 이른바 '명문대' 출신의 40-50대 남성이다"[37]라는 말처럼, 그들은 다수 국민을 대변하지 않는다. 즉 금배지를 단 이 부유한 한국 남성들은 선거철을 제외하고는 다수 국민에게 별 관심이 없으며, 다수 국민을 대변하지도 않는다. 이런 상황에서 한국인들이 국회와 정치인을 지독하게 불신하는 것은 당연하다. 대통령 직속 사회통합위원회의 2012년 연례보고서에 따르면 성인 2000명 가운데 73%가 의회 정치인들을 믿을 수 없다고 대답했는데, 이것은 한국인들에게 정치인이 거의 '성공한 사기꾼'[38]으로 간주되고 있음을 의미한다.

한국의 국회의원과는 달리 북의 최고인민회의 대의원은 평범한 사람들 속에서 선출된다. 북쪽 사람들은 일반적으로 자기 직장에서 같이 일하는 노동자, 농민, 지식인, 군인 중에서 대의원을 뽑는다.[39] 김련희 씨는 북에는 정치인이라는 말이 없으며, 북쪽 사람들은 대의원을 '인민의 심부름꾼' '우리를 위해 필요한 사람들'로 바라본다면서 다음과 같이 말한다.

> 우리 마을에서는 우리 동네 단층집들에 구들장 놔주는 아줌마가 대의원이었어요. 농장원, 광부, 노동자 이런 사람들이 대의원이잖아요.

> 같이 일을 하다가 최고인민회의 있을 때마다 올라가서 정책 제시해요. 우리한테 필요한 정책이 될 수밖에 없어요.[40]

미국이나 한국의 시각에서 북은 민주주의 국가가 아니다. 그러나 '민심의 반영'을 기준으로 보면 두 나라보다 북이 더 민주적이라고 할 수 있다. 대의원 구성으로만 보더라도 다수 국민의 의사에 따라 정치적 결정이 내려질 가능성이 높기 때문이다.

21세기적 자유와 인권

서방세계는 북을 자유와 인권의 불모지라고 비판한다. 한국인들 또한 북에는 자유가 없다고 말한다. 그러나 이것은 틀린 말이다. 북에 없는 자유가 한국에는 있듯이, 한국에 없는 자유가 북에는 있기 때문이다. 가령 한국에서는 개인이 생산수단을 소유할 자유가 있지만 북에는 그럴 자유가 없다. 또한 농담 반 진담 반으로 한국에는 실업의 자유나 굶어 죽을 자유가 있지만 북에는 그런 자유가 없다.

북쪽 사람들은 한국이 무한대의 자유를 보장한다는 말에 동의하지 않는다. 어떤 한국인이 김련희 씨에게 한국에는 좋은 집으로 이사할 수 있는 자유가 있다고 말하자 그녀는 이렇게 반박했다.

> 당신은 지금 당장 서울에 몇 억짜리 집을 사서 이사 갈 수 있나요? 사

> 실 그것은 돈이 결정하지 않나요? 그게 인간의 참자유인가요? 돈의 자유죠. (…) 한국은 심지어 돈이 없으면 집도 없잖아요. 북에서는 적어도 집은 다 줘요.[41]

사실 한국에서의 자유란 대부분 돈이 뒷받침될 때 비로소 실현 가능하다는 것을 부정하기 어렵다. 해외여행의 자유가 보장된다 하더라도 돈이 있어야 갈 것이 아닌가. 미국이나 한국은 국민들에게 교육을 받을 자유가 있다고 선전하지만, 그것 역시 돈이 결정한다고 보는 게 옳을 것이다. 파르타넨은 미국이 말하는 교육을 받을 자유가 허구라고 말한다.

> 교육에 관한 선택권이 풍부하지만, 현실적으로 선택 폭은 매우 제한적이어서 '기회의 땅'이라는 개념은 점점 더 허구가 되어간다. 학생들은 성인기로 접어들면서 점점 독립적이 되기는커녕 무력한 의존성을 키운다. (…) 어쨌든 미국 가정들은 체계의 불평등 속에 갇혀 있고 개인의 길은 대체로 예정되어 있기에, 젊은이들은 독립심과 자신감 그리고 자기 운명의 개척자라는 의식이 없다.[42]

한국에서 자유를 좌우하는 게 돈이라면, 북에서 자유는 사회공헌과 적잖게 관련이 있다. 이를테면 북에서는 아무리 돈을 많이 모으더라도 좋은 집을 살 자유가 없지만, 사회 공헌도가 높으면 더 좋은 집을 배정받을 확률이 커진다.[43]

과거에는 자유를 주로 탄압이나 검열받지 않고 표현할 수 있는 권리의 개념으로 이해했다. 즉 '○○로부터의 자유'freedom from를 의미했다는 것이다. 그러나 "21세기로 진입한 요즘 나라들은 자유를 이전보다 더 풍성한 어떤 것으로 여긴다. 모든 개인에게 진정한 기회가 보장되므로 좋은 삶을 스스로 마음껏 추구할 수 있고, 뜻밖의 불운으로부터 참된 보호를 받을 수 있어 불필요한 두려움과 불안을 겪지 않아도 된다는 심리적 확신을 자유라고 여긴다"[44]는 말이 규정하듯, 오늘날의 자유 개념에는 기본적인 생존의 권리를 보장받을 자유가 포함되어야 한다는 견해가 지배적이다. 즉 21세기에는 '○○을 할 수 있는 자유' freedom to가 더 중요해졌다는 것이다.

21세기적 자유가 가능하려면 최소한 생존의 자유, 사람답게 살아갈 수 있는 자유가 보장되어야 하며, 그것은 구체적으로 사회보장제도나 기본소득제 등으로 뒷받침되어야 한다. 만일 국가가 전 국민에게 공평하게 생존 지원책을 제공하거나 사회안전망을 튼튼하게 갖춘 사회라면 사람들은 다음 두 가지 자유를 만끽할 수 있을 것이다.

첫째, 불안으로부터의 자유, 혹은 불안해지지 않을 자유를 누릴 수 있다. 사회안전망은 생존 불안에서 자유롭기 위한 최소한의 사회적 전제다. 다음은 건강·의료와 관련된 불안과, 그로부터의 자유에 대한 설명이다.

> 나는 다른 종류의 자유를 갈망했다. 내 고용상태가 어떻든 국가의료체계가 늘 나를 챙겨줌을 아는 데서 오는 자유 말이다. 모든 의사가

평균 이상이고, 그의 목표가 이윤 획득이 아니라 나를 이롭게 해주는 것임을 아는 데서 오는 자유. (…) 그것이 진짜 자유다. 어떤 것도 나를 망가뜨리지 않을 것을 아는 데서 오는 자유다.[45]

둘째, 두려움 없이 원하는 것을 추구할 자유를 누릴 수 있다. 튼튼한 사회안전망은 사람들이 돈과 상관없이, 또 실패를 두려워하지 않고 목표를 추구할 수 있게 해준다.

우리는 언제 진정으로 자유로울까?
초원에 홀로 사는 다부진 카우보이처럼 아무도 당신에게 무언가를 달라고 하지 않고 동시에 누구도 내게 무언가를 주지 않을 때 자유로울까? 세상과 담쌓고 자급자족 생활을 하면서, 간혹 도움이 필요하면 가족과 이웃에게 기댈 수 있는 정도면 자유로울까? 아니면 부모의 재력이나 능력과 무관하게 스스로 원하는 삶을 선택할 수 있다는 걸 알 때, 그리고 자기나 가족이 비틀거릴 때 사회가 나서서 도와줄 수 있음을 확신할 때 자유로울까?[46]

북을 자유의 불모지라고 매도할 수 없는 것은 북이 진정한 자유의 전제조건인 '사람들의 생존'을 국가에서 책임지고 보장해주는 사회이기 때문이다. 북쪽 사람들 역시 기초적인 생존의 불안에서 해방되어야 자유를 운운할 수 있다고 주장한다. 이는 현대적 자유 개념에 비춰볼 때 타당하다. 물론 북에는 자본주의 사회처럼 무제한적으로 부를 늘려

나갈 자유가 없고, 사회주의 체제를 타도할 자유도 없다. 마찬가지로 한국에도 국가보안법을 어길 자유, 즉 사상의 자유가 없다.

서방세계의 입장과는 달리 북은 오히려 한국이나 미국이야말로 인권의 불모지라고 비판한다. 가령 북쪽 사회에는 실업자·거지·노숙자가 없다면서 자본주의 국가들은 국민의 초보적 생존권을 박탈해 비인간적인 삶을 강요하는 인권범죄국, 근로대중의 사회경제적 권리와 같은 기본권마저 무참히 짓밟는 인권범죄국이라고 비판하는 것이다.[47] 21세기 뉴욕의 지하철에서 노숙자를 목격한 파르타넨도 미국에 대해 유사한 맥락의 비판을 하고 있다.

> 물론 전에도 노숙자를 본 적은 있었다. 하지만 그토록 철저하게 망가진 모습은 평생 처음이었고, 내 고향 헬싱키에서는 결코 보지 못했던 것이다. (…) 뉴욕 지하철의 경험을 통해 나는 미국에서는 뭐든 자기 일은 자기가 알아서 대처해야 한다는 생각이 확실히 들었다.[48]

신자유주의적 자본주의 국가들과는 달리 북유럽 사회는 무상교육이나 무상치료를 받을 권리, 저렴한 임대주택에서 살 권리 등을 기본권에 포함시키고 있으며, 국가가 이런 것들을 사회복지로 제공해야 마땅하다고 생각한다.[49] 그리고 이런 점에서는 북이 북유럽 이상으로 인권을 보장한다고 말할 수 있다. 물론 북에도 인권 문제가 전혀 없다고 말하기는 어렵겠지만, 한국인들은 북을 비판하기 전에 "인간의 존엄이 몇 푼의 돈에 농락되고 1%의 특권계층에 의해 99% 근로대중의 정치적 자유와 권리가 유린되는 미국과 같은 나라들이야말로 지상의 지옥이 아니고 무엇이란 말인가"[50]라는 북의 반론에도 귀 기울일 필요가 있다.

지도자와 후계자

한국인들이 북을 조롱할 때, 가장 자주 언급하는 주제 중 하나가 개인숭배다. 즉 최고지도자에 대한 북쪽 사람들의 태도를 문제 삼는 것이다. 그러나 북쪽 사람들은 지도자를 향한 존경과 충성을 개인숭배라고 생각하지 않는다. 북에서 지도자는 '개인'이 아니므로 지도자에 대한 존경 또한 개인숭배가 아니다. 그런데 이런 견해는, 굳이 주체철학을 동원하지 않더라도, 한국의 기준으로도 충분히 납득할 수 있다. 2009년 노무현 전 대통령의 서거 당시 수많은 한국인들이 거리를 메우고 오열한 장면이 상징하듯이, 민중은 훌륭한 지도자를 자발적으로 존경하고 그에게 충성한다. 이를 두고 개인숭배라고 할 수는 없다. 훌륭한 정치인이나 지도자는 개인이 아니라 본질적으로 민중의 대표, 즉 집단이기 때문이다. 따라서 개인이 훌륭한 지도자에게 충성하는 것은 병적이고 전근대적인 현상이 아니라, 집단 혹은 집단의 대표에 충성하는 정상적인 사회현상이다.

대부분의 한국인들은 북쪽 사람들의 지도자에 대한 존경심이나 충성심이 강요된 것이거나 가짜라고 생각한다. 그러나 북을 자주 방문했던 한국인들은 대부분 북쪽 사람들의 지도자에 대한 충성심이 자발적인 것임을 인정하고 있다. 이기범 교수는 이렇게 이야기한다.

> 북녘 인민들의 만수대 경외는 매우 진지하다. 갈 때마다 둘레를 청소하는 어른과 아이들이 꼭 보인다. 누가 시켜서가 아니라 스스로 등하굣길이나 출퇴근길에 그렇게 한다는 것이다. 막 결혼식을 한 부부는 가장 먼저 그 지역에 있는 동상에 가서 인사를 한다고 한다. 인민들 대부분이 마음 깊이 '최고 영도자'(혹은 '최고존엄'으로 붙여 쓴다)에 대한 존경을 새기고 있다.[51]

장쉰 역시 지도자에 대한 북쪽 사람들의 존경을 이렇게 설명한다.

> 수령에 대한 북한 사람들의 이런 숭배와 존경은 분명히 자발적이란 것을 알 수 있다. 다른 나라 사람들은 아마 이해할 수 없을지도 모른다. 그러나 지난 1970-1980년대를 거쳐온 중국인이라면 이해하기가 어렵지 않다. 그때 중국인들은 자발적으로 마오쩌둥에게 열광했다.[52]

민중을 위해 멸사봉공하는 지도자를 경험해보지 못한 사람들이나 그와 함께 피어린 투쟁을 전개해본 경험이 없는 사람들은 마오쩌둥에 대한 중국 인민의 마음, 호찌민에 대한 베트남 인민의 마음, 카스트로에 대한 쿠바 인민의 마음을 이해하기 어렵다는 말이다.

한국인들이 북을 조롱할 때 언급하는 또 하나의 주제는 이른바 '3대

세습'이다. 그런데 북쪽 사람들은 세습이라는 말 자체가 틀렸다고 말한다. 원래 세습은 봉건왕조에서 왕위가 적장자에게 자동적으로 승계되는 경우에 사용했던 말이다. 이런 식으로 세습은 능력과 상관없이 핏줄로 선대를 계승하는 것을 의미한다. 한국인들은 북의 최고지도자 자리 역시 능력이 아닌 핏줄로 승계됐다고 믿는다. 그러나 북에는 최고지도자의 아들이 자동적으로 후계를 잇는다는 법이나 규정이 없다. 또한 북쪽 사람들은 최고지도자의 아들이라고 해서 북 사회가 규정한 과정과 법적인 절차를 벗어나 지도자가 될 수는 없다고 주장한다. 즉 북의 지도자는 단지 선대 지도자의 아들이어서가 아니라 능력이 있고 그것이 검증되었기에 적법한 과정과 절차를 거쳐 지도자로 추대되었다는 것이다. 이에 대해 김진향 이사장은 다음과 같이 말했다.

> 북측에서도 내부적으로 조선로동당 당원들과 인민들이 토론과 선거 절차를 거쳐서 최고지도자를 선출합니다. (…) 거기도 엄연히 정치질서를 규정하는 법 제도가 있죠. (…) 다만 그런 체제와 제도, 시스템이 작동하는 방식, 정치의 목적이나 가치 등이 우리와 좀 다를 뿐 절차적으로는 분명한 시스템을 갖추고 있습니다. (…) 북측의 국무위원장도 마찬가지입니다. (…) 김정은 국무위원장도 공식적인 절차를 거쳐 인민들의 대표 자격을 위임받았습니다.[53]

이른바 3대 세습을 둘러싼 한국 사회의 논란에 대해 두 가지를 지적하고 싶다. 첫째, 최고지도자와 후계자를 추대하거나 결정하는 문제는 전적으로 북의 내부 문제라는 것이다. 만약 북쪽 사람들이 한국의 대통령 선출 방식이 마음에 들지 않고, 북의 기준에서 비민주적이라고 판단해서 한국의 대통령을 인정하지 않고 조롱한다면, 적어도 대통령을 지지하는 한국인들은 대단히 불쾌할 것이다. 다소 극단적인 가정을 하자면, 만일 북이 박근혜의 탄핵을 인정하지 않고 문재인 대통령을 대권 찬탈자라고 욕하면 대부분의 한국인들은 어처구니없을 것이다. 이와 마찬가지로 한국인들이 자의적 잣대로 북의 지도자를 인정하지 않거나 조롱한다면 북쪽 사람들 역시 같은 반응을 보일 게 뻔하다. 북쪽 사람들에게 한국의 결정권을 존중받고 싶다면 한국인들 역시 북쪽의 선택이나 결정을 존중해야 한다.

둘째, 한국인들은 북에 대한 근거 없는 우월감을 하루라도 빨리 벗어던져야 한다. 대부분의 한국인들은 북쪽 사람들을 '김씨 일가가 3대째 권력을 세습하고 있는데도, 마냥 환호하고 만세나 부르는 머저리들'로 간주하며 내려다본다. 북쪽 사람들의 소망·신념·경험 등을 완전히 무시하고, 그들의 판단이나 결정을 하찮게 여기면서 '너희는 다 틀렸고 나만 옳다'는 입장인 것이다. 이와 관련해 박노자는 한국인들에게 "북한 위협을 뻥튀기하는 일만큼이나 북한에 대한 거만한 우월의식 역시 허구적이며 백해무익할 뿐이다. 비록 생활 수준이나 체제는 달라도, 북한이 일찌감치 성취한 나름의 복지체계나 열강으로부터의 정치·외교적 자율성, 즉 진지한 의미의 주권도 경제개발 내지 제도적 민주주의만큼이나 중요한 근대적 가치임을 깨달아야 한다"[54] 고 충고한다.

그간 보도된 남북 회담이나 외교 무대를 통해서도 충분히 확인할 수 있듯 북쪽 사람들은 결코 머저리가 아니다. 그들은 한국인들만큼 혹은 한국인들 이상으로 똑똑하다. 북에는 체제를 떠받치는 방대한 규모의 엘리트들이 있고, 일반 주민들 역시 지적이고 인간성이 양호한 사람들이다. 이들이 김정은을 최고지도자로 선택했다면, 왜 그랬는지부터 알아보려고 하거나, 그럴 만한 이유가 있으리라는 가정에서부터 출발하는 것이 상식이다. 그런 과정을 거치고서도 이해가 되지 않으면, 북쪽 사람들과 우리가 생각하는 방식이 다르다는 것을 확인하고 그 차이를 존중해주면 된다. 한국인들은 영국이 여전히 입헌군주국인 것을 두고 "21세기에 무슨 왕이냐. 이 머저리들아"라고 말하지는 않는다. 영국인들의 입장과 결정을 존중하기 때문이다. 북의 지도자 문제를 바라볼 때에도 최소한 이 정도의 상식은 필요하지 않을까. 한국인들이 하루라도 빨리, 자신을 북쪽 사람들 머리 위에 있는 존재로 간주하는, 근거 없는 우월감에서 해방되기를 바란다.

에필로그

심리분계선을 넘어, 남북 공감으로

북쪽 사람들의 심리를 제대로 이해하기 위해서는 북이 전 세계에서 거의 유일한 사회주의 국가라는 것과 함께, 그들이 최근까지도 일상적인 전시체제에서 살아왔다는 사실에 주목할 필요가 있다. 한국과 서방세계에서는 이해하려고 들지 않지만, 북은 늦잡더라도 1950년대부터 초강대국인 미국과 맞서기 위해 전시체제를 유지해왔다. 어느 북쪽 인사의 다음과 같은 말에는 그들이 미국과의 관계를 어떻게 이해하고 있는지가 잘 드러난다.

> 우리는 이제 군사강국을 이루어 어느 누구도 우리를 침략할 수 없을 겁니다. 남녘의 대통령께서 '머리 위에 핵을 이고 살 수는 없다'고 했다는데, 우리는 발밑에 미군의 핵을 깔고 수십 년을 살아왔습니다.[1]

미국은 한국전쟁 때부터 북을 핵으로 공격하겠다고 위협해왔고, 북에 대한 강력한 봉쇄정책을 고수해왔다. 이 때문에 북쪽 사람들은 미국을 주적으로 여기면서 살아왔다. 의외로 북쪽 사람들은 한국을 적으로 여기지 않으며 한국인들을 적대하지도 않는다. 북의 적은 미국이었기 때문이다. 한국전쟁 휴전협상 테이블에서 벌어진 다음과 같은 사건은 미국에 대한 북의 적의를 또렷이 드러낸다.

> 한번은 회담장에서 북한이 유달리 심하게 욕설을 퍼붓자 유엔사 측이 자리를 박차고 나와버렸다. 그러자 북한 측 수석대표가 이렇게 소리 질렀다. "지금처럼 남한에서 군대를 데리고 꺼져버려! 빨리 없어지란 말이다. 이 개새끼들아!"[2]

객관적인 전력에서 열세였던 북은 전 국민을 무장시켜 미국에 대항했고, 1990년대부터는 본격적으로 핵무장을 추진했다. 2018년의 국가핵무력 완성 선언은, 북의 입장에서 미국의 핵위협을 마침내 끝장내는 계기였다고 할 수 있다. 핵무력을 완성함으로써 북은 미국이 전쟁을 포기하고 대화 테이블에 나오도록 강제할 수 있었고, 핵공격을 걱정하지 않고 경제건설에 집중할 수 있게 되었다.

북은 언제든 미국(과 미국의 동맹 자본주의 국가들)과 전쟁을 벌일 수 있고, 반드시 이긴다는 일념으로 살아왔고, 이는 전시체제 국가로 귀결되었다. "내 눈에 비친 북한은 전 국토가 요새화돼 있고 전 인민이 무장화돼 있어, 최악의 경우 수백만이 결사항전을 벌이는, 한마디로 '빨치산 국가'partisan state였다"[3]는 신은미 씨의 소감처럼 북은 '유격대 국가' 혹은 '전시체제 국가'였다. 국가핵무력 완성 이후 북과 미국은 전쟁으로는 문제를 해결할 수 없다는 점에 공감하고 있다. 양국 대화의 진전에 따라 북의 전시체제 국가적 성격은 서서히 약화될 것이다. 그리고 이는 북쪽 사람들의 심리에 긍정적인 영향을 미칠 것이다.

북은 수십 년 전부터 일관되게 평화협정 체결을 미국에 요구해왔다. 요컨대 양국이 적대정책을 끝내고 정상적인 국가관계를 수립하자는 것이다. 제네바 협상 직후 전 백악관 안보보좌관 리처드 앨런은 북이 "그들의 궁극적인 다음 목표인 평화체제 협상에 관심을 집중할 것"이라고 전망했다.[4] 2018년 이후의 상황은 그 예측이 정확했음을 보여준다. 머지않아 북은 그들이 긴 세월 동안 국가적 목표로 삼아왔던 한반도 평화체제 수립에 성공할 것이다.

한국과 서방세계는 지금까지 북에 대해 완전히 오판해왔음을 과감히 인정해야 한다. 무엇보다 북이 곧 붕괴될 것이라는 헛된 믿음을 버려야 한다. 나아가 북 체제의 견고한 응집력과 놀라운 회복탄력성이 어디에서 비롯되고 있는지도 정확히 알아야 한다.

사회주의 국가인 북은 단지 한국만이 아니라 인류에게도 중요한 시사점을 던져주고 있다. 현 인류의 과제는 생산력을 높이는 것이 아니다. 생산력은 이미 전 인류의 생존을 보장할 만큼 충분히 발전해 있다. 현재 시점에서 인류의 최대 과제는, 프롬의 표현을 빌자면, 건전한 사회 즉 인간적인 사회제도를 건설하는 것이다.

> 이제 더 이상 생산력을 높이는 문제가 첫째가는 과제로 될 수 없습니다. 이제는 인간의 생존을 풍요롭게 보장할 수 있는 생산력을 토대로

보다 인간다운 생활을 창조하는 문제가 절실하게 제기되고 있습니다.[5]

점점 더 많은 이들이 동의하고 있듯이 자본주의 사회, 특히 신자유주의적 자본주의 사회는 지속가능하지 않다. 그것은 무엇보다 사람들한테 불행을 강요하는 반인간적인 사회이기 때문이다. 최근 서구 청년들 사이에서는 자본주의를 반대하고 사회주의를 동경하는 분위기가 확산되고 있다. 하버드대 정치학연구소가 2016년에 실시한 여론조사에 의하면 20대 미국인 가운데 과반수가 자본주의를 믿지 않으며 차라리—재분배 경제와 완전고용 보장 등으로 이해되는—사회주의를 지향한다. 2016년 2월 영국 청년층을 대상으로 실시한 유가브YouGov 여론조사에서도 비슷한 결과가 나타났다. 이런 현상을 두고 박노자는 "1968년을 전후한 시기에 이어서 2차대전 전후 세계사상 두 번째로 '사회주의'가 젊은이들 사이에서 유행어가 됐다"[6] 고 평하기도 했다. 한국인들은 사회주의라는 말에 거부감부터 드러내지만, 사회주의적 요소를 도입한 북유럽 나라들의 행복지수가 세계적으로 가장 높다는 사실을 더 이상 외면해서는 안 된다. 나아가 북의 사회주의에도 관심을 가지고 좋은 점은 과감히 수용해야 할 것이다. 화해와 통일로 나아가는 과정은 남과 북이 서로를 존중하는 자세로 장점을 배우면서 단점을 극복해나가는 것이어야 한다. 통일된 한반도는 지금까지 인류가 한 번도 도달해보지 못한 이상적인 사회가 될 수 있다. 우리는 그럴 만한 잠재력을 가진 민족이다.

프롤로그

1 시게무라 도시미쓰/신지호 역,《북한은 무너지지 않는다》, 1997, 지식공업사, 43쪽.

2 프로이트는 거세공포라고 말했지만, 성욕설은 오류이므로 아버지의 가치관을 수용하게 만드는 것은 공포라고 할 수 있다.

3 에리히 프롬/이종훈 역, 1966,《너희도 신처럼 되리라(You Shall Be As Gods)》, 휴, 2013, 19쪽.

4 이 주제에 대해서는《트라우마 한국사회》(김태형, 2013, 서해문집)의 '분단 트라우마' 편 혹은《대통령 선택의 심리학》(김태형, 2017, 원더박스) 2부를 참고하라.

5 김진향 기획총괄,《개성공단 사람들》, 2015, 내일을 여는 책, 24쪽.

6 김진향,《우리, 함께 살 수 있을까?》, 2019, 슬로비, 203쪽.

7 김진향 기획총괄,《개성공단 사람들》, 2015, 내일을 여는 책, 26쪽.

8 척 다운스/송승종 역,《북한의 협상전략(Over the line)》, 1999, 한울아카데미, 280쪽.

9 척 다운스/송승종 역,《북한의 협상전략(Over the line)》, 1999, 한울아카데미, 281쪽.

10 타미야 다카마로/김동현 역,《사회주의나라에서 사회주의를 생각한다》, 1992, 대동, 138쪽.

11 타미야 다카마로/김동현 역,《사회주의나라에서 사회주의를 생각한다》, 1992, 대동, 142쪽.

12 정세현,《정세현의 통일토크 - 남북관계 현장 30년: 이론과 실제》, 2013, 서해문집, 15-16쪽.

13 박노자,《전환의 시대》, 2018, 한겨레출판, 108쪽.

14 박노자,《전환의 시대》, 2018, 한겨레출판, 109-110쪽.

15 김진향 기획총괄,《개성공단 사람들》, 2015, 내일을 여는 책, 103쪽.

16 김진향 기획총괄,《개성공단 사람들》, 2015, 내일을 여는 책, 25쪽.

17 김진향 기획총괄,《개성공단 사람들》, 2015, 내일을 여는 책, 29쪽.

18 박노자,《전환의 시대》, 2018, 한겨레출판, 299쪽.

19 김진숙,《평화의 아이들》, 2018, 북루덴스, 29쪽.

20 시게무라 도시미쓰/신지호 역,《북한은 무너지지 않는다》, 1997, 지식공업사, 227/228쪽.

21 박노자,《전환의 시대》, 2018, 한겨레출판, 94쪽.

1. 돈 : 행복의 조건, 불행의 복선

1 김련희,《나는 대구에 사는 평양시민입니다》, 2017, 도서출판615, 290쪽.

2 수키 김,《평양의 영어선생님》, 2014, 디오네, 306쪽.

3 김진숙,《평화의 아이들》, 2018, 북루덴스, 58쪽.

4 김진향 기획총괄,《개성공단 사람들》, 2015, 내일을 여는 책, 216쪽.

5 김진향,《우리, 함께 살 수 있을까?》, 2019, 슬로비, 13쪽.

6 김련희,《나는 대구에 사는 평양시민입니다》, 2017, 도서출판615, 256쪽.

7 장쉰/구성철 역,《북한이라는 수수께끼》, 2012, 에쎄, 254쪽.

8 김련희 씨와의 인터뷰 녹취록, 2018년 11월.

9 HR기획,《남북한 얼마나 다를까?》, 2018, 효리원, 108쪽.

10 수키 김,《평양의 영어선생님》, 2014, 디오네, 288쪽.

11 진천규,《평양의 시간은 서울의 시간과 함께 흐른다》, 2018, 타커스, 173쪽.

12 신은미,《재미동포 아줌마, 또 북한에 가다》, 2015, 네잎클로바, 95쪽.

13 김련희,《나는 대구에 사는 평양시민입니다》, 2017, 도서출판615, 183쪽.

14 김련희,《나는 대구에 사는 평양시민입니다》, 2017, 도서출판615, 172쪽.

15 진천규,《평양의 시간은 서울의 시간과 함께 흐른다》, 2018, 타커스, 142쪽.

16 김련희,《나는 대구에 사는 평양시민입니다》, 2017, 도서출판615, 291쪽.

17 김련희,《나는 대구에 사는 평양시민입니다》, 2017, 도서출판615, 291쪽.

18 최재영,《평양에서 서울로 카톡을 띄우다》, 2018, 가갸날, 250쪽.

19 김진숙,《평화의 아이들》, 2018, 북루덴스, 93쪽.

20 김진숙,《평화의 아이들》, 2018, 북루덴스, 91-93쪽.

21 아누 파르타넨/노태복 역,《우리는 미래에 조금 먼저 도착했습니다》, 2016, 원더박스,

144쪽.

22 아누 파르타넨/노태복 역,《우리는 미래에 조금 먼저 도착했습니다》, 2016, 원더박스, 132쪽.

23 아누 파르타넨/노태복 역,《우리는 미래에 조금 먼저 도착했습니다》, 2016, 원더박스, 140쪽.

24 장쉰/구성철 역,《북한이라는 수수께끼》, 2012, 에쎄, 290-291쪽.

25 장쉰/구성철 역,《북한이라는 수수께끼》, 2012, 에쎄, 193쪽.

26 진천규,《평양의 시간은 서울의 시간과 함께 흐른다》, 2018, 타커스, 258쪽.

27 4.27시대연구원,《북 바로알기 100문 100답》, 2019, 사람과 사상, 96-97쪽.

28 김련희,《나는 대구에 사는 평양시민입니다》, 2017, 도서출판615, 234쪽.

29 4.27시대연구원,《북 바로알기 100문 100답》, 2019, 사람과 사상, 98쪽.

30 타미야 다카마로/김동현 역,《사회주의나라에서 사회주의를 생각한다》, 1992, 대동, 33쪽.

31 이기범,《남과 북 아이들에겐 철조망이 없다》, 2018, 보리, 60쪽.

32 이기범,《남과 북 아이들에겐 철조망이 없다》, 2018, 보리, 83/84쪽.

33 정세현,《정세현의 통일토크 - 남북관계 현장 30년: 이론과 실제》, 2013, 서해문집, 276쪽.

34 정세현,《정세현의 통일토크 - 남북관계 현장 30년: 이론과 실제》, 2013, 서해문집, 137-138쪽.

35 정세현,《정세현의 통일토크 - 남북관계 현장 30년: 이론과 실제》, 2013, 서해문집, 279쪽.

36 이기범,《남과 북 아이들에겐 철조망이 없다》, 2018, 보리, 260쪽.

37 장쉰/구성철 역,《북한이라는 수수께끼》, 2012, 에쎄, 115쪽.

38 장쉰/구성철 역,《북한이라는 수수께끼》, 2012, 에쎄, 67쪽.

39 4.27시대연구원,《북 바로알기 100문 100답》, 2019, 사람과 사상, 80-81쪽.

40 진천규,《평양의 시간은 서울의 시간과 함께 흐른다》, 2018, 타커스, 9쪽.

41 최재영,《평양에서 서울로 카톡을 띄우다》, 2018, 가갸날, 137쪽.

42 최재영,《평양에서 서울로 카톡을 띄우다》, 2018, 가갸날, 141쪽.

43 김진향 기획총괄,《개성공단 사람들》, 2015, 내일을 여는 책, 67쪽.

44 박기석,《평양에 언제 가실래요》, 2018, 글누림출판사, 45쪽.

45 4.27시대연구원,《북 바로알기 100문 100답》, 2019, 사람과 사상, 331쪽.

46 김진향,《우리, 함께 살 수 있을까?》, 2019, 슬로비, 211쪽.

47 진천규, 《평양의 시간은 서울의 시간과 함께 흐른다》, 2018, 타커스, 259쪽.
48 진천규, 《평양의 시간은 서울의 시간과 함께 흐른다》, 2018, 타커스, 250쪽.
49 진천규, 《평양의 시간은 서울의 시간과 함께 흐른다》, 2018, 타커스, 252쪽.
50 박기석, 《평양에 언제 가실래요》, 2018, 글누림출판사, 11쪽.
51 진천규, 《평양의 시간은 서울의 시간과 함께 흐른다》, 2018, 타커스, 262쪽.
52 진천규, 《평양의 시간은 서울의 시간과 함께 흐른다》, 2018, 타커스, 258/259쪽.
53 신은미, 《재미동포 아줌마, 또 북한에 가다》, 2015, 네잎클로바, 122쪽.
54 김련희, 《나는 대구에 사는 평양시민입니다》, 2017, 도서출판615, 47쪽.
55 김진향, 《우리, 함께 살 수 있을까?》, 2019, 슬로비, 104쪽.
56 김련희, 《나는 대구에 사는 평양시민입니다》, 2017, 도서출판615, 12쪽.
57 박노자, 《전환의 시대》, 2018, 한겨레출판, 62쪽.
58 박노자, 《전환의 시대》, 2018, 한겨레출판, 61쪽.
59 박노자, 《전환의 시대》, 2018, 한겨레출판, 78쪽.
60 김련희, 《나는 대구에 사는 평양시민입니다》, 2017, 도서출판615, 52쪽.
61 김련희 씨와의 인터뷰 녹취록, 2018년 11월.
62 장쉰/구성철 역, 《북한이라는 수수께끼》, 2012, 에쎄, 158쪽.
63 김진향, 《우리, 함께 살 수 있을까?》, 2019, 슬로비, 96쪽.
64 신은미, 《재미동포 아줌마, 북한에 가다》, 2012, 네잎클로바, 65쪽.
65 김련희 씨와의 인터뷰 녹취록, 2018년 11월.
66 김민종, 《북한의 청년들에게 물었습니다》, 2016, 책과 나무, 212쪽.
67 김승재, 《인도에 등장한 김정은, 그 후의 북한 풍경》, 2015, 선인, 157쪽.
68 진천규, 《평양의 시간은 서울의 시간과 함께 흐른다》, 2018, 타커스, 149쪽.
69 장쉰/구성철 역, 《북한이라는 수수께끼》, 2012, 에쎄, 204쪽.
70 김련희, 《나는 대구에 사는 평양시민입니다》, 2017, 도서출판615, 178쪽.
71 김민종, 《북한의 청년들에게 물었습니다》, 2016, 책과 나무, 122-123쪽.
72 김진향 기획총괄, 《개성공단 사람들》, 2015, 내일을 여는 책, 59쪽.
73 김련희, 《나는 대구에 사는 평양시민입니다》, 2017, 도서출판615, 178-179쪽.
74 신은미, 《재미동포 아줌마, 또 북한에 가다》, 2015, 네잎클로바, 276쪽.
75 최재영, 《평양에서 서울로 카톡을 띄우다》, 2018, 가갸날, 59-60쪽.
76 김진향 기획총괄, 《개성공단 사람들》, 2015, 내일을 여는 책, 50쪽.
77 김민종, 《북한의 청년들에게 물었습니다》, 2016, 책과 나무, 222쪽.
78 이 주제에 대해서는 조너선 헤이트의 《행복의 가설》(2010, 물푸레)을 참고하라.

79 아누 파르타넨/노태복 역, 《우리는 미래에 조금 먼저 도착했습니다》, 2016, 원더박스, 361쪽.

80 수키 김, 《평양의 영어선생님》, 2014, 디오네, 213쪽.

81 수키 김, 《평양의 영어선생님》, 2014, 디오네, 226쪽.

82 수키 김, 《평양의 영어선생님》, 2014, 디오네, 300쪽.

83 이기범, 《남과 북 아이들에겐 철조망이 없다》, 2018, 보리, 52쪽.

84 진천규, 《평양의 시간은 서울의 시간과 함께 흐른다》, 2018, 타커스, 149/176쪽.

85 진천규, 《평양의 시간은 서울의 시간과 함께 흐른다》, 2018, 타커스, 159쪽.

86 신은미, 《재미동포 아줌마, 또 북한에 가다》, 2015, 네잎클로바, 122쪽.

87 신은미, 《재미동포 아줌마, 또 북한에 가다》, 2015, 네잎클로바, 53쪽.

88 김진향 기획총괄, 《개성공단 사람들》, 2015, 내일을 여는 책, 40쪽.

89 김진향 기획총괄, 《개성공단 사람들》, 2015, 내일을 여는 책, 95쪽.

90 아누 파르타넨/노태복 역, 《우리는 미래에 조금 먼저 도착했습니다》, 2016, 원더박스, 297쪽.

91 아누 파르타넨/노태복 역, 《우리는 미래에 조금 먼저 도착했습니다》, 2016, 원더박스, 357쪽.

92 김진향 기획총괄, 《개성공단 사람들》, 2015, 내일을 여는 책, 40쪽.

93 김진향 기획총괄, 《개성공단 사람들》, 2015, 내일을 여는 책, 95쪽.

94 김진향 기획총괄, 《개성공단 사람들》, 2015, 내일을 여는 책, 167쪽.

2. 관계 : 학대와 혐오는 자본주의적 병리

1 김진향 기획총괄, 《개성공단 사람들》, 2015, 내일을 여는 책, 40쪽.

2 김진향 기획총괄, 《개성공단 사람들》, 2015, 내일을 여는 책, 41쪽.

3 박노자, 《전환의 시대》, 2018, 한겨레출판, 219쪽.

4 장쉰/구성철 역, 《북한이라는 수수께끼》, 2012, 에쎄, 164쪽.

5 김련희, 《나는 대구에 사는 평양시민입니다》, 2017, 도서출판615, 165쪽.

6 박노자, 《전환의 시대》, 2018, 한겨레출판, 62쪽.

7 박노자, 《전환의 시대》, 2018, 한겨레출판, 12쪽.

8 김련희 씨와의 인터뷰 녹취록, 2018년 11월.

9 김진향 기획총괄, 《개성공단 사람들》, 2015, 내일을 여는 책, 83쪽.

10 박노자, 《전환의 시대》, 2018, 한겨레출판, 162쪽.

11 김련희, 《나는 대구에 사는 평양시민입니다》, 2017, 도서출판615, 268쪽.

12 박노자, 《전환의 시대》, 2018, 한겨레출판, 11쪽.
13 김진향 기획총괄, 《개성공단 사람들》, 2015, 내일을 여는 책, 94/198쪽.
14 김진향 기획총괄, 《개성공단 사람들》, 2015, 내일을 여는 책, 152쪽.
15 김진향 기획총괄, 《개성공단 사람들》, 2015, 내일을 여는 책, 217쪽.
16 김진향 기획총괄, 《개성공단 사람들》, 2015, 내일을 여는 책, 169쪽.
17 김진향 기획총괄, 《개성공단 사람들》, 2015, 내일을 여는 책, 80쪽.
18 김진향 기획총괄, 《개성공단 사람들》, 2015, 내일을 여는 책, 80쪽.
19 김진향 기획총괄, 《개성공단 사람들》, 2015, 내일을 여는 책, 82쪽.
20 박노자, 《전환의 시대》, 2018, 한겨레출판, 235-236쪽.
21 김진향, 《우리, 함께 살 수 있을까?》, 2019, 슬로비, 34쪽.
22 박노자, 《전환의 시대》, 2018, 한겨레출판, 86쪽.
23 박노자, 《전환의 시대》, 2018, 한겨레출판, 235쪽.
24 타미야 다카마로/김동현 역, 《사회주의나라에서 사회주의를 생각한다》, 1992, 대동, 117쪽.
25 4.27시대연구원, 《북 바로알기 100문 100답》, 2019, 사람과 사상, 352쪽.
26 김련희, 《나는 대구에 사는 평양시민입니다》, 2017, 도서출판615, 200쪽.
27 김승재, 《인도에 등장한 김정은, 그 후의 북한 풍경》, 2015, 선인, 47쪽.
28 김련희, 《나는 대구에 사는 평양시민입니다》, 2017, 도서출판615, 200쪽.
29 김련희, 《나는 대구에 사는 평양시민입니다》, 2017, 도서출판615, 201쪽.
30 아누 파르타넨/노태복 역, 《우리는 미래에 조금 먼저 도착했습니다》, 2016, 원더박스, 85쪽.
31 아누 파르타넨/노태복 역, 《우리는 미래에 조금 먼저 도착했습니다》, 2016, 원더박스, 205쪽.
32 아누 파르타넨/노태복 역, 《우리는 미래에 조금 먼저 도착했습니다》, 2016, 원더박스, 100쪽.
33 아누 파르타넨/노태복 역, 《우리는 미래에 조금 먼저 도착했습니다》, 2016, 원더박스, 67쪽.
34 아누 파르타넨/노태복 역, 《우리는 미래에 조금 먼저 도착했습니다》, 2016, 원더박스, 100쪽.
35 최재영, 《평양에서 서울로 카톡을 띄우다》, 2018, 가갸날, 207쪽.
36 아누 파르타넨/노태복 역, 《우리는 미래에 조금 먼저 도착했습니다》, 2016, 원더박스, 242쪽.

37 아누 파르타넨/노태복 역, 《우리는 미래에 조금 먼저 도착했습니다》, 2016, 원더박스, 45쪽.

38 아누 파르타넨/노태복 역, 《우리는 미래에 조금 먼저 도착했습니다》, 2016, 원더박스, 242쪽.

39 아누 파르타넨/노태복 역, 《우리는 미래에 조금 먼저 도착했습니다》, 2016, 원더박스, 44쪽.

40 아누 파르타넨/노태복 역, 《우리는 미래에 조금 먼저 도착했습니다》, 2016, 원더박스, 65쪽.

41 아누 파르타넨/노태복 역, 《우리는 미래에 조금 먼저 도착했습니다》, 2016, 원더박스, 67쪽.

42 아누 파르타넨/노태복 역, 《우리는 미래에 조금 먼저 도착했습니다》, 2016, 원더박스, 58쪽.

43 아누 파르타넨/노태복 역, 《우리는 미래에 조금 먼저 도착했습니다》, 2016, 원더박스, 68쪽.

44 박노자, 《전환의 시대》, 2018, 한겨레출판, 59쪽.

45 박노자, 《전환의 시대》, 2018, 한겨레출판, 53쪽.

46 김련희 씨와의 인터뷰 녹취록, 2018년 11월.

47 김련희 씨와의 인터뷰 녹취록, 2018년 11월.

48 HR기획, 《남북한 얼마나 다를까?》, 2018, 효리원, 111쪽.

49 HR기획, 《남북한 얼마나 다를까?》, 2018, 효리원, 86쪽.

50 김련희 씨와의 인터뷰 녹취록, 2018년 11월.

51 김련희, 《나는 대구에 사는 평양시민입니다》, 2017, 도서출판615, 206쪽.

52 아누 파르타넨/노태복 역, 《우리는 미래에 조금 먼저 도착했습니다》, 2016, 원더박스, 30쪽.

53 김련희, 《나는 대구에 사는 평양시민입니다》, 2017, 도서출판615, 208쪽.

54 장쉰/구성철 역, 《북한이라는 수수께끼》, 2012, 에쎄, 295쪽.

55 박노자, 《전환의 시대》, 2018, 한겨레출판, 50쪽.

56 박노자, 《전환의 시대》, 2018, 한겨레출판, 214쪽.

57 박노자, 《전환의 시대》, 2018, 한겨레출판, 214쪽.

58 아누 파르타넨/노태복 역, 《우리는 미래에 조금 먼저 도착했습니다》, 2016, 원더박스, 50쪽.

59 박노자, 《전환의 시대》, 2018, 한겨레출판, 51쪽.

60 박노자,《전환의 시대》, 2018, 한겨레출판, 72쪽.
61 아누 파르타넨/노태복 역,《우리는 미래에 조금 먼저 도착했습니다》, 2016, 원더박스, 54쪽.
62 김련희 씨와의 인터뷰 녹취록, 2018년 11월.
63 김련희 씨와의 인터뷰 녹취록, 2018년 11월.
64 김민종,《북한의 청년들에게 물었습니다》, 2016, 책과 나무, 131쪽.
65 박노자,《전환의 시대》, 2018, 한겨레출판, 10쪽.
66 아누 파르타넨/노태복 역,《우리는 미래에 조금 먼저 도착했습니다》, 2016, 원더박스, 109/110쪽.
67 오인동,《평양에 두고 온 수술가방》, 2010, 창비, 302쪽.
68 이기범,《남과 북 아이들에겐 철조망이 없다》, 2018, 보리, 131쪽.
69 이기범,《남과 북 아이들에겐 철조망이 없다》, 2018, 보리, 125쪽.
70 김민종,《북한의 청년들에게 물었습니다》, 2016, 책과 나무, 198-199쪽.
71 신은미,《재미동포 아줌마, 북한에 가다》, 2012, 네잎클로바, 126쪽.
72 신은미,《재미동포 아줌마, 또 북한에 가다》, 2015, 네잎클로바, 240-241쪽.
73 김진향 기획총괄,《개성공단 사람들》, 2015, 내일을 여는 책, 126쪽.
74 아누 파르타넨/노태복 역,《우리는 미래에 조금 먼저 도착했습니다》, 2016, 원더박스, 111쪽.
75 차재성,《남한 사람 차재성 북한에 가다》, 2001, 아침이슬, 177쪽.
76 김진향 기획총괄,《개성공단 사람들》, 2015, 내일을 여는 책, 218쪽.

3. 개인과 집단 : 전체주의는 개인주의를 먹고 자란다

1 이 주제에 관심이 있는 독자들은《싸우는 심리학》(김태형, 2013, 서해문집)을 참고하라.
2 아누 파르타넨/노태복 역,《우리는 미래에 조금 먼저 도착했습니다》, 2016, 원더박스, 256쪽.
3 김련희 씨와의 인터뷰 녹취록, 2018년 11월.
4 김련희 씨와의 인터뷰 녹취록, 2018년 11월.
5 김진향 기획총괄,《개성공단 사람들》, 2015, 내일을 여는 책, 237쪽.
6 아누 파르타넨/노태복 역,《우리는 미래에 조금 먼저 도착했습니다》, 2016, 원더박스, 336쪽.
7 타미야 다카마로/김동현 역,《사회주의나라에서 사회주의를 생각한다》, 1992, 대동, 116쪽.

8 타미야 다카마로/김동현 역,《사회주의나라에서 사회주의를 생각한다》, 1992, 대동, 58쪽.

9 김진향 기획총괄,《개성공단 사람들》, 2015, 내일을 여는 책, 36쪽.

10 김진향 기획총괄,《개성공단 사람들》, 2015, 내일을 여는 책, 23쪽.

11 김진향 기획총괄,《개성공단 사람들》, 2015, 내일을 여는 책, 23쪽.

12 김련희 씨와의 인터뷰 녹취록, 2018년 11월.

13 수키 김,《평양의 영어선생님》, 2014, 디오네, 104쪽.

14 김진향,《우리, 함께 살 수 있을까?》, 2019, 슬로비, 110쪽.

15 수키 김,《평양의 영어선생님》, 2014, 디오네, 280쪽.

16 김련희 씨와의 인터뷰 녹취록, 2018년 11월.

17 김진향 기획총괄,《개성공단 사람들》, 2015, 내일을 여는 책, 142쪽.

18 타미야 다카마로/김동현 역,《사회주의나라에서 사회주의를 생각한다》, 1992, 대동, 69쪽.

19 김진향 기획총괄,《개성공단 사람들》, 2015, 내일을 여는 책, 134쪽.

20 김련희,《나는 대구에 사는 평양시민입니다》, 2017, 도서출판615, 184쪽.

21 이 주제에 대해서는《싸우는 심리학》(김태형, 2014, 서해문집)을 참고하라.

22 김진향 기획총괄,《개성공단 사람들》, 2015, 내일을 여는 책, 42쪽.

23 김진향 기획총괄,《개성공단 사람들》, 2015, 내일을 여는 책, 125쪽.

24 차재성,《남한 사람 차재성 북한에 가다》, 2001, 아침이슬, 230쪽.

25 차재성,《남한 사람 차재성 북한에 가다》, 2001, 아침이슬, 231쪽.

26 에리히 프롬/최혁순 역, 1962,《의혹과 행동》, 범우사, 1999, 124쪽.

27 아누 파르타넨/노태복 역,《우리는 미래에 조금 먼저 도착했습니다》, 2016, 228쪽.

28 타미야 다카마로/김동현 역,《사회주의나라에서 사회주의를 생각한다》, 1992, 대동, 121쪽.

29 김련희 씨와의 인터뷰 녹취록, 2018년 11월.

30 차재성,《남한 사람 차재성 북한에 가다》, 2001, 아침이슬, 27쪽.

31 오인동,《평양에 두고 온 수술가방》, 2010, 창비, 95쪽.

32 신은미,《재미동포 아줌마, 북한에 가다》, 2012, 네잎클로바, 141쪽.

33 박노자,《전환의 시대》, 2018, 한겨레출판, 286쪽.

34 박노자,《전환의 시대》, 2018, 한겨레출판, 269쪽.

35 타미야 다카마로/김동현 역,《사회주의나라에서 사회주의를 생각한다》, 1992, 대동, 121쪽.

36 박노자, 《전환의 시대》, 2018, 한겨레출판, 281쪽.
37 박노자, 《전환의 시대》, 2018, 한겨레출판, 282쪽.
38 시게무라 도시미쓰/신지호 역, 《북한은 무너지지 않는다》, 1997, 지식공업사, 174쪽.
39 김련희, 《나는 대구에 사는 평양시민입니다》, 2017, 도서출판615, 220쪽.
40 시게무라 도시미쓰/신지호 역, 《북한은 무너지지 않는다》, 1997, 지식공업사, 174쪽.
41 타미야 다카마로/김동현 역, 《사회주의나라에서 사회주의를 생각한다》, 1992, 대동, 247쪽.
42 박노자, 《전환의 시대》, 2018, 한겨레출판, 90쪽.
43 아누 파르타넨/노태복 역, 《우리는 미래에 조금 먼저 도착했습니다》, 2016, 원더박스, 300쪽.
44 아누 파르타넨/노태복 역, 《우리는 미래에 조금 먼저 도착했습니다》, 2016, 원더박스, 323쪽.
45 진천규, 《평양의 시간은 서울의 시간과 함께 흐른다》, 2018, 타커스, 279쪽.

4. 일 : 돈벌이냐 소명이냐

1 김진향, 《우리, 함께 살 수 있을까?》, 2019, 슬로비, 114쪽.
2 김진향, 《우리, 함께 살 수 있을까?》, 2019, 슬로비, 111쪽.
3 김진향, 《우리, 함께 살 수 있을까?》, 2019, 슬로비, 112쪽.
4 김민종, 《북한의 청년들에게 물었습니다》, 2016, 책과 나무, 97-99쪽.
5 진천규, 《평양의 시간은 서울의 시간과 함께 흐른다》, 2018, 타커스, 106쪽.
6 김련희, 《나는 대구에 사는 평양시민입니다》, 2017, 도서출판615, 181쪽.
7 장쉰/구성철 역, 《북한이라는 수수께끼》, 2012, 에쎄, 302쪽.
8 진천규, 《평양의 시간은 서울의 시간과 함께 흐른다》, 2018, 타커스, 104쪽.
9 아누 파르타넨/노태복 역, 《우리는 미래에 조금 먼저 도착했습니다》, 2016, 원더박스, 357쪽.
10 아누 파르타넨/노태복 역, 《우리는 미래에 조금 먼저 도착했습니다》, 2016, 원더박스, 46쪽.
11 김민종, 《북한의 청년들에게 물었습니다》, 2016, 책과 나무, 87쪽.
12 김진향, 《우리, 함께 살 수 있을까?》, 2019, 슬로비, 117쪽.
13 아누 파르타넨/노태복 역, 《우리는 미래에 조금 먼저 도착했습니다》, 2016, 원더박스, 154쪽.
14 김진향, 《우리, 함께 살 수 있을까?》, 2019, 슬로비, 117쪽.

15 아누 파르타넨/노태복 역,《우리는 미래에 조금 먼저 도착했습니다》, 2016, 원더박스, 157쪽.
16 김련희 씨와의 인터뷰 녹취록, 2018년 11월.
17 김련희,《나는 대구에 사는 평양시민입니다》, 2017, 도서출판615, 156쪽.
18 김련희 씨와의 인터뷰 녹취록, 2018년 11월.
19 김민종,《북한의 청년들에게 물었습니다》, 2016, 책과 나무, 121쪽.
20 김련희,《나는 대구에 사는 평양시민입니다》, 2017, 도서출판615, 215쪽.
21 김진향 기획총괄,《개성공단 사람들》, 2015, 내일을 여는 책, 204쪽.
22 최재영,《평양에서 서울로 카톡을 띄우다》, 2018, 가갸날, 220쪽.
23 진천규,《평양의 시간은 서울의 시간과 함께 흐른다》, 2018, 타커스, 155쪽.
24 김련희 씨와의 인터뷰 녹취록, 2018년 11월.
25 김진향,《우리, 함께 살 수 있을까?》, 2019, 슬로비, 136쪽.
26 김진향 기획총괄,《개성공단 사람들》, 2015, 내일을 여는 책, 95쪽.
27 김진향,《우리, 함께 살 수 있을까?》, 2019, 슬로비, 137쪽.
28 김진향,《우리, 함께 살 수 있을까?》, 2019, 슬로비, 137쪽.
29 오인동,《평양에 두고 온 수술가방》, 2010, 창비, 274쪽.
30 이기범,《남과 북 아이들에겐 철조망이 없다》, 2018, 보리, 111쪽.
31 이기범,《남과 북 아이들에겐 철조망이 없다》, 2018, 보리, 179쪽.
32 김진숙,《평화의 아이들》, 2018, 북루덴스, 49쪽.
33 김진숙,《평화의 아이들》, 2018, 북루덴스, 60쪽.
34 최재영,《평양에서 서울로 카톡을 띄우다》, 2018, 가갸날, 158쪽.
35 신은미,《재미동포 아줌마, 또 북한에 가다》, 2015, 네잎클로바, 332쪽.
36 김련희 씨와의 인터뷰 녹취록, 2018년 11월.
37 차재성,《남한 사람 차재성 북한에 가다》, 2001, 아침이슬, 157쪽.
38 김진향 기획총괄,《개성공단 사람들》, 2015, 내일을 여는 책, 182쪽.
39 김련희 씨와의 인터뷰 녹취록, 2018년 11월.
40 이기범,《남과 북 아이들에겐 철조망이 없다》, 2018, 보리, 129쪽.
41 김련희,《나는 대구에 사는 평양시민입니다》, 2017, 도서출판615, 52-53쪽.
42 김진향 기획총괄,《개성공단 사람들》, 2015, 내일을 여는 책, 81쪽.
43 타미야 다카마로/김동현 역,《사회주의나라에서 사회주의를 생각한다》, 1992, 대동, 33쪽.
44 김진향 기획총괄,《개성공단 사람들》, 2015, 내일을 여는 책, 184/215쪽.

45 타미야 다카마로/김동현 역,《사회주의나라에서 사회주의를 생각한다》, 1992, 대동, 73쪽.

46 김승재,《인도에 등장한 김정은, 그 후의 북한 풍경》, 2015, 선인, 138쪽.

47 김진향,《우리, 함께 살 수 있을까?》, 2019, 슬로비, 81쪽.

48 신은미,《재미동포 아줌마, 북한에 가다》, 2012, 네잎클로바, 268쪽.

49 최재영,《평양에서 서울로 카톡을 띄우다》, 2018, 가갸날, 180쪽.

50 수키 김,《평양의 영어선생님》, 2014, 디오네, 297쪽.

5. 마음 : 남과 북, 어디가 더 불안할까?

1 아누 파르타넨/노태복 역,《우리는 미래에 조금 먼저 도착했습니다》, 2016, 원더박스, 35쪽.

2 아누 파르타넨/노태복 역,《우리는 미래에 조금 먼저 도착했습니다》, 2016, 원더박스, 39쪽.

3 타미야 다카마로/김동현 역,《사회주의나라에서 사회주의를 생각한다》, 1992, 대동, 113쪽.

4 아누 파르타넨/노태복 역,《우리는 미래에 조금 먼저 도착했습니다》, 2016, 원더박스, 39쪽.

5 차재성,《남한 사람 차재성 북한에 가다》, 2001, 아침이슬, 156쪽.

6 아누 파르타넨/노태복 역,《우리는 미래에 조금 먼저 도착했습니다》, 2016, 원더박스, 241쪽.

7 김민종,《북한의 청년들에게 물었습니다》, 2016, 책과 나무, 242쪽.

8 진천규,《평양의 시간은 서울의 시간과 함께 흐른다》, 2018, 타커스, 91쪽.

9 오인동,《평양에 두고 온 수술가방》, 2010, 창비, 351쪽.

10 오인동,《평양에 두고 온 수술가방》, 2010, 창비, 284쪽.

11 진천규,《평양의 시간은 서울의 시간과 함께 흐른다》, 2018, 타커스, 37쪽.

12 김련희 씨와의 인터뷰 녹취록, 2018년 11월.

13 박기석,《평양에 언제 가실래요》, 2018, 글누림출판사, 169/225쪽.

14 박기석,《평양에 언제 가실래요》, 2018, 글누림출판사, 162쪽.

15 김련희 씨와의 인터뷰 녹취록, 2018년 11월.

16 김련희,《나는 대구에 사는 평양시민입니다》, 2017, 도서출판615, 212쪽.

17 진천규,《평양의 시간은 서울의 시간과 함께 흐른다》, 2018, 타커스, 172쪽.

18 장쉰/구성철 역,《북한이라는 수수께끼》, 2012, 에쎄, 244쪽.

19 김련희,《나는 대구에 사는 평양시민입니다》, 2017, 도서출판615, 51쪽.
20 김련희 씨와의 인터뷰 녹취록, 2018년 11월.
21 김련희 씨와의 인터뷰 녹취록, 2018년 11월.
22 김련희 씨와의 인터뷰 녹취록, 2018년 11월.
23 장쉰/구성철 역,《북한이라는 수수께끼》, 2012, 에쎄, 263쪽.
24 차재성,《남한 사람 차재성 북한에 가다》, 2001, 아침이슬, 112쪽.
25 김진향,《우리, 함께 살 수 있을까?》, 2019, 슬로비, 78-79쪽.
26 김진향,《우리, 함께 살 수 있을까?》, 2019, 슬로비, 97쪽.
27 김련희 씨와의 인터뷰 녹취록, 2018년 11월.
28 김진향,《우리, 함께 살 수 있을까?》, 2019, 슬로비, 80쪽.
29 김진향,《우리, 함께 살 수 있을까?》, 2019, 슬로비, 79쪽.

6. 권력 : 모든 폭정은 심리적 흔적을 남긴다

1 척 다운스/송승종 역,《북한의 협상전략》, 1999, 한울아카데미, 24쪽.
2 척 다운스/송승종 역,《북한의 협상전략》, 1999, 한울아카데미, 370쪽.
3 오인동,《평양에 두고 온 수술가방》, 2010, 창비, 341쪽.
4 차재성,《남한 사람 차재성 북한에 가다》, 2001, 아침이슬, 237쪽.
5 오인동,《평양에 두고 온 수술가방》, 2010, 창비, 5쪽.
6 김진향 기획총괄,《개성공단 사람들》, 2015, 내일을 여는 책, 37쪽.
7 수키 김,《평양의 영어선생님》, 2014, 디오네, 195쪽.
8 김진향 기획총괄,《개성공단 사람들》, 2015, 내일을 여는 책, 205쪽, 개성공단에서는 한국 기업과 북쪽 노동자들과의 합의에 따라 야근과 특근이 실시됐다.
9 이기범,《남과 북 아이들에겐 철조망이 없다》, 2018, 보리, 182쪽.
10 김련희,《나는 대구에 사는 평양시민입니다》, 2017, 도서출판615, 55쪽.
11 차재성,《남한 사람 차재성 북한에 가다》, 2001, 아침이슬, 91쪽.
12 타미야 다카마로/김동현 역,《사회주의나라에서 사회주의를 생각한다》, 1992, 대동, 115쪽.
13 장쉰/구성철 역,《북한이라는 수수께끼》, 2012, 에쎄, 388쪽.
14 시게무라 도시미쓰/신지호 역,《북한은 무너지지 않는다》, 1997, 지식공업사, 171쪽.
15 유미리/이영화 역,《평양의 여름휴가—내가 본 북조선》, 2012, 도서출판 615, 232쪽.
16 유미리/이영화 역,《평양의 여름휴가—내가 본 북조선》, 2012, 도서출판 615, 238/240/241쪽.

17 시게무라 도시미쓰/신지호 역, 《북한은 무너지지 않는다》, 1997, 지식공업사, 163쪽.
18 김진향 기획총괄, 《개성공단 사람들》, 2015, 내일을 여는 책, 95쪽.
19 차재성, 《남한 사람 차재성 북한에 가다》, 2001, 아침이슬, 12쪽.
20 차재성, 《남한 사람 차재성 북한에 가다》, 2001, 아침이슬, 116쪽.
21 김진향 기획총괄, 《개성공단 사람들》, 2015, 내일을 여는 책, 79쪽.
22 진천규, 《평양의 시간은 서울의 시간과 함께 흐른다》, 2018, 타커스, 108쪽.
23 진천규, 《평양의 시간은 서울의 시간과 함께 흐른다》, 2018, 타커스, 279쪽.
24 장쉰/구성철 역, 《북한이라는 수수께끼》, 2012, 에쎄, 292쪽.
25 김진향 기획총괄, 《개성공단 사람들》, 2015, 내일을 여는 책, 130쪽.
26 타미야 다카마로/김동현 역, 《사회주의나라에서 사회주의를 생각한다》, 1992, 대동, 249쪽.
27 유미리/이영화 역, 《평양의 여름휴가—내가 본 북조선》, 2012, 도서출판 615, 147쪽.
28 오인동, 《평양에 두고 온 수술가방》, 2010, 창비, 339-340쪽.
29 신은미, 《재미동포 아줌마, 북한에 가다》, 2012, 네잎클로바, 263쪽.
30 수키 김, 《평양의 영어선생님》, 2014, 디오네, 108쪽.
31 수키 김, 《평양의 영어선생님》, 2014, 디오네, 90쪽.
32 유미리/이영화 역, 《평양의 여름휴가—내가 본 북조선》, 2012, 도서출판 615, 207-208쪽.
33 차재성, 《남한 사람 차재성 북한에 가다》, 2001, 아침이슬, 162쪽.
34 오인동, 《평양에 두고 온 수술가방》, 2010, 창비, 325쪽.
35 오인동, 《평양에 두고 온 수술가방》, 2010, 창비, 166쪽.
36 김진숙, 《평화의 아이들》, 2018, 북루덴스, 51쪽.
37 이기범, 《남과 북 아이들에겐 철조망이 없다》, 2018, 보리, 211쪽.
38 이기범, 《남과 북 아이들에겐 철조망이 없다》, 2018, 보리, 77쪽.
39 진천규, 《평양의 시간은 서울의 시간과 함께 흐른다》, 2018, 타커스, 105쪽.
40 수키 김, 《평양의 영어선생님》, 2014, 디오네, 99쪽.
41 김승재, 《인도에 등장한 김정은, 그 후의 북한 풍경》, 2015, 선인, 155쪽.
42 김진향 기획총괄, 《개성공단 사람들》, 2015, 내일을 여는 책, 218쪽.
43 정세현, 《정세현의 통일토크 - 남북관계 현장 30년: 이론과 실제》, 2013, 서해문집, 32쪽.
44 척 다운스/송승종 역, 《북한의 협상전략》, 1999, 한울아카데미, 360쪽.
45 정세현, 《정세현의 통일토크—남북관계 현장 30년: 이론과 실제》, 2013, 서해문집,

350쪽.

46 김진향 기획총괄,《개성공단 사람들》, 2015, 내일을 여는 책, 173쪽.

47 김진향,《우리, 함께 살 수 있을까?》, 2019, 슬로비, 109쪽.

48 신은미,《재미동포 아줌마, 또 북한에 가다》, 2015, 네잎클로바, 236쪽.

49 김진향 기획총괄,《개성공단 사람들》, 2015, 내일을 여는 책, 98쪽.

50 김진향 기획총괄,《개성공단 사람들》, 2015, 내일을 여는 책, 172쪽.

51 김련희 씨와의 인터뷰 녹취록, 2018년 11월.

7. 국가 : 북한 붕괴론, 30년 묵은 인디언 기우제

1 척 다운스/송승종 역,《북한의 협상전략》, 1999, 한울아카데미, 366쪽.

2 척 다운스/송승종 역,《북한의 협상전략》, 1999, 한울아카데미, 371쪽.

3 척 다운스/송승종 역,《북한의 협상전략》, 1999, 한울아카데미, 366쪽.

4 정세현,《정세현의 통일토크 – 남북관계 현장 30년: 이론과 실제》, 2013, 서해문집, 94쪽.

5 시게무라 도시미쓰/신지호 역,《북한은 무너지지 않는다》, 1997, 지식공업사, 32쪽.

6 시게무라 도시미쓰/신지호 역,《북한은 무너지지 않는다》, 1997, 지식공업사, 6쪽.

7 시게무라 도시미쓰/신지호 역,《북한은 무너지지 않는다》, 1997, 지식공업사, 125쪽.

8 척 다운스/송승종 역,《북한의 협상전략》, 1999, 한울아카데미, 47쪽.

9 박노자,《전환의 시대》, 2018, 한겨레출판, 264쪽.

10 오인동,《평양에 두고 온 수술가방》, 2010, 창비, 41-43쪽.

11 박노자,《전환의 시대》, 2018, 한겨레출판, 132쪽.

12 최재영,《평양에서 서울로 카톡을 띄우다》, 2018, 가갸날, 150쪽.

13 최재영,《평양에서 서울로 카톡을 띄우다》, 2018, 가갸날, 207쪽.

14 박노자,《전환의 시대》, 2018, 한겨레출판, 283쪽.

15 박노자,《전환의 시대》, 2018, 한겨레출판, 284쪽.

16 이기범,《남과 북 아이들에겐 철조망이 없다》, 2018, 보리, 104쪽.

17 장쉰/구성철 역,《북한이라는 수수께끼》, 2012, 에쎄, 149쪽.

18 김민종,《북한의 청년들에게 물었습니다》, 2016, 책과 나무, 47쪽.

19 타미야 다카마로/김동현 역,《사회주의나라에서 사회주의를 생각한다》, 1992, 대동, 24/63쪽.

20 김진향,《우리, 함께 살 수 있을까?》, 2019, 슬로비, 78쪽.

21 김련희 씨와의 인터뷰 녹취록, 2018년 11월.

22 김진향, 《우리, 함께 살 수 있을까?》, 2019, 슬로비, 84쪽.
23 김진향, 《우리, 함께 살 수 있을까?》, 2019, 슬로비, 84쪽.
24 김진향, 《우리, 함께 살 수 있을까?》, 2019, 슬로비, 85쪽.
25 김련희, 《나는 대구에 사는 평양시민입니다》, 2017, 도서출판615, 201쪽.
26 신은미, 《재미동포 아줌마, 또 북한에 가다》, 2015, 네잎클로바, 282쪽.
27 오인동, 《평양에 두고 온 수술가방》, 2010, 창비, 241쪽.
28 오인동, 《평양에 두고 온 수술가방》, 2010, 창비, 175쪽.
29 타미야 다카마로/김동현 역, 《사회주의나라에서 사회주의를 생각한다》, 1992, 대동, 25쪽.
30 타미야 다카마로/김동현 역, 《사회주의나라에서 사회주의를 생각한다》, 1992, 대동, 81쪽.
31 박노자, 《전환의 시대》, 2018, 한겨레출판, 223쪽.
32 박노자, 《전환의 시대》, 2018, 한겨레출판, 225쪽.
33 타미야 다카마로/김동현 역, 《사회주의나라에서 사회주의를 생각한다》, 1992, 대동, 83쪽.
34 김진향, 《우리, 함께 살 수 있을까?》, 2019, 슬로비, 74쪽.
35 타미야 다카마로/김동현 역, 《사회주의나라에서 사회주의를 생각한다》, 1992, 대동, 82쪽.
36 박노자, 《전환의 시대》, 2018, 한겨레출판, 38쪽.
37 박노자, 《전환의 시대》, 2018, 한겨레출판, 39쪽.
38 박노자, 《전환의 시대》, 2018, 한겨레출판, 36쪽.
39 타미야 다카마로/김동현 역, 《사회주의나라에서 사회주의를 생각한다》, 1992, 대동, 24쪽.
40 김련희 씨와의 인터뷰 녹취록, 2018년 11월.
41 김련희, 《나는 대구에 사는 평양시민입니다》, 2017, 도서출판615, 254쪽.
42 아누 파르타넨/노태복 역, 《우리는 미래에 조금 먼저 도착했습니다》, 2016, 원더박스, 187쪽.
43 김련희, 《나는 대구에 사는 평양시민입니다》, 2017, 도서출판615, 255쪽.
44 아누 파르타넨/노태복 역, 《우리는 미래에 조금 먼저 도착했습니다》, 2016, 원더박스, 369쪽.
45 아누 파르타넨/노태복 역, 《우리는 미래에 조금 먼저 도착했습니다》, 2016, 원더박스, 233쪽.

46 아누 파르타넨/노태복 역, 《우리는 미래에 조금 먼저 도착했습니다》, 2016, 원더박스, 368쪽.

47 조선인권연구협회 공개질문장, 《우리 국가의 존엄높은 영상에 먹칠하려는 인권모략군들은 대답해야 한다》, 2018년 12월 30일.

48 아누 파르타넨/노태복 역, 《우리는 미래에 조금 먼저 도착했습니다》, 2016, 원더박스, 295/296쪽.

49 아누 파르타넨/노태복 역, 《우리는 미래에 조금 먼저 도착했습니다》, 2016, 원더박스, 225쪽.

50 조선인권연구협회 공개질문장, 《우리 국가의 존엄높은 영상에 먹칠하려는 인권모략군들은 대답해야 한다》, 2018년 12월 30일.

51 이기범, 《남과 북 아이들에겐 철조망이 없다》, 2018, 보리, 33쪽.

52 장쉰/구성철 역, 《북한이라는 수수께끼》, 2012, 에쎄, 175쪽.

53 김진향, 《우리, 함께 살 수 있을까?》, 2019, 슬로비, 71-72쪽.

54 박노자, 《전환의 시대》, 2018, 한겨레출판, 111쪽.

에필로그

1 신은미, 《재미동포 아줌마, 또 북한에 가다》, 2015, 네잎클로바, 76쪽.

2 척 다운스/송승종 역, 《북한의 협상전략》, 1999, 한울아카데미, 28쪽.

3 신은미, 《재미동포 아줌마, 또 북한에 가다》, 2015, 네잎클로바, 131쪽.

4 척 다운스/송승종 역, 《북한의 협상전략》, 1999, 한울아카데미, 361쪽.

5 타미야 다카마로/김동현 역, 《사회주의나라에서 사회주의를 생각한다》, 1992, 대동, 195쪽.

6 박노자, 《전환의 시대》, 2018, 한겨레출판, 254쪽.